AF390839

ÉLOGE

DE LA FOLIE

traduit du latin

D'ÉRASME,

PRÉCÉDÉ

DE L'HISTOIRE D'ÉRASME ET DE SES ÉCRITS,

PAR M. NISARD.

PARIS,

LIBRAIRIE DE CHARLES GOSSELIN,

RUE SAINT-GERMAIN-DES-PRÉS, 9.

1842

ÉRASME.

I.

**Histoire de la statue d'Erasme. — Dispute entre Rotterdam
et Tergou.**

Au centre de Rotterdam, sur un des ponts qui traversent ses innombrables canaux, s'élève une statue
en bronze, posée sur un piédestal orné d'inscriptions
et entouré d'un balustre de fer. Cette statue a dix
pieds de hauteur; elle fut fondue en 1622, et passe
pour le chef-d'œuvre d'Henri de Keiser. Le personnage qu'elle représente, revêtu du costume ecclésiastique, couvert du tricorne, tient dans sa main droite
un livre qu'il semble lire avec attention. Son visage,
quoique alourdi par les énormes proportions d'une
statuaire colossale, a conservé une expression douce
et spirituelle; son nez est relevé et pointu, ce qui est
la marque d'un esprit railleur; sa bouche, très-grande,
est rieuse et prudente; on sent que la flamme d'une
pensée prompte et brillante a dû briller dans ses yeux
baissés, légèrement frisés par le coin, et dont le bronze
n'a pu imiter que les contours. Cette statue rappelle
un portrait d'Holbein, qu'on admire au Musée, quand
la foire annuelle de peinture, que nous décorons du

nom d'exposition, a enlevé ses tréteaux et replié ses rideaux verts : c'est bien là l'expression du personnage, son costume fourré et chaud, et son air d'homme maladif, qui perce à travers les membres gigantesques de la statue de Keiser.

Que fait là ce docteur, un livre à la main, au centre de Rotterdam, au milieu de ces allants et venants qui traversent le pont, la mine grave et froide, silencieux, calculant le gain et la perte, de ces bateaux pesants qui remontent le canal, de ces gens qui déchargent les marchandises d'importation et chargent les marchandises d'exportation ; non loin de ce petit temple bâtard, à portique, qui est la bourse de Rotterdam, et qui, par ses colonnes grecques, contraste si singulièrement avec ces maisons triangulaires dont les étages, en saillie les uns sur les autres, semblent regarder, derrière le rideau d'arbres qui le bordent, ce qui se passe dans le canal ? Que fait-il là dans ce bruit si peu propice à la lecture ? Si encore ce livre était un livre en partie double ! Mais non ; ce livre représente les dix volumes in-folio sortis de la plume du personnage, où les bonnes choses lui appartiennent en propre, et le fatras à son époque. Ce personnage, c'est Érasme, Érasme de Rotterdam, la seule gloire littéraire de cette ville où il y a toujours eu beaucoup de libraires et très-peu de littérature.

L'effigie d'Érasme, avant d'être en bronze, fut d'abord en bois, puis en pierre. La statue de bois fut érigée en 1549, dix ans après la mort d'Érasme. Celle de pierre, qui y fut substituée en 1557, renversée par les Espagnols en 1592 et jetée dans le canal, fut rem-

placée, un demi-siècle après, par la statue en bronze,
qui est celle dont nous parlons. Faut-il voir dans ces
trois statues successives, dont la première est en bois
et la dernière en bronze, la gradation des sentiments
d'estime et d'admiration de Rotterdam pour son illustre enfant, sentiments d'abord très-discrets et très-
serrés, ensuite un peu plus vifs, vers 1557, enfin
portés au paroxysme en 1622 ? Ou bien, dans les trois
cas, la ville n'a-t-elle fait que ce que ses finances lui
permettaient de faire ? Les admirateurs d'Érasme ont
dit qu'il avait eu cela de commun avec les divinités de
l'ancienne Rome, lesquelles eurent des statues d'argile
avant d'avoir des temples d'or. A la bonne heure.

Lorsque Philippe II, fils de Charles-Quint, fit son
entrée solennelle dans la ville de Rotterdam, en qualité de prince souverain des Pays-Bas, le sénat bourgeois, pour le recevoir plus dignement, fit planter,
devant la maison où Érasme est né, un mannequin
représentant ce grand homme au naturel, dans son
costume d'ecclésiastique séculier, tenant une plume
de la main droite, et, de la gauche, présentant au
prince un rouleau dans lequel on lisait en vers latins :

AU SÉRÉNISSIME PRINCE DES ESPAGNES, DON PHILIPPE
DE BOURGOGNE, DIDIER ÉRASME DE ROTTERDAM :

Moi, Érasme de Rotterdam, je ne me manquerai pas à moi-
     même
Jusqu'à paraître abandonner mes concitoyens;
Inspiré par eux, illustre prince,
Je prie Dieu qu'il te fasse entrer sain et sauf dans notre ville;
Et de tout le zèle dont je suis capable, je recommande ce
     peuple,

O fils de César, à ta haute protection.
Tous te reconnaissent pour maître ; tous se réjouissent de
    leur prince,
Et n'ont rien, dans le monde , qui leur soit plus cher que toi.

Il était difficile de faire débiter un compliment plus
plat à un homme plus spirituel.

Philippe II et Marie, reine de Hongrie, après avoir
pris ou s'être fait donner lecture des vers, entrèrent
dans la maison, visitèrent la chambre du grand homme,
et daignèrent se faire raconter les diverses circonstances de la naissance d'Érasme.

La statue en bronze courut un grand danger en 1672.
Cette année-là, le peuple s'était soulevé dans la plupart des villes de la Hollande : Rotterdam fut pendant
quelques jours à la discrétion des insurgés. Le peuple
en voulait à tout ce qui sentait le papisme. La statue
d'Érasme, apparemment pour son costume ecclésiastique, fut arrachée de son piédestal, et portée dans la
maison commune où l'on délibéra de la faire fondre.
Les magistrats de Bâle, l'ayant appris, chargèrent un
marchand de leur ville, en ce moment à Rotterdam,
d'acheter cette statue moyennant un certain prix. Le
correspondant bâlois entra en ouvertures pour cet
achat avec les autorités de l'émeute, et peu s'en fallut
que le marché ne fût conclu. La difficulté portait sur
le prix offert, que la commune trouvait insuffisant.
Le marchand en écrivit à ses commettants , lesquels
l'autorisèrent à acquérir la statue au prix qu'on en
voudrait. Mais sur l'entrefaite les autorités de Rotterdam se ravisèrent ; on persuada au peuple qu'Érasme,
quoique clerc , n'était ni un saint, ni un diseur de

messes, et que sa statue ne voulait ni adorations ni prières; on décida que la statue ne serait point vendue, mais replacée sur son piédestal, ce qui fut exécuté quelque temps après. On verra plus tard pour quels motifs Bâle désirait posséder cette statue.

Le nom d'Érasme, il faut le dire, est bien tombé, tombé même au-dessous de ce qu'il vaut ; car Érasme fut un homme très-supérieur, lequel, à ne le regarder que comme écrivain, eut la mauvaise fortune de vivre dans un pays qui n'avait pas encore un idiome indigène arrivé à l'état de langue littéraire. Il a écrit d'admirables choses dans un langage mort : de là la première cause d'un si triste retour de fortune; la langue d'Érasme étant une langue d'érudition, Érasme n'est plus un grand écrivain que pour les érudits.

Mais de son vivant, et plus d'un siècle après sa mort, Érasme fut un des plus grands noms de l'Europe intellectuelle. Les villes se disputaient, comme pour Homère, l'honneur de sa naissance. L'illustre Bayle, si grave, si solide, si juste appréciateur des titres littéraires, n'établit-il pas une comparaison très-sérieuse entre la destinée d'Homère, lequel ne fut connu que longtemps après sa mort, et ne put avoir dans toute la Grèce, dont il avait chanté les glorieuses origines, un lieu de naissance authentique, et celle d'Érasme, connu et admiré pendant sa vie, qui eut le privilége de naître, au vu et su de tout le monde, dans une ville « qui a compris de bonne heure ses intérêts, dit Bayle, et a tellement affermi, pendant que les choses étaient fraîches, les titres de sa possession et la gloire qui lui revient d'être la patrie de ce grand homme, qu'on ne peut plus rien lui disputer sur ce sujet? »

La dispute, en effet, ne pouvant porter sur le fait de sa naissance, à cause des preuves que donnait Rotterdam de son droit et de son privilége, on disputa, le croirait-on ? sur le fait de la conception! La petite ville de Tergou, voisine de Rotterdam, réclamait l'honneur d'être le lieu où s'était consommé ce fait, lequel, remarquait-elle, dominait celui de la naissance. Les magistrats et les légistes de Tergou, mus d'ailleurs par une louable ambition, prétendaient qu'Érasme était plus bourgeois de Tergou que de Rotterdam, parce que, selon les lois, le lieu où les enfants naissent par hasard n'est point censé leur patrie. « Si dans le cours d'un voyage, disaient-ils, une femme accouche dans une ville où elle n'a pas l'intention de résider, où elle ne doit rester que le temps de relever de couches, l'enfant né dans cette ville en sera-t-il le citoyen, et non pas plutôt celui de la ville où sont domiciliés ses parents? La mère d'Érasme, grosse par suite d'une liaison illégitime, était allée faire ses couches à Rotterdam, pour cacher sa faute; mais c'était là un pur accident : c'est à Tergou qu'elle avait conçu et porté dans son sein le glorieux enfant. Donc Érasme devait être citoyen de Tergou. » Des esprits de poids, des noms littéraires, prirent parti dans cette étrange querelle.

Érasme, comme on sait, naquit des amours d'un bourgeois de Tergou, qui depuis se fit moine, et de la fille d'un médecin, femme de mérite, et, sauf sa faute, de mœurs très-pures et d'une vie édifiante, qui pou-

vait, dit un écrivain du temps, se défendre comme
Didon :

Huic uni forsan potui succumbere culpæ.

Cette femme mit au monde son enfant dans une
maison écartée de Rotterdam, sans le touchant honneur qu'on rendait aux mères dont l'Église avait béni
le mariage. Cet honneur consistait en une pièce de
linge blanc et fin dont on entourait le marteau de la
porte, pour désigner à la sympathie des passants la
maison de la nouvelle accouchée. L'enfant naquit inconnu dans les bras des hôtes inconnus à qui sa mère
avait acheté l'hospitalité et le secret pour huit jours.
Cette naissance fut un reproche sanglant dans les
mains des ennemis de l'enfant devenu homme illustre. Le fameux Jules Scaliger, entre autres, qui avait
une jalousie misérable contre Érasme, ne pouvant
rien contre ses écrits, s'en prit honteusement à sa
naissance. Les lettres qu'il écrivit à ce sujet, les réponses d'Érasme, et le scandale littéraire qui en ré-
sulta, ne furent point un des moindres événements du
seizième siècle. Les honnêtes gens prirent le parti
d'Érasme, lequel avait su se faire un grand nom malgré la faute de sa mère, et rester honnête homme
malgré l'influence ordinairement corruptrice d'une
naissance irrégulière. Jules Scaliger se donna le ridicule de dire d'épouvantables grossièretés dans un latin barbare ; et malgré l'origine princière dont il se
vantait, il est resté beaucoup plus étonnant par sa vanité diabolique, que par sa confuse érudition et ses
laborieux paradoxes littéraires.

II.

Comment Érasme fut fait homme d'église.

Érasme avait un frère, dont il parle en certains endroits de ses livres, et seulement pour s'en plaindre. Tous deux héritèrent de leur père de quoi suffire à leurs études. Des parents avides avaient rogné leur petit patrimoine, et, à peine le père mort, avaient mis la main sur l'argent. Ils ne laissèrent que ce qui ne peut pas se mettre en poche, à savoir, quelque peu de biens-fonds et des créances. Mais les tuteurs firent ce que n'avaient pu faire les parents; ils dissipèrent, par leur mauvaise administration et leur infidélité, le patrimoine des deux orphelins, et n'imaginèrent rien de mieux, pour se dispenser de rendre des comptes à leurs pupilles, que d'en faire des moines.

Celui qui s'y employa le plus fut un certain Guardian, l'un d'eux, homme d'un *sourcil austère*, d'une grande réputation de piété, un saint dans l'opinion du monde, parce qu'il n'était ni joueur, ni libertin, ni fastueux, ni adonné au vin; du reste parfait égoïste; au dehors, se mettant en règle avec les apparences, et au dedans vivant pour lui, et à sa guise; homme très-peu porté pour les lettres, quoique anciennement maître d'école. Un jour qu'Érasme enfant lui avait écrit une lettre un peu travaillée : — « Ne m'en écrivez pas d'autres de ce genre, lui dit sévèrement Guardian, à moins que d'y joindre un commentaire. » C'était un de ces serviteurs de Dieu qui pensaient lui sacrifier une victime agréable en enrôlant quelque adolescent sans dé-

fense dans les ordres monastiques. Il comptait avec
orgueil les recrues qu'il avait faites pour saint François, saint Dominique, saint Benoît, saint Augustin,
sainte Brigitte, et autres chefs et fondateurs de couvents.

Quand les deux enfants furent en état d'être envoyés
aux universités, qu'ils surent passablement de grammaire et une bonne partie de la dialectique de Pierre
d'Espagne, Guardian, craignant qu'ils ne prissent dans
les universités des sentiments trop mondains, les fit
entrer dans un couvent de frères quêteurs, sorte de
moines, «qu'on voit nichés partout», dit Érasme, et qui
se faisaient quelques revenus à instruire les enfants.
C'était la coutume de ces moines, s'il leur tombait entre les mains quelque enfant d'un caractère vif et
d'une intelligence précoce, de l'éteindre sous les mauvais traitements, les reproches, les menaces, et de le
ployer peu à peu par l'abrutissement à la vie monastique. L'ordre des frères quêteurs fournissait des néo-
phytes à tous les autres ordres, ce qui l'avait mis en
grande faveur dans le monde monacal.

Ces frères étaient d'ailleurs fort ignorants, vivant
dans les ténèbres de leur institution, étrangers à toute
science, passant à prier le temps qu'ils n'employaient
pas à gronder et à fustiger les enfants, incapables d'enseigner ce qu'ils ne savaient pas, et remplissant le
monde de moines grossiers et indoctes, ou de laïques
mal élevés. Érasme et son frère vécurent deux années
dans ce couvent, sous un maître illettré et d'autant
plus tranchant, choisi, non par des juges compétents,
mais par le général de l'ordre, qui en était souvent le

moine le plus ignorant. Cet homme avait un collègue
plus doux, qui aimait Érasme, se plaisait avec lui, et
qui, l'entendant un jour parler de son prochain retour
dans son pays, essaya de le retenir dans le couvent et
de l'y enrôler, lui faisant toutes sortes de récits de la
vie heureuse qu'il y mènerait, et le prenant par des
caresses, des baisers et de petits présents. Mais l'enfant fit une résistance d'homme : il dit nettement qu'il
attendrait, pour prendre un parti, que sa raison fût
plus avancée. Le moine, homme d'un bon naturel,
n'insista pas. Il n'était pas de ceux qui joignaient aux
moyens de séduction des moyens de terreur, et qui
employaient les exorcismes, les apparitions, les fantômes, pour ébranler les imaginations faibles, et re-
cruter pour l'ordre, à l'insu des parents, des jeunes
gens riches et bien nés en qui la crainte avait détruit
la volonté ou altéré la raison.

Revenus à Tergou, Érasme et son frère trouvèrent
l'un des deux tuteurs mort de la peste, sans avoir
rendu ses comptes. Le second, occupé de son commerce, s'inquiétait peu de ses pupilles. Guardian était
devenu par la suite seul maître d'eux et du peu qui
leur restait. Il commença à parler très-fortement du
projet de les engager dans l'église. Immoler deux victimes d'un coup, c'était, pensait-il, se faire deux titres à la vie bienheureuse. Érasme, pour mieux lui
tenir tête, concerta un plan de résistance avec son
frère, son aîné de trois ans; lui-même avait alors
quinze ans. Ce frère était faible, il avait peur de Guardian, et, se voyant pauvre, il aurait volontiers souffert qu'on disposât de lui, pour échapper à la difficulté

de résister et aux incertitudes d'une vie précaire. Érasme, qui avait dès ce temps-là un instinct de son avenir, parla de vendre les lambeaux de terres qui leur restaient, d'en faire une petite somme, d'aller aux universités, d'y finir leurs études, et de s'abandonner ensuite à la grâce de Dieu. Son frère, entraîné par cette confiance, y consentit ; ils s'engagèrent par serment à se soutenir l'un l'autre contre leur tuteur ; mais l'aîné y mit la condition qu'Érasme, comme le plus décidé et le plus habile, se chargerait de porter la parole. Érasme le voulut bien : « Mais, dit-il, ne va pas me manquer au moment décisif ; car, si je suis seul, toute la tragédie retombera sur ma tête. » Le jeune homme prit les saints à témoin de sa fidélité à sa parole.

Quelques jours après, Guardian les fit appeler. Il le prit d'abord sur un ton doux, parlant longuement de sa tendresse paternelle pour ses pupilles, de son zèle et de sa vigilance ; après quoi il les félicita de ce qu'il venait de trouver pour eux une place chez les moines *deux fois canoniques* : c'était un des ordres du temps. Érasme répondit aux protestations par des remerciements ; puis, venant au vrai sujet de l'entretien, il dit que son frère et lui étaient trop jeunes pour prendre un parti si grave ; qu'ils ne pouvaient pas se faire moines avant que de savoir ce que c'était qu'un moine ; qu'après quelques années consacrées à l'étude des lettres, ils verraient à traiter mûrement cette affaire ; qu'un peu de réflexion n'y nuirait pas. Guardian, qui ne s'attendait pas à un refus, éclata en menaces, et cet homme, qui s'était fait une réputation de douceur, eut peine à retenir ses mains; il traita Érasme de brouillon, abdiqua la tutelle, disant qu'il ne leur restait pas un florin, et qu'ils vissent à se procurer de quoi manger. Ces violences arrachèrent des larmes au jeune homme, mais n'ébranlèrent pas sa résolution. « Qu'il soit fait comme vous le désirez », dit-il. On se sépara dans ces termes.

Les menaces ayant échoué, le tuteur changea de plan; il confia la négociation à son frère, homme doux, poli et persuasif. Celui-ci fit venir les deux pupilles dans son jardin; on s'assit, on causa, on versa du vin aux jeunes gens. Quand les têtes furent émues, le tuteur, après quelques entretiens pleins d'amitié, en vint à la grande affaire. Il prodigua les promesses et les prières; il raconta des merveilles de la vie monastique; il fit si bien que l'aîné oublia ses serments aux saints et se laissa faire. Trop de penchants le portaient vers la vie du cloître : il avait l'esprit lent, un corps robuste, un esprit rusé; il aimait à boire et à faire pis; il était déjà moine avant d'être novice.

Érasme avait alors seize ans. Il était délicat, fragile, languissant d'une fièvre quarte; qu'allait-il devenir, abandonné à lui seul, pauvre, malade? Le tuteur redoublait d'obsessions. Il déchaîna contre lui des personnes de toute qualité, de tout sexe, des moines, des demi-moines, des parents, des parentes, des jeunes gens, des vieillards, des gens connus et inconnus. L'esprit du jeune homme était assiégé par toutes ces influences. L'un lui faisait un tableau aimable de la tranquillité monastique, insistant sur ses douceurs, sur ses avantages, « tout de même, dit Érasme, qu'on trouverait à louer dans la fièvre quarte. » Un autre lui peignait d'un style tragique les périls de ce monde, comme si les moines étaient hors du monde. Celui-ci l'épouvantait du récit des maux de l'enfer, comme si le couvent ne menait pas quelquefois à l'enfer; celui-là lui citait des exemples miraculeux : « Un voyageur fatigué s'était assis sur le dos d'un serpent, le prenant pour un tronc d'arbre; le serpent s'éveilla, et, tournant la tête, dévora le voyageur. Ainsi le monde dévore les siens. » — « Un homme était venu voir un monastère; on l'invite à s'y fixer, il refuse; à peine sorti, il rencontre un lion qui le mange. » Quelques-uns lui parlaient de moines qui avaient eu l'honneur de s'entretenir avec Jésus-Christ; de sainte Catherine, qui lui avait été fiancée comme à un amant, et avait eu de longs entretiens avec lui. On mettait un grand prix à s'emparer d'Érasme; ses dispositions précoces promettaient un moine qui ferait honneur à sa robe.

Dans le temps qu'il était agité d'incertitudes cruelles, il alla voir, dans un monastère voisin de la ville, un certain Cantelius dont il avait été le camarade d'enfance. C'était un jeune homme d'un esprit ferme et élevé, quoique ne pensant qu'à lui. Le goût du repos et de la table, et non la piété, l'avait fait entrer au couvent. Il était fort paresseux, peu curieux des lettres où il n'avait pas réussi, mais bon chanteur; il s'y était appliqué dès le bas âge. Après avoir vainement cherché fortune en Italie, il avait pris la robe. Cantelius s'enflamma pour Érasme; il l'exhorta vivement à faire comme il avait fait, lui vantant le couvent comme un lieu de tranquillité, de liberté, de concorde, où les anges vivaient avec les hommes, où l'on avait le repos et des livres pour en occuper les longues heures. C'était l'appât auquel devait mordre Érasme : du repos et des livres, ce fut là le goût de toute sa vie. A entendre Cantelius, le couvent était le jardin des Muses. Érasme sortit fort ébranlé de ce premier entretien.

A peine rentré dans la ville, de nouvelles attaques l'attendaient. On lui montra ses amis irrités de son obstination, et leur amitié tournant à la haine, la misère et la faim qui l'attendaient dans le monde, le désespoir de toutes choses. Il revint voir son nouvel ami. Cantelius redoubla de soins, lui demanda la faveur de devenir son élève, et enfin le décida. Érasme, de guerre lasse, se réfugia dans le couvent, pour éviter les obsessions présentes, mais sans dessein de persévérer. Cantelius mit à profit la science du jeune homme ; ils passaient les nuits à lire en cachette les auteurs anciens, entre autres Térence, singulier poëte pour un couvent. La santé d'Érasme en souffrait. Du reste, son esprit était assez tranquille ; il aimait cette égalité des frères. On ne l'obligeait pas aux jeûnes, ni aux offices de nuit ; on ne lui demandait rien, on ne le grondait pour rien : le plan était que tout le monde lui sourît et lui montrât de la faveur.

Plusieurs mois s'écoulèrent ainsi dans l'insouciance. Mais quand vint le jour de prendre l'habit, Érasme parla de nouveau de sa liberté ; on lui répondit par de nouvelles menaces. Cantelius ne négligeait aucun des moyens qui lui étaient propres : il tenait à ne pas perdre un précepteur gratuit. Érasme fit vainement une dernière résistance ; à la fin, il tendit

le cou, comme l'agneau du sacrifice, et on lui jeta
l'habit.

Ce point obtenu, on continua les bons traitements et
les caresses. Une année tout entière se passa, sans de
vifs regrets de sa part. Mais peu à peu le régime changea; il s'aperçut alors que ni son corps ni son âme ne
s'accommodaient de la vie du couvent. Il y voyait les
études délaissées ou méprisées. Au lieu d'une vraie
piété où il aurait eu du goût, c'étaient des chants et des
cérémonies sans fin. Ses frères les moines étaient pour
la plupart des hommes lourds, ignares, adonnés au
ventre, disposés à opprimer quiconque, parmi eux,
montrait un esprit délicat, et plus de penchant pour
l'étude que pour la table. Le plus robuste de corps y
était le plus influent. Érasme n'avait plus qu'un espoir, espoir assez triste : c'était d'être préposé quelque
jour à un couvent de filles, place où il fallait beaucoup
boire, et qui n'était pas sans danger pour la chasteté;
outre qu'on était exposé, sur le retour de l'âge, à se
voir renvoyé dans le couvent d'où l'on était sorti, et
remplacé par un prieur plus jeune et plus propre à
toutes les fatigues de la place.

On l'avait d'abord exempté du jeûne; bientôt on l'y
astreignit. Or, il était d'un tempérament si exigeant sur
le point de la nourriture, que si le repas était retardé
d'une heure, le cœur lui manquait, et il s'évanouissait.
Le froid le faisait beaucoup souffrir, ainsi que le vent, et
pour quelques nuages de plus ou de moins qui passaient
dans le ciel, tout son corps était troublé. Comment
avoir chaud dans un couvent malsain, aux longs corri-
dors humides, aux cellules mal closes? Érasme y était

sans cesse grelottant. Dans les jours de jeûne ou d'abstinence de viande, ce repas consistait en poisson ; mais l'odeur seule du poisson lui donnait la migraine, avec un mouvement de fièvre. Enfin il avait le sommeil léger, se rendormait avec peine, et seulement après quelques heures : au couvent, il fallait se lever dans la nuit, pour les offices nocturnes, dont on l'avait exempté novice. Ses nuits se passaient à se rendormir.

Érasme recommençait à soupirer tout haut pour la liberté. Mais c'était à qui lui donnerait d'horribles scrupules : « Ruses de Satan, lui disait l'un, pour enlever un serviteur à Jésus-Christ. — J'ai eu les mêmes tentations, lui disait l'autre ; mais depuis que je les ai surmontées, je suis comme en paradis. — Il y a danger de mort, lui insinuait un troisième, à quitter l'habit ; on en a vu qui, pour cette offense envers saint Augustin, ont été frappés d'une maladie incurable, foudroyés par le tonnerre, ou qui sont morts de la morsure d'une vipère. Le moindre des maux qu'on risque, ajoutait-il, c'est l'infamie qui s'attache à l'apostat. » Le jeune homme craignait plus la honte que la mort : cette dernière raison triompha de ses répugnances, et comme il s'était laissé mettre l'habit, il se laissa vêtir du capuchon. Se regardant dès lors comme un prisonnier, il chercha des consolations dans l'étude ; mais les lettres étant suspectes au couvent, il fallait étudier en cachette, là où il était permis de s'enivrer publiquement. Un événement inespéré vint le tirer de sa prison et le rendre à la vie publique, éclatante, qui l'attendait au dehors. Je dirai bientôt quel fut cet événement.

On sait quelle est l'influence des premières impres-

sions sur le reste de la vie. Cette entrée violente
d'Érasme dans les ordres religieux en fit un ennemi
prudent, mais d'autant plus redoutable, des vœux monastiques et des pratiques odieuses qu'on employait
pour les arracher aux caractères faibles. Ménageant
les choses, il n'en frappa que plus fort sur les personnes; il poursuivit les moines de ses railleries, les peignant invariablement sous les traits d'ivrognes, d'il-
lettrés et de libertins, opposant sans cesse le scandale
de leurs orgies clandestines, de leur haine sauvage
pour les lettres, de leur hypocrisie, aux vertus de leurs
fondateurs, et en même temps qu'il parlait avec révé-
rence du principe, attaquant sous toutes les formes
l'application.

Certes, il se souvenait de ses jeûnes au couvent
et de ses défaillances de cœur, quand il se moquait
de l'abstinence des viandes, et qu'il accablait les
mangeurs et les apprêteurs de poisson de malédic-
tions si plaisantes; il se souvenait des prières de nuit
dans la chapelle, sous les voûtes froides, avec le fris-
son d'un sommeil interrompu, quand il se raillait de
la fréquence et de l'exactitude des prières; il se souvenait surtout de ces menaces entremêlées de caresses, et de ces obsessions, tantôt violentes, tantôt douce-
reuses, à l'aide desquelles on l'avait précipité dans des
vœux éternels, quand il écrivait contre les *vœux monastiques* ces charmants colloques, si fins, si spirituels, si
tempérés de prudence et de concessions, afin de ne pas
effrayer les gens scrupuleux, si éloquents çà et là [1], qui
rappellent la manière de certains dialogues de Voltaire.

[1] Virgo μισόγαμος. — Virgo pœnitens.

Dans le colloque *Virgo* μισόγαμος (la vierge ennemie du mariage), qui est si clair et si touchant, malgré son titre grec, Eubulus (ὁ εὔβουλος), l'homme de bon conseil, fait une promenade après dîner, avec Catherine, la jeune fille qui ne veut pas se marier. On est au printemps, dans la saison des fleurs ; Catherine est triste, la douce joie qui paraît répandue sur toute la nature n'est pas dans son cœur. Eubulus en veut savoir la cause : « Voyez cette rose, dit-il, dont les corolles se contractent à l'approche de la nuit ; tel est votre visage. » Catherine sourit : « Allez plutôt vous regarder dans cette fontaine », continue Eubulus. Pourquoi donc Catherine est-elle triste ? Elle vient d'avoir dix-sept ans ; elle est belle, la santé brille sur son visage ; elle a une bonne réputation, de l'esprit, toutes les grâces de l'âme qui font valoir celles du corps ; ses parents sont de bonne maison, probes, riches, tendres pour leur fille ; Eubulus ne demanderait pas à Dieu une autre épouse, si *son astre* lui permettait d'y prétendre. « Et moi, dit Catherine, je ne voudrais pas d'un autre époux, si je ne haïssais pas le mariage. » D'où vient donc cette haine ? Catherine est engagée : à qui ? à Dieu. Dès sa plus tendre jeunesse, elle a rêvé d'être sœur dans un couvent de nonnes ; ses parents ont d'abord résisté à son penchant ; mais, à force de prières, de caresses, de larmes, elle a obtenu qu'on la laisserait libre, si, à dix-sept ans, elle y persistait encore. Ses dix-sept ans sont venus ; mais voici que ses parents refusent de tenir leur promesse ; c'est là ce qui la rend triste ; elle en mourra, si on ne cède pas à ses vœux.

Eubulus s'informe d'où elle a pris ce goût pour le

cloître. C'est un jour qu'elle fut menée, toute petite fille, dans un couvent de religieuses. Ces vierges l'enchantaient par leurs visages frais et riants ; il lui semblait voir des anges ; l'église était toute luisante de propreté, toute parfumée d'encens ; les jardins étaient grands et pleins d'arbres et de fleurs. Tout lui souriait ; ses yeux ne rencontraient que des images douces ; les entretiens de ces filles étaient aimables ; deux d'entre elles, ses aînées de quelques années seulement, l'avaient fait jouer sur leurs genoux quand elle était tout enfant. — Eubulus entreprend alors la critique des vœux et des couvents de filles ; il ne cache rien de ce qu'il en sait : la liberté du temps et la liberté du latin lui ôtent tout scrupule : « Si vous tenez tant à votre virginité, dit-il à Catherine, que ne la placez-vous sous la protection de vos parents ?

— Elle n'y serait pas en sûreté.

— Mieux, à ce que je pense, que chez ces moines épais, dont le ventre est toujours tendu de nourriture..... On les appelle pères, et ils font souvent en sorte que ce nom leur soit bien appliqué [1]. » Et il ajoute : « Quand vous aurez vu les choses de plus près, vous n'y trouverez pas le même charme qu'autrefois. Ne sont pas vierges, croyez-moi, toutes celles qui ont le voile, à moins que plusieurs d'entre elles ne prétendent être louées de la même chose que Marie la vierge-mère [2]. Tout n'est pas virginal chez les vier-

---

[1] Imo, ut ego arbitror, aliquanto tutius quam apud illos crassos, semper cibo distentos monachos. *Nec enim castrati sunt, ne tu sis insciens,* etc

[2] ..... Ut dicantur et a partu virgines.

ges. » Ma traduction est chaste ; le latin l'est moins ;
c'est d'ailleurs une nouvelle ressemblance avec Voltaire ; il n'osait pas beaucoup moins dans son français
qu'Érasme dans son latin.

Eubulus joint à ces raisons de mœurs des raisons
de dogme : on ne discutait rien alors sans s'autoriser
du dogme et de la tradition. Catherine est ébranlée ;
mais que peuvent de bons conseils contre des souvenirs d'imagination, contre des rêves de jeune fille
exaltée?—«Vous me donnez d'excellentes raisons, dit-
elle à Eubulus, mais rien ne peut m'enlever ma passion. — Si je ne puis vous persuader, répond Eubulus, souvenez-vous du moins que je vous ai avertie.
Je prie Dieu, par amour pour vous, que votre passion
vous réussisse mieux que mes conseils. » Ainsi finit le
colloque.

La Vierge qui se repent [1] en est la suite. Ce sont
encore nos deux personnages, Eubulus et Catherine.
Eubulus trouve la jeune fille tout en larmes. Le
prieur du couvent est auprès d'elle. « Quel oiseau
vois-je ici? demande Eubulus. — C'est le prieur du
couvent; mais ne vous en allez pas; on a fini de
boire ; asseyez-vous un moment ; quand il sera parti,
nous causerons. » Le prieur parti, les aveux commencent. La mère de Catherine, vaincue par ses larmes, avait fini par céder ; son père s'était montré
plus ferme, mais les machinations des moines ayant
lassé sa constance, il s'était rendu. On l'avait menacé
d'une mort prochaine s'il enlevait une épouse à Jé-

______

[1] *Virgo pœnitens.*

sus-Christ. Son consentement obtenu, la jeune fille avait été tenue comme en prison, pendant trois jours, dans la maison paternelle. Des femmes du couvent veillaient sur elle, empêchant que personne n'entrât dans la chambre, et l'excitant par leurs exhortations. Pendant qu'on préparait son costume de professe et. qu'on disposait tout pour le repas d'usage, elle avait souffert quelque chose qui ne se peut pas raconter. Il lui avait semblé qu'un fantôme lui apparaissait : les femmes qui étaient là n'avaient pas vu ce fantôme ; mais pour elle, cette vue l'avait fait tomber comme morte. Revenue à elle, on lui avait expliqué sa vision ; c'était, selon ces femmes, un dernier effort du démon tentateur ; pareille chose leur était arrivée à toutes, disaient-elles, à ce moment décisif.

— « C'étaient, dit Eubulus, les folies de ces femmes qui vous avaient troublé l'esprit. »

Le quatrième jour on l'avait revêtue de ses plus beaux habits, comme si elle avait dû se marier...

—« A quelque moine grossier, interrompt Eubulus. »

Puis on l'avait amenée, au milieu du jour, de la maison de son père au couvent, où l'attendait une grande compagnie d'amis et de curieux. Elle n'y était restée que douze jours, après quoi elle avait été se jeter aux genoux de l'abbesse, la conjurant de la rendre à ses parents. Ceux-ci, tout d'abord, ne voulaient pas la reprendre ; mais voyant son repentir, ils lui avaient ouvert leurs bras. C'est ainsi que Catherine était redevenue libre.

Qui l'avait donc fait changer de résolution ? Érasme le laisse à deviner. Il aimait à désappointer son lec-

teur ; cela donnait à ses colloques un air roma-
nesque.

III.

Les voyages d'Érasme. — Sa pauvreté.

L'événement qui fit sortir Érasme du couvent et le
lança dans le monde, fut une offre que lui fit le seigneur de Bergues, évêque de Cambrai, de venir faire
partie de sa maison. Érasme y consentit avec joie;
mais ne voulant pas partir sans s'être mis en règle
avec tout le monde, il sollicita l'agrément de son
évêque ordinaire, du prieur particulier du couvent et
du prieur général de l'ordre ; et quoiqu'il n'y fût pas
tenu par son vœu, il garda l'habit, de peur de blesser
les personnes trop scrupuleuses. Vous voyez déjà
l'homme timide et inquiet, qui a une peur singulière
de l'opinion, lui qui devait la mener un moment, et
qui en fut le maître, tout en se courbant devant elle
en esclave. Il resta peu chez cet évêque, dont il n'a-
vait guère à se louer, et vint à Paris pour y compléter son éducation. Il entra au collége de Montaigu,
alors très-famé pour ses études de théologie; «les murailles même, dit Érasme, étaient théologiennes.» Mais
le régime en était mortel. Jean Standonée, homme
d'un bon naturel, mais d'un jugement médiocre, et
dur pour lui-même comme les pères du désert, en
avait alors le gouvernement. Ayant passé sa jeunesse
dans une extrême pauvreté, Standonée ouvrait volontiers son collége aux jeunes gens pauvres; mais il
prenait plus de soin de leur esprit que de leur corps,
les nourrissant de poissons et d'œufs gâtés, jamais de

viande; les faisant coucher sur des grabats, dans des chambres humides, et, pour comble, les forçant à porter l'habit et le capuchon de moine. Plusieurs jeunes gens, contemporains d'Érasme, en étaient devenus fous, ou aveugles, ou lépreux : quelques-uns en étaient morts. Lui-même en fut si malade, qu'il eut beaucoup de peine à se rétablir, et qu'il en aurait perdu la vie, s'il faut l'en croire, sans la protection de sainte Geneviève.

Il paraît qu'encore au temps de Rabelais, lequel publia son livre après la mort d'Érasme, le collége de Montaigu n'avait rien changé à son régime, car voici ce qu'en dit Ponocrates, précepteur de Gargantua, au père de son élève Grandgousier :

« Seigneur, ne pensez que ie laye miz on colliege de pouillerye quon nomme Montagu : mieulx l'eusse voulu mettre entre les guenaulx de saint Innocent pour lenorme cruaulté et villenye que iy ay cognu; car trop mieulx sont traictez les forcez (forçats) entre les Maures et les Tartares, les meurtriers en la prison criminelle, voyre certes les chiens en vostre maison, que ne sont ces malauctruz on dict colliege. Et si iestais roy de Paris, le diable m'emport (m'emporte), si ie ne mettoys le feu dedans et feroys brusler principal et regens qui endurent ceste inhumanité devant leurs yeulx estre exercee. »

L'amour des livres et de la théologie avait fait venir une première fois Érasme à Paris ; le régime du collége de Montaigu et la maladie l'en chassèrent. Il y revint bientôt pour continuer ses études : cette seconde fois ce fut la peste qui l'en fit sortir. Il erra en Flandre et en Hollande, fuyant devant le fléau, qui parcourait l'Europe en tous sens, tombant où on ne l'attendait pas, ne venant pas où on l'attendait. On était sur la fin du quinzième siècle. Érasme approchait de trente ans. Ses premiers écrits, ses lettres, l'avaient mis en renom ; c'était à qui le protégerait et lui offrirait des pensions, sauf à n'en payer que le premier mois. Il avait trouvé du même coup la célébrité et la pauvreté.

Il donnait des leçons çà et là, et vivait de leur produit ; mais quand les leçons manquaient, il fallait bien qu'il implorât ses protecteurs, et qu'il leur demandât comme une charité ce qu'il aurait pu exiger comme une dette. Les protecteurs ne répondaient pas ou répondaient qu'ils n'avaient rien, ou recommandaient Érasme à leur intendant, qui gardait les arrérages pour lui. Plus d'une fois, Érasme fut obligé de prendre le ton d'un mendiant, et d'étaler sa pauvreté comme les mendiants étalent leurs plaies, faisant avec sa rhétorique ce que ceux-ci font avec leurs membres mutilés, ou bien forçant son esprit à d'incroyables tours de flatterie, pour tirer de la vanité de ses patrons l'argent qu'il n'aurait pu obtenir de leur loyauté. C'était de la rhétorique de nécessiteux, fausse, misérablement éloquente, où l'esprit mendiait pour le ventre. Ces flatteries même ne réussissaient pas toujours : alors il s'irritait, il s'emportait contre des patrons qui s'étaient donné gratis le relief de protecteurs des lettres, et qui laissaient croupir leur protégé dans le besoin. Il se dédommageait, dans ses lettres à quelques amis, des humiliations où on l'obligeait de descendre, et se donnait le tort de calomnier par derrière ceux qu'il adulait en face ; tristes contradictions de la pauvreté, que la postérité ne devrait pas juger après dîner.

Parmi ses bienfaiteurs d'intention, sinon d'effet, il y avait une grande dame, la marquise de Wéere, laquelle avait voulu voir Érasme et lui tenir lieu de l'évêque de Cambrai, qui l'abandonnait. Érasme se rendit à son château de Tournehens, en février 1497, par une neige mêlée de vents violents, dont il décrit spirituellement les ravages. Ce château était perché sur le haut d'une montagne, qu'il lui fallut gravir à l'aide d'un bâton ferré, non sans danger d'être précipité par le vent : à la fin il arriva. La première vue de la marquise de Wéere fut pour lui un enchantement. Bonté, douceur, libéralité, elle avait tout en partage. « Je sais, écrit-il à milord Montjoye, que les amplifications des rhéteurs sont suspectes, principalement pour ceux qui ne sont pas étrangers à leur art. Mais, croyez-moi, l'amplification, loin de m'être d'aucun secours ici, est au-dessous de la réalité. La nature n'a rien produit de plus chaste, de plus prudent, de plus candide, de plus bienveillant. Voulez-vous que je vous dise toute la chose en un mot ? Elle a été aussi bienfaisante pour moi, à qui elle ne devait rien, que ce vieillard (l'évêque de Cambrai) a été malveillant, lui qui me devait quelque chose. Elle m'a comblé d'autant de bons offices, moi qui n'ai rien fait pour elle, que celui-ci de duretés, quoique m'étant redevable des plus grands services. »

Il écrivait cela du château de Tournehens, devant la haute cheminée de la marquise, avec cette ardeur de reconnaissance qu'un bon feu, le souvenir du voyage de la veille à travers les neiges, un accueil que la curiosité seule de la marquise eût rendu obligeant, quelques promesses peut-être, devaient inspirer à l'homme que le lecteur connaît déjà, délicat de corps, facile d'esprit, prenant volontiers les avances pour des engagements, et l'indifférence pour l'ingratitude.

Un an après, son langage n'était plus le même. La marquise avait promis une pension de deux cents livres, mais Érasme n'en avait rien reçu. C'est par lui que nous devions apprendre que la marquise s'était ruinée pour un beau damoiseau, elle qui aurait dû, dit sérieusement Érasme, s'attacher à quelque homme grave et imposant, comme il convenait à une femme de son âge. « Tu déplores que la marquise perde ainsi sa fortune, écrit-il à Battus, l'un de ses amis ; mais tu me parais malade de la maladie d'autrui. Elle dissipe sa fortune, et tu t'en affliges ! Elle joue et badine avec son amant, et tu en prends du souci ! Elle ne peut rien donner, dis-tu, n'ayant rien ! Mais quand je regarde les causes qui l'empêchent de donner, j'en conclus qu'elle ne donne jamais rien, car de telles causes ne manquent jamais aux grands personnages. Elle a de quoi engraisser l'oisiveté et les débauches de ces gens à capuchon, effrontés libertins, tu sais qui je veux dire ; et elle n'a pas de quoi assurer le studieux repos d'un homme qui pourrait laisser des écrits dignes du regard de la postérité. »

Cependant la nécessité allait le faire tomber derechef aux genoux de la marquise ; depuis sa lettre à Battus, il lui était arrivé toutes sortes de malheurs.

Il avait fait des pertes d'argent, lui qui en avait si peu à perdre. Dans un voyage qu'il fit en Angleterre, il avait emporté avec lui une assez bonne somme, fruit de ses ouvrages; mais arrivé à Douvres, on l'avait obligé de vider ses poches : les lois somptuaires du pays, ou plutôt la douane de pirates qu'on décorait de ce nom, interdisaient l'entrée en Angleterre de l'argent étranger jusqu'à concurrence d'une certaine somme. Ses amis d'Angleterre étaient venus à son secours, et après quelque séjour parmi eux, il était parti pour s'embarquer à Douvres, et de là retourner à Paris, à son Paris *bien-aimé*, comme il l'appelle quelque part. Il portait sur lui quelques angelots d'or dans une bourse de cuir. Le temps était gros. Érasme était monté dans une barque pour gagner le vaisseau que les bas fonds tenaient éloigné de quelques brasses de la côte. La barque ayant chaviré, il était tombé dans la mer, et en avait été retiré plus nu et plus pauvre qu'après la visite des douaniers anglais : ses angelots d'or étaient restés au fond de l'eau.

D'autres malheurs l'attendaient sur le rivage de France. Il s'était fait prêter quelque argent pour aller de Calais à Paris. Comme il cheminait à dos de cheval, dans la compagnie d'un Anglais, sur la route d'Amiens, des voleurs lui avaient fait la conduite pendant plus d'un jour, flairant s'il était de bonne prise : mais cette fois sa pauvreté l'avait bien servi ; les voleurs, s'étant aperçus qu'il était pauvre, n'avaient pas voulu l'assassiner pour si peu. Érasme leur avait ôté toute tentation en se laissant prendre le peu qui lui restait. Toutes ces pertes l'avaient réduit :

« Tirez de la marquise tout ce que vous pourrez, écrivait-il à Battus ; arrachez, grattez ; j'en ferai autant de mon côté. Je sens combien ce conseil est honteux et répugne à mon caractère ; mais le besoin me force à essayer de tout. » Mais Battus n'obtenait rien ; son rôle était difficile. Il était précepteur chez la marquise, et apparemment mal payé, à cause du désordre des affaires ; il avait à penser à lui avant de penser à son ami. Érasme recourut à la rhétorique ; il écrivit à la marquise de Wéere une lettre calculée pour l'effet. Il s'était frotté le front, dit-il, il avait fait taire ses scrupules, son caractère, cette pudeur virginale qui sied à l'homme de lettres ; il avait fléchi sous la nécessité.

La flatterie intéressée l'inspirait mal. Cet homme, si habile à tourner un compliment librement donné, qui savait relever les gens sans se rabaisser lui-même, à peu près sur le ton de Voltaire écrivant aux souverains, est plat et prétentieux quand ses flatteries sont des demandes d'argent. Mais est-ce la faute de celui qui demande ou de celui qui ne tient pas ce qu'il promet ? La marquise de Wéere, qui *folâtrait* tout à l'heure avec un amant, la voilà devenue vierge. Lisez le passage qui explique cette métamorphose : « Je vous ai envoyé, à vous qui vous appelez Anne, une hymne que j'ai composée en l'honneur de votre patronne sainte Anne ; ces vers sont de ma jeunesse, car, dès mes premières années, j'ai rendu un culte tendre à cette sainte. J'ai joint à ces vers quelques prières de mon invention, qui pourront vous servir comme d'enchantements magiques pour faire descendre du ciel sur la terre, non point la lune, mais celle qui a enfanté le soleil de la justice (la vierge Marie). Il est vrai qu'elle se montre facile aux vœux qui lui sont faits par des vierges ; car je ne vous compte pas tant parmi les veuves que parmi les vierges. Quand vous vous êtes mariée toute jeune, c'était seulement pour obéir à vos parents, et pour avoir des enfants : dans un mariage de ce genre, c'est moins le libre plaisir des sens qu'il faut regarder, que la soumission passive. Mais qu'à l'âge où vous êtes, presque jeune fille encore, vous sachiez résister à la foule des prétendants qui aspirent à vos faveurs, qu'au sein d'une fortune si brillante, vous soyez si dure pour vous-même, c'est ce que je ne regarderai pas comme du veuvage, mais comme de la virginité. Si vous persévérez, il faudra que je vous place pieusement, non pas dans le chœur des adolescentes, dont le nombre, selon l'Écriture, ne se peut pas compter ; non pas dans les cinquante concubines de Salomon, mais parmi les cinquante reines, et cela, je l'espère, avec l'approbation de saint Jérôme. »

Dans le même temps qu'il écrivait cette lettre à la marquise de Wéere, il envoyait ses recommandations confidentielles à Battus. Il lui traçait tout un plan de campagne. « Qu'il lançât contre la marquise son fils Adolphe, avec des prières arrêtées en commun ; qu'il prît soin de mettre à couvert le caractère d'Érasme en présentant sa lettre comme un cri que lui arrachait le besoin ; qu'un homme délicat comme il était, voulant aller en Italie pour y prendre le grade de docteur, ne pouvait faire ce voyage san de grandes dépenses, et que sa réputation, méritée ou non, ne lui permettait pas d'y aller à pied, et sans quelque espèce de train; que Battus prît soin de faire sentir à la marquise combien plus de gloire et d'honneur lui reviendrait des écrits d'Érasme, que de ces théologiens qu'elle avait à sa charge; que ces hommes débitaient des choses communes, tandis qu'il écrivait, lui, des choses durables; que leurs indoctes sermons étaient entendus dans une ou deux églises, tandis que ses livres à lui seraient lus par toutes les nations; que ces grossiers théologiens abondaient partout, tandis qu'il fallait plusieurs siècles pour trouver un homme comme lui; — «car, dit-il à Battus, vous n'êtes pas si superstitieux, à ce que je sache, que vous ayez du scrupule à faciliter par de petits mensonges les affaires de votre ami»; — que Battus insinuât à la marquise, avec des plaisanteries bien ménagées, qu'Érasme avait fatigué ses yeux et compromis sa vue par ses travaux sur saint Jérôme; que, selon Pline l'Ancien, un bon remède aux maux d'yeux, un excellent spécifique pour les raffermir, était quelque pierre précieuse, quelque saphir, ou tout autre bijou de prix; qu'au besoin, Battus fît confirmer l'opinion de Pline par son médecin particulier.»

Mais Érasme doutait de l'empressement de Battus. Celui-ci, le premier en titre dans la maison de la marquise, voulait être le premier payé. Érasme essaye de lui donner le change; mais ses raisons sont bien faibles devant l'instinct de l'intérêt personnel : «Je sais, dit-il, que vous avez grand besoin vous-même des libéralités de la marquise. Mais songez bien que les deux choses

ne se peuvent pas faire à la fois. Puis donc que l'occasion est favorable, différez votre propre affaire et
faites celle de votre ami; vous reprendrez la vôtre en
son lieu, et avec plus de certitude du succès. N'allez
pas craindre que le peu que je demande épuise la
marquise. D'ailleurs, soyez juste, tous les jours vous
êtes en demeure de demander et d'obtenir; il n'en est
pas de même pour moi. Peut-être croyez-vous bien
agir avec moi, si vous ne faites que m'arracher à la
mendicité; mais, mon Battus, les études où je me livre
demandent une vie qui ne soit ni gênée ni misérable. »

Cette dernière phrase indique de quelle pauvreté
Érasme avait à sortir. C'était de la pauvreté relative,
pauvreté pour un homme délicat, maladif, aimant à
changer de place, achetant des manuscrits, ayant à
sa solde des scribes, recherché et répandu, obéré par
ses déménagements fréquents, ses hautes amitiés,
ses domestiques, ses messagers, ses secrétaires, ses
copistes, et ne pouvant être Érasme qu'à ce prix,
comme cela se verra dans la suite de cette histoire;
c'eût été de l'aisance pour tout autre que lui. Ses ressources étaient fort précaires; le peu qu'il parvenait
à arracher de ses différentes pensions, — il en avait
en Angleterre, en Allemagne, en France, — ne le
soutenait pas, mais l'aidait à faire des dettes. D'ailleurs, cet argent si attendu, si demandé, en passant
par les mains des intendants, des banquiers, des
changeurs, des messagers, et en s'y grevant de toutes
sortes de droits, n'arrivait à Érasme que diminué
plus qu'à demi. Il lui fallait donner quittance du tout
et ne recevoir qu'une partie. Encore cette partie pour

laquelle les patrons exigeaient de lui autant de reconnaissance que pour le tout, c'est-à-dire beaucoup de complaisances, de flatteries, de lettres à montrer, et surtout de discrétion dans ses nouvelles demandes, cette moitié si péniblement obtenue courait-elle, dans la bourse d'Érasme, toutes les chances de ce qu'on appelle les événements fortuits.

Érasme n'avait vraiment à lui que ce qu'il donnait immédiatement à ses fournisseurs; le reste pouvait appartenir, selon l'occasion, soit aux voleurs sur la terre ferme, soit aux matelots et mariniers sur la mer, à ces derniers surtout qui levaient sur les passagers un tribut assez semblable à celui que lève le Bédouin, dans son désert, sur le voyageur détroussé. Ajoutez-y les vols domestiques, dont Érasme se plaint, et que ses préoccupations d'esprit, son abandon, son incurie, sa générosité, rendaient si faciles. « Croit-on donc faire beaucoup, disait-il, si Érasme ne meurt de faim? »

Il finit pourtant par réaliser le projet qu'il avait eu toute sa vie, qui était un voyage en Italie. Il partit, moitié avec ses épargnes, moitié sur des promesses, dans l'année 1506; il avait alors quarante ans. Il arriva à Bologne quelques jours avant l'entrée triomphale de Jules II, vainqueur de la Romagne. Mêlé à la foule du peuple qui battait des mains « au destructeur des tyrans », il dut sourire à l'aspect de cette papauté bottée et éperonnée, donnant à baiser aux populations stupides ses pieds blanchis par la poussière des champs de bataille, brandissant l'épée en guise des clefs de saint Pierre, et poussant son che-

val sur les brèches des murailles renversées pour
lui faire honneur. J'aime à me le représenter, dans
la grande rue de Bologne, adossé contre une mu-
raille, enveloppé dans ses fourrures, la figure légèrement ironique, regardant passer le cortége, et mé-
ditant ses prudentes critiques contre la papauté
belliqueuse, dont ses adversaires devaient faire
plus tard des hérésies dignes du feu. Cette entrée
de Jules II lui inspira de belles pages sur l'amour de
la paix.

Ce fut le mardi 19 novembre 1506 que le pape entra
dans Bologne. Des astrologues et des marchands voulaient l'en détourner ; il se moqua de leurs prédictions et dit : «Au nom de Dieu, avançons et entrons.»
Avant d'arriver à l'église, il passa sous treize arcs de
triomphe, au front desquels on lisait : *A Jules II,
triomphateur des tyrans.* A chaque côté de la grande
rue s'élevaient des tribunes, en forme de longues gale-
ries, d'où les grands personnages et les dames de
haute maison de Bologne agitaient leurs mouchoirs
et faisaient flotter leurs devises sur la tête du triomphateur. La rue était tendue de voiles cousus bout à
bout, qui formaient comme un dais immense, plantée
d'arbres verts et décorée d'armes, de peintures, de
devises, qui pendaient de toutes les fenêtres ; des
tapis jonchaient le chemin. Cent jeunes gens nobles,
portant des bâtons d'or à la main, la seule espèce
d'arme qui convînt à des vaincus, précédaient le cortége ; puis venaient vingt-deux cardinaux, en robes
rouges, avec leurs chapeaux galonnés d'or ; puis des
condamnés graciés par le pape, ou des victimes du

tyran de Bologne rendues à la liberté, et portant un
écriteau sur leur poitrine; puis, derrière une forêt
d'étendards, dans un nuage de parfums, d'encens, de
cierges en cire blanche, d'hymnes et de concerts, deux
baldaquins portés à bras, l'un de soie blanche brodée
d'or, pour le saint sacrement, l'autre plus magnifique,
de soie cramoisie et de brocart d'or, pour le pontife,
lequel foulait sous ses pieds des bouquets de rose
offerts par les jeunes filles de Bologne, présent rare
pour la saison. Enfin vinrent les harangues, la seule
chose qui doive consoler les petits de n'avoir pas les
triomphes des grands, et les pacifiques de n'être pas
victorieux. Il y en eut quatre des ambassadeurs de
France, d'Espagne, de Venise et de Florence, quatre
de deux recteurs d'université et de deux sénateurs,
six d'autant de nobles de Bologne; en tout quatorze;
et, au retour, quand vingt des citoyens notables de
la ville vinrent offrir au pape les clefs de Bologne, il
y eut encore des pièces de vers, un nouveau discours,
et un psaume chanté à la face du pontife par l'évêque
de Bologne. C'en était assez pour empêcher Jules II
de se croire un dieu.

Après les fêtes vint la peste, et peut-être à cause
des fêtes; pendant que le pape Jules II recevait à
Rome un second triomphe, dans lequel, disaient les
bons chrétiens de l'époque, on pouvait voir d'un
même coup d'œil l'église militante et l'église triom-
phante, le fléau décimait cette foule encore toute
pâle et toute troublée des excès de la veille. Érasme
courut un grand danger. Quoiqu'il eût été dispensé
de l'habit complet de moine régulier, il en avait re-

tenu le rabat blanc, tel que le portait le bas clergé
français. Or, par une circonstance singulière, on avait
enjoint aux chirurgiens de Bologne qui soignaient les
pestiférés, de s'attacher sur l'épaule gauche une pièce
de toile blanche, afin que les personnes pussent éviter
leur rencontre. Encore étaient-ils exposés, même
avec cette précaution, à être lapidés dans les rues par
la populace, la plus pusillanime de toute l'Italie, dit
Érasme, qui a si peur de la mort, que l'odeur de
l'encens la met en fureur, parce qu'on a coutume d'en
brûler dans les funérailles. Érasme sortait donc dans
les rues avec son rabat blanc, ne pensant pas qu'on
pût confondre un ecclésiastique avec un médecin, ni
prendre un rabat pour une pièce d'épaule. Cette im-
prudence faillit deux fois lui coûter la vie.

La première fois, il allait voir un savant de ses amis.
Comme il s'approchait de la maison, deux soldats de
mauvaise mine s'élancent sur lui, en poussant des cris
de mort, et tirent leurs sabres pour l'en frapper. Une
femme, qui passait par là, dit à ces malheureux qu'ils
se méprennent; que l'homme qu'ils ont devant eux
n'est pas un médecin, mais un homme d'église. Cela
ne les apaise pas; ils continuaient de menacer Érasme
et de brandir leurs sabres, quand fort heureusement
la porte de la maison s'ouvre du dedans, reçoit le pauvre Érasme tout tremblant de terreur, et se ferme
sur les deux assaillants.

La seconde fois, il allait entrer dans une auberge où
logeaient quelques-uns de ses compatriotes. Tout à
coup une foule s'amasse autour de lui, armée de bâtons et de pierres. Ces furieux s'excitent les uns les

autres à le frapper, en criant : « Tuez ce chien, tuez ce chien. » En ce moment passe un prêtre, qui, au lieu de haranguer la foule, sourit agréablement, et dit à Érasme, à voix basse et en latin : « Ce sont des ânes. » Ces ânes auraient fini par mettre en pièces le pauvre étranger, ou tout au moins par lui faire un mauvais parti, s'il n'était pas survenu, d'une maison voisine, un jeune homme de noble maison, vêtu d'une riche chlamyde de pourpre. Érasme se sauve auprès de lui comme un fugitif à un autel : il ne savait pas la langue de ce peuple ; il demande au jeune gentil-homme, en latin, ce que lui veut cette foule. — « C'est à votre rabat qu'on en veut, dit le jeune homme ; te-nez-vous pour sûr qu'on vous lapidera si vous ne l'ôtez pas ; profitez de l'avis. » Érasme n'osa pas l'ôter, mais il le cacha sous son habit. Plus tard, il sollicita de Jules II d'être dispensé du costume de chanoine, pourvu qu'il se vêtît en ecclésiastique séculier ; Jules II lui accorda cette dispense, qui lui fut confirmée par Léon X.

Avant d'aller en Italie, Érasme avait fait plusieurs voyages en Angleterre. Il se louait beaucoup de ce pays, où il avait de bons amis, Colet, Linacer, Mont-joye, Wentford, Fischer, Thomas Morus, tous hommes d'élite, quelques-uns amis particuliers du prince de Galles, Henri VIII, qui devait plus tard les faire mou-rir par la main du bourreau. Érasme s'était fait aux mœurs de l'Angleterre ; il était devenu presque bon chasseur, cavalier passable, courtisan assez adroit, saluant avec grâce, et s'accoutumant au langage de cour, tout cela « malgré Minerve », dit-il, c'est-à-dire

malgré ses goûts pour la solitude studieuse, et la discussion si différente de la conversation, malgré sa
gaucherie d'érudit et d'ecclésiastique s'essayant à des
mœurs de laïque et d'homme à la mode. On sait ce qu'il
a écrit des beautés britanniques, de ces nymphes « aux
visages divins, caressantes, faciles, et que vous préfé-
reriez à vos muses », dit-il à un certain poëte lauréat,
Faustus Andrelinus ; et de « ces baisers si doux, si
embaumés », à travers lesquels il voyait l'Angleterre
et la jugeait. C'est apparemment le souvenir de ces
nymphes et de ces baisers qui le rendait si dur pour
la France, jusqu'à dire au même Faustus, alors à Paris :
« Comment un homme d'un nez si fin que vous se
résignerait-il à vieillir dans les ordures de la Gaule ? »
Je dis ordures, qui est le nom générique ; le latin désigne l'espèce [1].

Plus tard il se montra plus bienveillant, et sans
doute plus juste pour la France. Il dit à Thomas Linacer : « La France me plaît tellement depuis mon retour, que je doute si j'ai plus de goût pour l'Angleterre, quoiqu'elle m'ait donné tant et de si bons amis,
que pour la France qui m'est si douce par mes anciennes relations, par la liberté, et par la faveur qu'on
m'y veut bien montrer. » Et plus loin : « La France me
plaît d'autant plus qu'il y a longtemps que je suis privé
de la voir. » On aime à retrouver dans les vieux livres
ces hommages rendus librement au génie hospitalier
de notre France, à son goût pour les grands esprits, à
la liberté dont on y jouissait, même aux époques où

[1] Quid te juvat hominem tam nasutum inter merdas gallicas con-
senescere ?

les ressources de sa civilisation n'étaient pas encore
en harmonie avec la facilité de ses mœurs.

Le voyage d'Italie accrut la réputation d'Érasme sans
le rendre plus riche. Il revint en Angleterre, toujours
pauvre, toujours nécessiteux, toujours faisant servir
son esprit, qui était une puissance, à parer d'humi-
liantes demandes d'argent, et à tendre la main sans
que cela parût. Milord Montjoye et l'archevêque de
Cantorbéry lui faisaient une pension. Ses autres amis
y ajoutaient des dons, de temps en temps, non sans se
faire beaucoup prier. Quelques-uns lui refusaient tout
net; amis, comme dit le proverbe, jusqu'à la bourse;
d'autres lui reprochaient d'être si pressant, et blâ-
maient le ton de ses demandes, entre autres Colet, le
doyen de Saint-Paul, homme quelque peu serré sur ce
point.

Ces demi-secours étaient d'autant plus insuffisants,
que la cherté de toute chose était grande, et les
temps fort durs; il n'était bruit que de préparatifs
de guerre; toutes les bourses se fermaient; les bienfaiteurs retiraient leurs bienfaits, et le pain et le vin
devenaient choses de luxe. Érasme avait gagné un
commencement de pierre, à boire, en guise de vin, de
la mauvaise bière. L'Angleterre étant bloquée du côté
de la mer, ses lettres ne pouvaient sortir, et rien ne
lui arrivait de ses protecteurs du continent. Aussi se
plaignait-il amèrement des malheurs de son époque.
C'est un trait commun à presque tous les hommes
supérieurs; mais n'est-ce pas surtout de ce qui les a
blessés et leur a fait obstacle, qu'ils ont tiré leur
force et leur gloire ?

IV.

Caractère d'Érasme. — Sa santé.

Pour comprendre quelle fut la vie d'Érasme, il faut
se faire une idée de la confusion et du tumulte de son
époque, et se représenter cette Europe de la fin du
quinzième siècle, et des premières années du seizième, labourée par la guerre et décimée par la peste,
où toutes les nationalités de l'Europe intermédiaire
s'agitent et cherchent leur assiette sous l'unité appa-
rente de la monarchie universelle d'Espagne ; où l'on
voit d'un même coup d'œil des querelles religieuses et
des batailles, une mêlée inouïe des hommes et des
choses, une religion naissante qui va se mesurer avec
une religion usée d'abus ; l'ignorance de l'Europe occidentale qui se débat contre la lumière de l'Italie ; l'antiquité qui sort de son tombeau, et les langues mortes
qui renaissent, et la grande tradition littéraire qui
vient rendre le sens des choses de l'esprit à des générations abruties par les raffinements de la dialectique
religieuse ; du fracas partout, du silence nulle part ;
les hommes vivant comme des pèlerins, et cherchant
leur patrie çà et là, le bâton de voyage à la main ; une
république littéraire et chrétienne de tous les esprits
élevés, réunis par la langue latine, cette langue qui
faisait encore toutes les grandes affaires de l'Europe à
cette époque ; d'épouvantables barbaries à côté d'une
précoce élégance de mœurs, un monde livré aux soldats et aux beaux esprits, aux moines mendiants,
ignorants et stupides, et aux artistes ; un chaos où

s'enfantait la société moderne, une immense mêlée
militaire, religieuse, philosophique, monacale ; enfin,
— car j'ai hâte de quitter cette prétention à résumer
une époque dont Dieu seul a le sens, — nulle place
tranquille, nulle solitude en Europe, où un homme
pût se recueillir et se sentir vivre ; il faut s'imaginer
tout cela, et jeter au milieu de cette confusion un
homme débile, languissant, avide de repos, et en-
chaîné à l'activité, plein de sens et partant de doute,
doux, bienveillant, haïssant les querelles, détestant la
guerre comme les mères d'Horace ; un petit corps,
comme il s'appelle sans cesse [1], qui loge une âme souffrante toujours prête à s'échapper, qui n'a qu'une
santé de verre [2], qui frissonne au moindre souffle, qui
a des vapeurs comme une femme, et qui ne peut s'a-
bandonner un jour sans se mettre en péril de mort.

Nous l'avons vu, dès l'enfance, faible, souffreteux,
d'un corps délicat, et, comme disaient les médecins du
temps, d'une contexture très-menue [3], affecté de tous
les changements de temps, comme une pauvre plante
exotique qui n'a plus le soleil et les saisons fixes de sa
terre natale. Toutefois, la vigueur naturelle de la jeunesse, l'ardeur d'esprit, l'insouciance de l'avenir, le
soutinrent longtemps, et ses dérangements perpétuels
l'affectaient peu, parce qu'il s'en préoccupait moins.
Mais quand il eut passé la jeunesse, ces dérangements de-
venant plus graves, et les causes de distractions moins

----

[1] Lettres, édition in-folio de Leyde, 766. A.
[2] Ibid. Valetudo plus quam vitrea. 1820. A. B.
[3] 1512. A.

vives, il sentit amèrement l'obstacle d'une mauvaise santé dans un temps et au milieu d'affaires pour lesquels il ne fallait pas moins que le corps robuste et la vigoureuse santé de Luther.

Érasme était d'ailleurs l'homme aux accidents : soit fatalité, soit qu'on ait d'autant plus à souffrir qu'on est plus vulnérable, soit qu'un être faible attire les mauvaises aventures, il n'y en avait guère auxquelles il échappât. S'il survenait quelque averse de neige, la plus forte qu'on eût vue de mémoire de vieillard, quelque pluie furieuse, un ouragan, un froid subit, c'était pour lui. Pour lui, les chemins les plus sûrs étaient infestés de voleurs ; pour lui, la mer était toujours mauvaise, et toutes les barques chaviraient sous son petit corps si frêle, à peine assez lourd pour les faire pencher ; pour lui, le cheval le plus solide des jambes en manquait tout à coup sur une route unie, et le plus doux de caractère prenait le mors aux dents. Il en faisait le sujet de jolies lettres à ses amis.

Une fois, c'est une nuée de puces qui s'abat sur sa maison de Fribourg, et qui l'empêche de dormir, de lire et d'écrire [1]. On disait dans le pays que ces puces étaient des démons. Une femme avait été brûlée quelques jours auparavant pour avoir, quoique mariée, entretenu pendant dix-huit ans un commerce infâme avec le diable. Elle avait confessé, entre autres crimes, que son amant lui avait donné plusieurs grands sacs pleins de puces pour les répandre dans la ville. Érasme,

[1] Lettres, 1476. D. E. F.

qui raconte ce fait à ses amis, n'est pas très-éloigné d'y croire, car il a son grain de superstition, lui aussi, quoiqu'il se moque des franciscains, lesquels disent au peuple que les moucherons qui voltigent sur le corps du franciscain qu'on mène en terre sont des démons qui n'osent pas se poser sur la face bénie du défunt. Déjà, dans la maladie qu'il fit à Paris par l'effet des œufs pourris et des chambres malsaines de Montaigu, n'avait-il pas attribué à l'intercession de sainte Geneviève son retour à la santé [1] ?

Une autre fois, comme il chevauchait de Bâle à Gand, l'esprit tranquille, encore tout enchanté de l'accueil que venait de lui faire un abbé chez lequel il avait passé deux jours fort gaiement, son cheval s'emporte à la vue de quelques guenilles répandues sur le chemin [2]. Érasme, cavalier médiocre et peu brave, quoiqu'il eût fait son apprentissage en Angleterre, au lieu de retenir son cheval, tourne la tête vers son domestique pour lui demander du secours. Le cheval, voyant que son cavalier a aussi peur que lui, fait un écart, et le jette hors de la selle, les pieds pris dans les étriers et la tête en bas. Érasme pousse des cris épouvantables. Le domestique parvient à arrêter le cheval et dégage son maître. Érasme essaye en vain de faire quelques pas, la douleur paralyse ses membres. Ils étaient au milieu d'une plaine nue ; nulle auberge convenable aux environs, mais de malheureuses cabanes sales et délabrées, dont sa délicatesse s'effrayait

[1] Lettres, 1479. D. E. F.
[2] Ibid., 160. B. C. D.

bien plus que du grand chemin. Que va-t-il faire? il promet à saint Paul, s'il échappe à ce danger, de terminer ses commentaires sur l'épître aux Romains. Ce vœu fait, il reprend courage, remonte à cheval, et arrive à Gand, non sans de vives douleurs, mais évidemment sauvé de pis par saint Paul, auquel il s'empresse de rendre grâce à son arrivée à Gand, en même temps qu'il envoie chercher le médecin et le pharmacien.

Tous les goûts d'Érasme sont en contradiction avec les habitudes et les convenances de la civilisation de son temps. Par exemple, l'Allemagne, la France, l'Angleterre se chauffent au moyen de poêles; or, l'odeur du poêle donne des vertiges à Érasme. La religion prescrit le jeûne; Érasme non-seulement ne peut pas jeûner, mais s'il retarde son repas de quelques minutes, il a des défaillances. Le temps du carême, en défendant la viande, oblige les fidèles à se nourrir de poisson; Érasme n'en peut manger impunément. Un certain jour, les magistrats d'une ville d'Allemagne lui offrent un dîner d'honneur : tous les poissons du Rhin abondent sur la table; Érasme n'en goûte d'aucun, mais les avoir vus et sentis suffit pour lui donner une maladie; en sortant de table, il se met au lit. Un de ses amis, qui sait ses dégoûts, lui donne en cachette, au lieu de poisson, du poulet; cet ami est accusé par tous les dévots, et peu s'en faut qu'on ne le recherche pour ce crime.

La guerre, la peste, les théologiens, les exigences de la réputation, et peut-être aussi le goût de la locomotion, quoiqu'il s'en défende, le font souvent voya-

ger, surtout en Allemagne, qui est son centre. Vous
connaissez l'homme : il lui faut en voyage quelque
train, de l'aisance, des délicatesses, des soins particuliers ; qu'il ait une chambre sans poêle, une table sans
poisson, une pièce à part pour se reposer, et peut-
être pour dérober ses infirmités précoces à la publicité
d'une chambrée commune. Or, que lui offrait en ce
genre l'Allemagne, bien inférieure à notre France,
où, dès ce temps-là, les auberges avaient pour
chaque voyageur une chambre séparée, où il pût
se déshabiller, se nettoyer, se chauffer, et un lit où
dormir ?

Qu'on se représente Érasme et son domestique, tous
deux voyageant à cheval, sur un des grands chemins de
l'Allemagne rhénane. Ils arrivent, à la tombée du jour,
dans une petite ville ; Érasme se fait indiquer l'auberge la plus fréquentée : on lui en montre une, à l'enseigne de *Saint François*, saint à grande barbe, enca-
puchonné et ceint d'une corde aux reins, dont le
troupeau sale, superstitieux et violent, donne le cau-
chemar à Érasme. Ils se présentent devant la porte ;
personne ne les salue ; l'aubergiste allemand est fier ; il
ne voudrait pas avoir l'air de capter un hôte par des
salutations. Le domestique d'Érasme demande du dehors, à haute voix, si l'on peut loger son maître et lui,
et les deux chevaux ; point de réponse : l'aubergiste
rougirait de montrer de l'empressement. Nouvelle
demande du domestique, qui cette fois frappe à la fenêtre de la salle des voyageurs. A la fin, une tête sort
de cette fenêtre, comme une tortue de son écaille, regarde les deux voyageurs, et si elle ne dit pas non,

cela équivaut à oui. Il faut que le voyageur soit son
propre palefrenier. On indique une place pour les chevaux, et d'ordinaire la plus incommode; les bonnes
sont réservées pour ceux qui doivent venir, et principalement pour les nobles. Si vous vous plaignez :
« Cherchez une autre auberge », vous dit-on.

Les chevaux placés, les deux voyageurs entrent dans
la salle commune, le maître et le domestique, les gens et
les bagages. Chacun y vient au complet, avec ses effets,
ses bottes sales, et, en cas de pluie, avec beaucoup
de boue; on se déchausse en commun, on met ses
pantoufles, on ôte son vêtement de dessus, et on le
suspend autour du poêle pour le faire sécher. Si vous
avez faim, il vous faut prendre patience : le dîner n'est
servi que quand tous les voyageurs sont arrivés. L'aubergiste ne se met à ses fourneaux qu'après avoir
compté tous ses convives. En attendant, on voit arriver des gens de toutes sortes; des jeunes, des vieux,
des gens de pied, des cavaliers, des négociants, des
matelots, des muletiers, des domestiques, des femmes,
des gens valides, des malades; l'un se peigne; l'autre
essuie son front mouillé de sueur; l'autre nettoie ses
guêtres ou ses bottes; autant de langues que de gens;
c'est la confusion de la tour de Babel. Mais sitôt que
quelque étranger de distinction entre dans la salle,
avec le maintien et le costume de son rang, toute cette
foule fait silence et semble n'avoir plus qu'un regard
attaché sur ce personnage : vous diriez un animal
curieux nouvellement venu d'Afrique [1].

---

[1] Colloques. *Diversoria*, passim.

Quand la soirée est fort avancée, et qu'on n'espère plus de nouveaux arrivants, un vieux domestique, la tête chauve, le regard dur, promène ses yeux sur tous les hôtes, sans dire un mot, et compte les têtes. Après quoi, il met du bois au poêle et se retire. C'est en ce moment que je vois notre Érasme, à demi suffoqué, qui se glisse près de la fenêtre et l'entr'ouvre sans bruit pour faire entrer un peu d'air extérieur : « Fermez la fenêtre! lui crient les vieillards et les malades, chez qui la chaleur vitale a besoin d'être entretenue par une chaleur factice. — Mais j'étouffe, dit Érasme. — Allez chercher une autre auberge. » Érasme cède au nombre. Une heure se passe encore au milieu de cette atmosphère miasmatique, que la liberté de la langue latine lui permet d'analyser en détails [1].

Enfin le vieux Ganymède arrive et met des serviettes sur les tables, et quelles serviettes! vous croiriez de la toile à voiles. Après les serviettes, il apporte un pareil nombre d'assiettes et de cuillers de bois, puis des verres à boire, puis du pain : c'est le signal de s'asseoir. Une heure s'écoule encore en attendant les plats qui cuisent. Enfin viennent d'abord des tartines de pain baignées dans du jus de viande, ou, si l'on est en carême, du jus de légumes. Ensuite ce sont des salaisons, du poisson, — le poisson poursuit Érasme partout, — et, pour boisson, du vin qui va augmenter sa gravelle. S'il se hasarde à en deman-

---

[1] Colloques. Omitto ructus alliatos, et ventris flatum, halitus putres, etc...

der d'autre : « Nous avons reçu bien des comtes et des marquis, lui dit-on, et aucun ne s'est plaint de notre vin ; si vous n'en êtes pas content, cherchez une autre auberge. »

Au dessert, on met sur la table un fromage infect, où les vers fourmillent. C'est à ce moment que sont introduits dans la salle des bateleurs, des fous de profession, dont les grimaces mettent en train les convives. On les excite, on leur verse à boire, on les provoque par des éclats de rire : ce sont alors des cris confus, des danses, un tumulte à faire crouler la salle. Érasme est forcé de s'en amuser, bon gré mal gré, jusqu'au milieu de la nuit ; car, de même qu'il y a une heure fixe pour le dîner, il y a une heure fixe pour le coucher : il n'est pas plus permis de dormir que de manger avant les autres. Enfin, le vieux domestique entre gravement, portant devant lui un plat vide qu'il présente aux convives, debout, silencieux et attentif. Chacun sait ce que signifie ce plat et y dépose son écot. Le vieux barbon compte entre ses dents la quote-part de chacun, et si la somme est exacte, il le témoigne par un signe de tête. Cela fait, tous les convives vont se coucher dans un dortoir commun, et dans des draps lavés tous les six mois.

Qu'on s'étonne qu'Érasme, invité par le pape Adrien à venir en Italie, écrive au saint père : « Y aurait-il sûreté pour moi à voyager à travers les neiges des Alpes, et les poêles dont l'odeur me fait mourir, et les auberges sales et incommodes, et les vins piqués, dont le goût seul met en danger ma vie ? »

Si la plupart des usages de son temps offensaient sa délicatesse physique, la plupart des institutions n'étaient pas moins ennemies de son esprit et de son caractère. Homme de paix et d'étude, doux, inquiet, tant soit peu timide, pour ne rien dire de plus, ayant rêvé toute sa vie un monde de disputeurs et de philologues inoffensifs exploitant en commun le double champ de la philosophie chrétienne et de l'antiquité littéraire, il vit au milieu d'un monde qui peut se personnifier dans deux classes d'hommes, l'une représentant le désordre, et l'autre l'ignorance : le soldat et le moine.

Le soldat, c'est le brigand armé, qui pille le pays qu'il défend, et qui dépense son butin dans les mauvais lieux; d'ailleurs fort tranquille sur les suites, pour peu qu'il porte sur lui une image en plomb de sainte Barbe, ou qu'il ait fait une prière au saint Christophe charbonné sur la toile de sa tente; il partage avec les collecteurs des indulgences l'argent qu'il a volé, ou, s'il ne lui reste rien pour acheter ces pardons qu'on vend à la foire, avec le vin, l'huile et le blé, il va s'agenouiller devant le prêtre qui lui impose les mains, et le renvoie pur et sans tache, avec ces deux mots : Je t'absous, *absolvo te*[1].

Le moine, c'est un personnage sans père et sans enfant, sans passé et sans avenir, tout entier au présent et à ses joies matérielles, espèce de pèlerin campé en maître sur une terre étrangère, qui s'y gorge de tous les biens que les peuples apportent à ses pieds; il ne peut toucher à la femme qu'en la souil-

---

[1] Colloques. *Confessio militis.*

lant, et accomplir la loi de la nature qu'en violant la loi de la famille et de la société; mélange d'ignorance intolérante, d'astuce, de cruauté, de libertinage, de superstition, d'oisiveté crasse, de piété stupide, dont le capuchon est plus fort que bien des couronnes. Le moine est ennemi des livres, parce qu'il n'y sait pas lire; ennemi de la science, parce qu'elle tue son jargon scolastique, qui pervertit le sens des peuples. Il est inquiet, furieux, au milieu de cette universelle renaissance des lettres et des arts, et baisse sa lourde paupière devant la lumière de l'antiquité ressuscitée, comme un oiseau de nuit devant le jour. Fort différent de ce moine austère, grave, abîmé en Dieu, que nous représentent nos illusions de moyen âge et notre tolérance d'indifférents, celui que nous peint Erasme, et dont la corruption et la saleté lui donnent des nausées, c'est ce moine violent, haineux, menacé dans ses priviléges d'ignorance et de libertinage, que vient de surprendre et de démasquer au fond de ses cloîtres, où la prostitution s'introduit par des poternes, cette formidable presse du seizième siècle qu'Érasme vient de créer; c'est le moine pesant sur le monde du poids de ses mille couvents, et mettant sous son capuchon la lumière apportée par le Christ; personnage bien moindre alors que saint Christophe, saint Benoît, saint François, et autres fondateurs d'ordres religieux; le moine, enfin, inutile quand il est pieux et honnête, plus destructeur que la peste et la guerre quand il est intrigant, actif, habile, et qu'il a conscience de tout ce qu'il peut perdre!

Savez-vous à quoi se réduit sa science religieuse [1]?
Veut-il parler de la charité? il débutera par un exorde
tiré du Nil, fleuve d'Égypte ;—du mystère de la croix?
il s'étendra sur Bel, le dragon de Babylone ;—du jeûne?
il commencera par les douze signes du zodiaque ;—de
la foi? il préludera par la quadrature du cercle. Leurs
habiles expliquent la Trinité par la réunion des lettres
et des syllabes du discours, et par l'accord du nom et
du verbe, de l'adjectif et du substantif. Écoutez ce raisonnement d'un de leurs casuistes : «Toute l'explication
du mystère de la Trinité est dans le mot latin *Jesus,*
lequel n'a que trois cas, le nominatif, l'accusatif et l'a-
blatif, premier symbole manifeste de la Trinité; en
outre, le premier de ces cas se terminant par *S*, le second par *M* et la troisième par *U*, qui peut douter
que ces lettres ne signifient *Summus*, *Medius*, *Ulti-
mus*, le premier, le dernier, et celui qui est entre les
deux, c'est à savoir le Père, le Fils et le Saint-Esprit? »

Quant aux dialecticiens, voici quelques-unes de leurs
thèses : — « Par quel moyen le monde a-t-il été fait et
ordonné ?—Par quels canaux le péché originel s'est-il
répandu sur la postérité d'Adam ? — Par quelle manière, dans quelle étendue, en combien de temps le
Christ a-t-il été formé dans le sein de la Vierge ?—
Combien compte-t-on de filiations en Jésus-Christ ?—
Cette proposition est-elle possible, que Dieu le Père
hait son fils ? » Quels titres les moines invoqueront-ils
auprès de Jésus-Christ, au jour de la rémunération
éternelle? «L'un montrera, dit Érasme, sa panse ten-

---

[1] OEuvres diverses, Μωρίας ἐγκώμιον.

due de toutes sortes de poissons ; l'autre versera cent boisseaux de psaumes ; celui-ci comptera ses mille jeûnes, interrompus par des repas où il a manqué de rompre son ventre ; celui-là présentera un tas de cérémonies, de quoi remplir sept vaisseaux de charge. Un quatrième se vantera de ses soixante années passées sans avoir touché d'argent, si ce n'est avec ses doigts protégés par un double gant, pour être fidèle à la lettre de son institution ; un autre étalera son sale capuchon, si usé et si gras, qu'un matelot dédaignerait de s'en couvrir ; un autre, les onze lustres qu'il a vécu cloué au même lieu, comme une éponge ; un autre, sa voix enrouée à toujours chanter, ou la léthargie qu'il a gagnée dans la solitude, ou sa langue engourdie par un vœu de silence éternel [1]. »

Les idées d'Érasme, ses penchants, ses mœurs, son rôle littéraire et religieux, sa vie tout entière, devaient en faire l'ennemi déclaré des moines. N'ayant aucun de leurs vices, et méprisant le peu de vertu oisive que pouvaient avoir les simples parmi eux, son être tout entier se révoltait contre la vie monacale, et contre les hommes qui, après y avoir été entraînés par une sorte d'embauchage, se faisaient eux-mêmes embaucheurs à leur tour, pour perpétuer l'espèce et sa domination honteuse sur les peuples. Il regardait comme une souillure ineffaçable, comme un obstacle à ce qu'il eût vécu meilleur et plus heureux, son entrée forcée dans ce genre de vie ; et s'il n'avait pas renié hautement ses vœux, ni jeté tout à fait l'habit mi-

---

[1] Μωρίας ἐγκώμιον, Éloge de la folie.

parti d'église et de laïcat que le pape lui avait permis
de porter, ce n'est pas qu'il s'en fît un scrupule
religieux, c'est plutôt qu'il craignait d'être une occasion de scandale [1]. « J'ai été malheureux en beaucoup
de choses, écrit-il à un ami, mais en cela surtout,
qu'on m'a poussé dans un état pour lequel j'avais
toutes sortes de répugnances de corps et d'esprit. J'aurais pu être compté, non-seulement parmi les gens
heureux, mais encore parmi les gens de bien, si j'avais
été libre de choisir un genre de vie à mon goût. »

Il gardait aux moines la rancune d'un homme auquel
ils avaient ôté la disposition de soi, et imposé pour tout
le reste de sa vie une situation fausse qui l'avait forcé de
se craindre lui-même, de suspecter ses penchants les
plus chers, de surveiller les plus belles qualités de son
esprit, et de scandaliser quelquefois par le contraste
de son habit et de ses idées, de ses liens religieux et de
sa liberté philosophique, ceux qu'il aurait édifiés par
la convenance d'une vie ordonnée selon son caractère
et sa vocation. Cette rancune le rendit amer, ironique, quelquefois injurieux, lui qui était d'un caractère
si doux, et qui savait garder dans ses querelles plus de
mesure même que ne lui en demandaient la grossièreté du temps et le cynisme de la langue latine;
mais ce qui est bien plus fort, elle lui donna de l'ardeur et du courage, à lui qui s'avouait médiocrement
brave, et qui écrivait à Colet, avec une candeur que
j'aime bien mieux que les vanteries des faux braves,
« qu'il avait l'âme intègre, mais *pusille* », mot latin

-----

[1] Lettre à Servatius.

qu'on exagérerait en le traduisant par pusillanime ;
car c'est quelque chose de moins et de mieux [1].

Ces moments de courage d'Érasme ne sont peut-être
pas sa moindre gloire, si l'on songe que les moines de
cette époque ne s'abstenaient guère que du mal qu'ils
ne pouvaient pas faire ; qu'on parlait de prélats em-
poisonnés pour avoir attaqué un de leurs ordres, de
malheureux enterrés tout vifs dans la crypte souter-
raine d'un couvent, pour ensevelir le secret de quelques scandales intérieurs ; que sais-je ? de vertueux
prêtres étouffés pour avoir voulu faire entrer la réforme et les bonnes mœurs dans les cloîtres, rumeurs
populaires dont Érasme se faisait l'organe, au risque
de sa sûreté personnelle [2].

Les moines étaient hommes de plaisirs, et s'y li-
vraient avec scandale, allant porter dans la même
maison la confession et l'adultère, ou cachant dans les
murs de leurs couvents des débauches qui auraient
épouvanté la ville. Érasme, quoiqu'il eût été souillé
dans sa jeunesse par les voluptés, comme il le dit
avec l'exagération de l'humilité chrétienne [3], ne s'y
était jamais oublié ; ni sa frêle santé, ni ses travaux ne
se seraient accommodés d'une vie voluptueuse, et s'il
est vrai qu'il n'avait pas toujours été maître de ses
passions, il n'en avait jamais été l'esclave. Les moines
étaient de grossiers convives, vivant pour leur ventre
et non pour le Christ, salissant leurs festins somptueux

---

[1] Lettre à Colet. 40. D. E.

[2] Colloques. *Exequiæ seraphicæ*.

[3] Lettre à Servatius.

par des bouffonneries de carrefours ou des querelles mêlées d'injures, et venant ensuite devant le peuple, d'un pas chancelant, vomir contre les gens de lettres et les réformateurs leur éloquence avinée. Érasme, au contraire, avait toujours eu horreur des excès de la table.

Il aimait ces petits repas d'amis, dont il parle dans ses *Colloques*, paisibles, sans bruit, où il n'avait pas besoin d'enfler sa voix et de rompre ses poumons pour faire goûter à un auditoire de trois ou quatre convives sa causerie fine et spirituelle. Au sortir de table, on va s'asseoir dans le jardin, au milieu de fleurs étiquetées, portant des inscriptions qui indiquent leurs noms et leurs qualités médicinales; au bord du ruisseau qui court à travers le jardin, et qui, après en avoir arrosé toutes les plates-bandes, va passer sous la cuisine pour en entraîner les ordures dans l'égout voisin. Tout autour, les murailles sont peintes à fresque; l'une représente des jardins et des forêts dont les arbres portent sur leurs branches, parmi les beaux fruits d'or de l'Amérique nouvellement découverte, des oiseaux de tous les plumages, étiquetés comme les fleurs du jardin; sur l'autre est figurée la mer, avec des poissons aussi étiquetés dans ses eaux verdâtres, que quelque élève d'Holbein, qu'Holbein lui-même a peut-être peintes, tant l'art était populaire alors !

C'est là qu'Érasme est à son aise; c'est là qu'il aime, après un modeste dîner qui lui a laissé toute la liberté de son esprit, à s'entretenir avec ses amis, tantôt de l'antiquité littéraire, tantôt de la philosophie chrétienne, science sublime qu'il a osé le premier mettre au niveau,

sinon au-dessus du dogme, et dont il parle avec tant
d'abondance et d'onction, principalement devant la petite chapelle du Christ qui est au fond du jardin. Sur le
soir, les amis se quittent, emportant chacun quelque
petit présent de leur hôte, celui-ci un livre, celui-là
une horloge, cet autre une lanterne, Érasme un étui
rempli de plumes de Memphis (ce sont les plus renom-
mées), présent délicat pour lui qui fait un si bon usage de
la plume, comme ne manque pas de lui dire son hôte[1].

Les moines, attaqués par Érasme dans leurs excès
de table, imaginèrent de lui renvoyer le reproche, et,
disons le mot sans périphrase, le traitèrent d'ivrogne.
Érasme, se plaignant sans cesse du mauvais vin et
vantant indiscrètement le bon, avait pu donner prise
sur ce point. Mais de là à en faire un excès monacal,
il y avait loin. Érasme avait sur le vin des opinions
hygiéniques qui feraient sourire la médecine moderne.
Il le croyait bon pour sa gravelle, et en prenait par
régime ; mais comme en fait de vin le régime touche
de bien près au goût, et le goût à l'abus, peut-être lui
était-il arrivé parfois de s'abandonner.

Voici un passage charmant sur les effets du vin de
Bourgogne, qui aurait pu servir de pièce victorieuse aux moines, si la lettre d'où je les extrais
n'eût été en mains d'amis[2]. Pour un homme sobre,
je confesse que ces phrases sont tant soit peu bachi-
ques : « J'avais, écrit-il à Marc Laurin, goûté auparavant des vins de Bourgogne, mais durs et chauds ;
celui-là était de la couleur la plus réjouissante ; vous

[1] Colloques : *Convivium religiosum*, passim.
[2] Lettres, 756.

auriez dit une escarboucle : ni trop dur, ni trop doux, mais suave; ni froid ni chaud, mais liquoreux et innocent; *si ami de l'estomac qu'en boire beaucoup n'eût pas fait grand mal;* et, ce qui se voit rarement dans les vins rougeâtres, relâchant légèrement le ventre, à cause, j'imagine, du surcroît d'humidité qu'il développe dans l'estomac. O heureuse Bourgogne, ne fût-ce qu'à ce seul titre; province bien digne d'être appelée la mère des hommes, elle qui possède un tel lait dans ses veines! Ne nous étonnons pas si les hommes des temps anciens adoraient comme des dieux ceux dont l'industrie avait enrichi la vie humaine de quelque grande invention utile! Celui qui nous a montré ce que c'était que le vin, qui nous l'a donné, encore que ce fût assez de nous le montrer, celui-là ne nous a-t-il pas donné la vie plutôt que le vin?» Avant de rien conclure de cet hymne en l'honneur du vin, n'oublions pas qu'Érasme l'écrivait à cinquante ans passés, et qu'il était entré dans cet âge apauvri dont on a dit que le vin est le lait.

V.

Rôle d'Érasme et de ses amis. — La république chrétienne et littéraire. — Première période de la vie d'Érasme.

Mais ce qui rendit surtout Érasme odieux aux moines et aux théologastres, comme il appelle les dialecticiens de l'école de Duns Scot, ce fut son rôle littéraire, si brillant et si actif; et chose singulière, il excita peut-être plus de haines par ses paisibles travaux sur l'antiquité profane, que par ses critiques des mœurs et des institutions monacales, ses railleries contre l'étalage du culte extérieur, ses insinuations semi-hérétiques contre quelques dogmes consacrés même par les chrétiens d'une foi éclairée. A quoi cela tient-il? Est-ce que la science fait plus peur à l'ignorance que le doute à la foi? Est-ce que la foi des moines, extérieure, disciplinaire, pour ainsi dire, mais nullement profonde, était plus tolérante que leur ignorance? Est-ce enfin qu'il y avait moins de péril pour eux à ce que le monde fût agité de dissensions religieuses, qu'à ce qu'il fût éclairé par la lumière des lettres anciennes, et remis dans la grande voie de la tradition grecque et latine?

Quoi qu'il en soit, Érasme les irritait surtout par sa gloire littéraire : ils attaquaient sa latinité comme trop étudiée pour ne pas cacher des piéges à la foi, et ils en parlaient devant le peuple comme d'une langue diabolique; mettant à l'index, dans leurs chaires, ces livres qui charmaient tous les gens instruits de l'Europe, et dont il se faisait des éditions à vingt-cinq mille exemplaires. Érasme lui-même sentait bien que des deux haines qu'il inspirait aux moines, au double titre de réformateur mitigé et d'homme de lettres plein de gloire, la plus vive s'adressait à l'homme de lettres, et que si ses ennemis pouvaient bien se contenter de mettre au feu ses livres de controverse religieuse, ils auraient volontiers demandé le fagot pour l'auteur lui-même des ouvrages littéraires. La vraie querelle, dit-il en mille endroits de ses ouvrages, c'est celle qu'on fait aux lettres; les vrais ennemis, ce sont les anciens qu'on veut faire rentrer dans leurs tombes ; le fond de la guerre religieuse, c'est une guerre de l'ignorance contre la lumière de l'antiquité.

Quel beau rôle que celui d'Érasme restaurant les lettres antiques ! Que l'écrivain avait de grandeur alors ! Plus respecté des peuples que le prêtre lui-même, plus écouté, plus obéi, il avait toute l'Europe pour patrie, et il parlait à une république universelle dans une langue encore maîtresse du monde ! Quand on vit dans une époque de littérature malheureusement individuelle, où l'écrivain n'est l'organe que de soi, et a également peur de penser comme le public et d'écrire dans la même langue, où les peuples ne sont attirés vers l'homme de lettres que par une vaine curiosité, et ne le prisent plus que par ce qu'il vaut et non par ce qu'il fait, on est frappé d'admiration pour ce grand mouvement littéraire de l'époque d'Érasme, pour ce concours universel de tous les écrivains de tous les pays à une œuvre commune, œuvre de renaissance plutôt que de création, œuvre de débrouillement plutôt que de génie, d'où allaient sortir les trois grandes littératures de l'Europe occidentale, la littérature anglaise, l'allemande, et la plus grande des trois, la française.

Il n'y a pas de plus beau spectacle que celui de l'Allemagne, de l'Angleterre, de la France, renaissant à leur tour, comme l'Italie, et se rattachant à l'antiquité grecque et latine, comme trois membres, longtemps égarés et perdus, de la grande famille humaine, comme trois races d'hommes qui rentrent dans le sein de l'humanité ; et il n'y a pas non plus de plus grand rôle que celui de ces écrivains qui portent le flambeau dans ces ténèbres du moyen âge, et qu'on entend crier sur tous les points de l'Europe occidentale, à chaque pas qu'ils font en avant : Italie ! Italie ! Tous sont à tout ; tous essayent de lever le voile par un coin : l'un retrouve le système monétaire des anciens, l'autre leur médecine, l'autre leur géographie, l'autre leur système céleste, l'autre leurs usages domestiques ; celui-ci réédite leurs livres, celui-là les commente ; quelques-uns se vouent au grec, un plus grand nombre au latin, les plus ardents à ces deux langues à la fois, et encore aux langues intermédiaires, au grec et au latin du bas-empire, afin de retrouver à la fois tous les anneaux de la grande chaîne de la tradition.

La presse, cette nouvelle reine du monde, dès ce temps-là adorée et haïe, comme la plus grande de toutes les puissances ; la presse, avec ses cent mille bras, avec des hommes supérieurs pour ouvriers, les Alde, les Froben, suffit à peine à fixer toutes ces découvertes simultanées. C'est un éclatant réveil de toutes les intelligences ; c'est le sens revenant aux hommes ; c'est le soleil se levant sur les brumes de la Germanie, de l'Angleterre et de la France ; c'est, comme ils le disaient dans leur langage alors si pittoresque, le génie de l'antiquité chassant devant lui les épaisses ténèbres de l'ignorance ! Quel moment ! quelle vie ! quel enthousiasme ! Combien j'admire Érasme, le premier de tous ces écrivains, le plus fécond, le plus infatigable, travaillant debout, toujours, après le repas, entre deux sommeils, ne laissant jamais d'intervalles dans sa pensée, corps d'argile, esprit de diamant[1], composant pour lui, pour ses amis, « qui lui extorquent çà et là quelques petits traités », se mettant au service de tout le monde, comme un homme « qui ne peut se résoudre à rien refuser », fournissant de la *copie* sans cesse, et sans cesse rendant des *épreuves* ; — pourquoi craindrais-je la langue de la presse ? — écrivant à la porte même de l'imprimerie de Froben pour économiser le temps, suffisant à tout, rarement découragé, même aux deux époques de l'année où se tient la foire de Francfort, au printemps et au commencement de l'automne, époques où tous les libraires attendent ses livres, « où de tous les points du monde lui arrivent par tas » des lettres de toutes sortes de correspondants, avides de montrer à leurs amis une réponse où ils seront finement loués, papes, rois, princes, prélats, hommes, femmes, abbesses de couvent, nonnes, châtelaines, correspondants si nombreux, si exigeants, que sa santé y succombe, et que, pour échapper aux réponses développées et catégoriques, il est obligé de faire à quelques-uns l'innocent mensonge qu'il a perdu leurs lettres, et qu'il n'y pourrait répondre de point en point !

Ce n'est pas la paisible universalité de Voltaire, riche, indépendant, pouvant faire des dons de ses livres, écrivant à qui lui plaît, et seulement quand il est sûr du résultat de ses digestions, honorant ses correspondants, sauf les souverains, de billets plutôt que de lettres, attendu plutôt que pressé, ayant beaucoup de loisirs, et pas un ennemi sérieux. Érasme ne s'appar-

<hr>

[1] **Lettres.** *Ingenium adamantinum.* **88. E.**

tient pas; malade, mourant, il faut qu'il soit à sa tâche; il faut qu'il dicte pour se reposer d'écrire, qu'il écrive pour se reposer de dicter; il faut qu'il use sa vie au service des autres, sans en garder une heure pour lui; qu'il sourie dans les douleurs, qu'il tourne de jolies phrases aux princes lettrés dans les angoisses de sa gravelle, et qu'il distille des flatteries sur son lit de souffrance; martyr à la fois des plus grandes et des plus petites choses de son époque, de la liberté de conscience et de la manie de controverse, de l'opinion et de la mode. Et tout cela dans les incertitudes d'une vie précaire, avec les dons de quelques princes obérés pour tout fonds de fortune, et le *casuel* de ses écrits, plus admirés que payés; entouré d'ennemis puissants qui peuvent lancer contre lui les populaces catholiques de la Flandre et de l'Allemagne; au milieu de la guerre; dans les sales auberges de l'Allemagne, ou dans des villes en sédition; non pas même avec la santé seulement délicate de Voltaire, santé choyée et surveillée par un médecin à demeure, mais avec des crises de mort une ou deux fois l'an, et, pour se traiter, des médecins de passage!

Certes, si la gloire se mesurait au labeur de l'homme, il ne devrait pas y avoir un nom plus glorieux que celui d'Érasme! Mais la gloire n'est que la réunion de plusieurs convenances, les unes dépendant de l'homme, les autres de son pays et de son époque, quelques-unes de la langue dans laquelle il écrit; c'est l'œuvre commune du génie de l'écrivain, d'une époque capable d'entendre des vérités de tous les temps, d'un peuple arrivé par la civilisation à ce sens littéraire qui inspire les grands travaux de l'art, d'une langue qui a atteint son point de perfection. Or, toutes ces convenances ont manqué à Érasme. C'était un esprit éminent, mais point un homme de génie. Son époque, inquiète et turbulente, n'avait l'oreille qu'aux débats de la polémique religieuse, où la vérité de tous les temps n'a pas place. Son public aspirait à l'intelligence littéraire, mais en était bien loin encore. Sa langue était une langue morte. Les livres qui restent sont ceux où il est parlé dans un beau langage des choses qui ne passent pas, c'est à savoir du fond même de l'homme, des motifs de ses actions, de ce qu'il y a en lui de constant et d'immuable, même dans ses changements, et la gloire ne va qu'aux livres qui restent. Mais c'en est une relative, et de grand prix, que celle d'avoir été l'homme d'un temps, d'un moment, d'où devait sortir une longue et majestueuse suite de temps et de moments meilleurs. C'est là la gloire d'Érasme.

Du reste, Érasme ne fut que le premier d'une pléiade d'hommes éminents, dont quelques-uns ne sont plus connus que de nom, et que j'essayerai peut-être de faire revenir un moment sur la scène, si je m'aperçois que ces premières études sur Érasme n'ont pas déplu; tous ouvriers du même œuvre, avec des talents inégaux et dans des conditions sociales différentes; âmes illustres, avec plus de bien que de mal, et plus de vertus que de travers; gens de lettres qui se flattaient les uns les autres, car où trouver des gens de lettres qui ne se flattent pas entre eux? mais qui savaient aussi se dire la vérité, et qui, après tout, n'avaient guère à se complimenter réciproquement que pour de courageux travaux, vrais travaux d'Hercule, qui ont nettoyé le chemin pour les belles époques de l'art moderne.

C'était Guillaume Budé, espèce de Caton littéraire très-redouté, tonnant contre les mœurs de son siècle, en même temps qu'il débrouillait le système monétaire des anciens, et qu'il commentait les *Pandectes;* homme austère, à la paupière contractée, au visage souffrant et ironique, comme nous le représente une gravure d'après Holbein, le portraitiste de tous ces hommes célèbres, et l'ami de plusieurs, ayant tout autour de l'œil gauche des cicatrices de petite vérole qui lui donnent l'air dur, et la bouche légèrement détournée par des habitudes maladives; écrivain amer, aigre-doux, esprit difficile, mais prodigieux savant, dont toutes les lettres à Érasme sont mi-parties de grec et de latin, deux langues qu'il écrivait au courant de la plume, et avec une singulière énergie; qui se disait le mari de deux femmes, sa femme légitime d'abord, et la philologie; qui eut trop d'amour-propre et trop d'ambition du premier rang pour être l'ami de cœur d'Érasme, mais qui fut trop honnête homme pour en être l'ennemi.

C'était Thomas Morus, caractère charmant, homme plein de grâce, que nous ne nous figurons guère que sous les traits de l'intraitable censeur du mariage d'Henri VIII avec Anne de Bouleyn, mais qui était enjoué, souriant, de manières aimables; avenant, ai-

mant la plaisanterie, dit Érasme, comme s'il eût été
né pour cela, et qui semblait plus destiné à égayer un
festin de doctes et de femmes aimables qu'à porter
noblement sa tête à l'exécuteur des hautes œuvres de
Henri VIII.

C'était Colet, le doyen de Saint-Paul, homme d'une
vertu héroïque, ayant eu toutes les passions qui peuvent ruiner la conscience et souiller la vie, et, à force
de lutter, les ayant vaincues; chrétien austère, haïssant les moines et les couvents, ennemi des évêques,
qui sont des loups, disait-il, et non pas des pasteurs;
ouvrant des écoles pour l'instruction religieuse et littéraire des enfants, et en confiant l'administration et
l'enseignement à des hommes d'une probité éprouvée,
et mariés; méprisant la scolastique et ses puériles
disputes, et s'exposant à la haine des évêques scotistes;
de mœurs douces, aimables, obligeantes, sauf en un
point pourtant, je veux dire jusqu'à l'argent, dont il
avait la maladie, et dont il ne se séparait que s'il était
tiré par une passion plus forte; du reste ayant perfec-
tionné l'art de refuser avec politesse et de payer les
gens en flatteries. Érasme lui demandait de l'argent,
peut-être son dû, car je lis quelque part que Colet lui
commandait de petits ouvrages pour sa classe[1] : « Les
plaintes que vous faites de votre fortune, répond Colet, ne sont pas d'un homme courageux. Je ne doute
pas que vos commentaires sur les saintes Écritures
ne vous rapportent beaucoup d'argent, pourvu que
vous ayez espoir en Dieu; c'est lui qui viendra le premier à votre aide et qui poussera les autres à vous

[1] Lettre 107. A. B.

soutenir dans une si sainte entreprise. J'admire que
vous me proclamiez heureux ! si c'est de ma fortune
que vous l'entendez, ma fortune est nulle, ou si petite, qu'elle peut à peine suffire à mes dépenses. Ah !
je me croirais vraiment heureux, si, même dans la
dernière pauvreté, je possédais la millième partie de
votre science ! »

C'était Louis Vivès, de Valence, polyglotte, ency-
clopédiste, déclamant dans le style de Cicéron et de
Sénèque, d'une science immense, d'une modestie
sincère, disant à Érasme qui avait pris mille détours
pour adoucir la sévérité d'une critique : « Vous voulez être si plein de ménagements avec vos disciples
et vos amis, que vous leur en faites du chagrin ; car
ils pensent que vous les traitez ou en inconnus ou en
égaux. Comment Vivès n'a-t-il pas pu vous persuader
encore, par tant de paroles et d'actions, que vous ne
sauriez lui faire de peine ? »

Vivès se plaignait beaucoup des libraires, « gens
qui mesurent et pèsent nos noms, disait-il, d'après
leurs profits », ce qui n'a pas cessé d'être vrai ; il en
dénonce un, d'Anvers, qui, pour éviter certain règle-
ment de compte, n'est jamais chez lui quand Vivès
y va.

C'étaient encore, en divers pays de la république
littéraire et chrétienne, Alciat, la lumière du droit,
l'un des premiers qui pensèrent à rattacher l'étude
des lois à celle de l'histoire, et à éclairer l'une par
l'autre ; — Bilibald Pirkheimeir, homme de guerre et
philologue, qui s'occupait à la fois de recueillir des
notes pour l'histoire de l'Allemagne, d'éditer la cos-

mographie de Ptolémée et de commenter les sermons
de Grégoire de Nazianze ; — Sadolet, l'évêque de Car-
pentras, cardinal, secrétaire du pape Léon X, homme
d'un esprit délicat, d'une rare douceur, païen par son
amour intelligent et tendre pour l'antiquité, chrétien
convaincu et tolérant, un de ces cicéroniens qui disaient, comme le cardinal Bembo et Léon X, *les dieux
immortels*, au lieu de Dieu tout court, et qui termi-
naient leurs lettres comme l'abbé de Saint-Bertin à
Jean de Médicis : « Puissent les dieux rendre ta Florence grande et florissante ! » du reste, d'une modestie noble et forte, qui rappelle celle de Vivès, et
qui lui inspirait ces belles paroles adressées à Érasme,
en lui envoyant un commentaire sur un psaume : « Si
vous trouvez à y reprendre, mon cher Érasme, ne crai-
gnez pas d'en agir avec moi franchement et librement,
et montrez-moi, surtout dans cette épreuve, cette foi de
l'amitié, que je ne doute pas que vous n'ayez sainte-
ment gardée.»

C'était enfin Philippe Melanchton, le doux Melanchton, comme l'a peint Holbein, à l'œil spirituel et tendre, portant son nom, ses mœurs, sa douce intelligence, écrits sur sa figure ; homme supérieur, mais
effacé, qui ne semblait guère que réfléchir les qualités et les talents de ses illustres amis, Érasme et
Luther, mais qui les surpassait peut-être par ce désintéressement de l'ange, qui lui faisait aimer tous ceux
qu'il admirait, et voir, à travers les ténèbres des passions de ses amis et les fumées de leur rôle extérieur, quelles étaient leurs qualités réelles et ce qu'ils
valaient aux yeux de Dieu.

Outre ces hommes d'élite, d'autres encore, inégale-
ment utiles à l'œuvre commune, composaient cette
armée de dialecticiens, de théologiens philosophes, de
philologues, d'annotateurs, d'éditeurs, dont Érasme
était le roi : royauté agitée, inquiète, comme toutes les
royautés, qui avait ses ennemis et ses flatteurs, ses
idolâtres et ses envieux ; qui tomba, presque au moment même où Érasme commençait à en jouir, devant
celle d'un homme plus grand que lui, Luther, dont le
nom, après avoir été quelque temps l'égal du sien, devait enfin le couvrir et l'effacer.

Nous en sommes arrivés vers l'an 1519. Érasme
est en pleine possession de sa gloire. Trois jeunes
rois, les plus grands de l'Europe, montés sur le
trône environ dans le même temps, François Ier,
Charles-Quint, Henri VIII, se disputent à qui l'aura
pour sujet volontaire. Les papes lui écrivent pour
lui mander leur avénement, et lui offrir l'hospitalité publique à Rome. Les petites royautés, à
l'exemple et à l'envi des grandes, les provinces et
les villes à l'instar des royaumes, le convient à venir dans leur sein jouir d'un repos glorieux ; tout le
monde le flatte, même Luther. Toutes les presses d'Allemagne, d'Angleterre et d'Italie, reproduisent ses
écrits ; tout ce qui lit ne lit qu'Érasme. Une comparaison qu'il publie entre Budé et Badius, grand philologue d'alors, fait assez de bruit pour que François Ier
s'en fasse rendre compte dans son conseil, comme
d'une affaire d'État. Tout ce qui écrit imite sa manière,
et ses adversaires même ne peuvent l'attaquer qu'en lui
répondant dans son propre style. Le monde, tout plein

de guerres prochaines, tout ému de l'ébranlement
que doivent y causer bientôt l'ambition de trois jeunes
princes, et les grands intérêts de civilisation universelle dont cette ambition sera l'instrument, fait un moment silence autour d'Érasme, d'Érasme qui a res-
suscité l'antiquité et l'Évangile, comme disent ses
admirateurs. Il vient d'avoir cinquante ans, il n'est pas
beaucoup moins nécessiteux qu'au commencement de
sa vie, et toujours d'une santé chancelante, mais sou-
tenue par la noble fièvre de la célébrité ; eh bien! ce
silence, ce moment unique, cette attention des peuples
suspendue autour d'Érasme, tout à coup une grande
voix partie de Wittemberg, une voix rude et injurieuse, la voix d'un homme du peuple la tourne d'un
autre côté ; Luther a détrôné Érasme !

VI.

Érasme et Luther.

Ces deux noms, que nous rapprochons aujourd'hui
pour les opposer l'un à l'autre, ont longtemps signifié
la même chose dans l'opinion des peuples contemporains d'Érasme et de Luther. Par une confusion, soit
préméditée et artificieuse, soit involontaire, les moines
et les théologiens embrassaient dans la même haine
les lettres sacrées et les lettres profanes, la philologie
et la discussion libre des matières religieuses, l'antiquité et l'Évangile, les lettrés et les docteurs : renaissance littéraire ou tendance vers la liberté d'examen,
commentaires sur Cicéron ou gloses sur saint Jérôme,
étude de l'hébreu ou étude du grec, explication des
apôtres ou interprétation des poëtes, tout leur était

également suspect. Le mouvement religieux les trou-
blait dans leur inviolabilité monacale et dans leur opu-
lente ignorance de la religion même qu'ils exploi-
taient ; le mouvement littéraire les forçait à sortir de
leur paresse, à prendre part aux nouvelles lumières, à
renouveler laborieusement, par la supériorité de l'esprit et de l'instruction, le pouvoir, de plus en plus
menacé, qu'ils tenaient de l'aveugle consentement des
peuples. Attaqués dans leur double privilége, surveil-
lés tout à la fois dans leur religion de patenôtres et
dans leur ignorance d'état, partout où se montrait un
livre inspiré par les nouvelles idées, ils l'exorcisaient
ou le faisaient brûler. C'est ainsi qu'un des pères de la
philologie moderne dans l'Europe occidentale, Jean
Reuchlin, après un long professorat, duquel étaient
sortis plusieurs générations de philologues, avait eu à
défendre la tranquillité de ses derniers jours contre
les haines des théologiens de Cologne. Reuchlin,
Érasme et Luther étaient confondus dans une inimitié
commune ; ces trois noms, entourés d'injures, four-
nissaient la matière de tous les sermons ; c'était le
même démon sous trois formes.

Mais les moines en voulaient surtout à Érasme et à
Luther, et au premier plus qu'au second, apparemment parce qu'il était à la fois lettré et docteur. Les
universités, foyers de toutes ces haines, où se perpé-
tuait l'ignorance bavarde et intolérante de la scolastique, poursuivaient ces deux hommes de leurs bulles
et de leurs cris. Les ordres de tous les noms, franciscains, dominicains, prêcheurs, mendiants, bi-canoni-
ques, lâchaient contre eux tous leurs prédicateurs.

Les chaires retentissaient de bouffonneries haineuses, auxquelles le peuple applaudissait, et chaque sermon se terminait par une lacération publique d'un de leurs livres, à défaut de l'auteur. La Belgique surtout, ce pays de passage où une seule chose a pu prendre racine, la superstition, la Belgique tout entière était soulevée par les harangueurs de Louvain, de Tournay, de Bruges, d'Anvers.

C'était tantôt un dominicain, tantôt un frère mineur, affligé, dit Érasme, d'une lippitude précoce par suite d'excès de vin, lequel déclamait contre les deux ennemis de l'Eglise, Erasme et Luther, les appelant tour à tour bêtes, ânes, grues, souches, hérétiques [1]; hérétiques surtout : car que dire de plus? Il y avait hérésie à n'être pas de l'avis de Scot, hérésie à contredire saint Thomas, hérésie à nier l'excellence de la scolastique, hérésie à écrire dans une latinité littéraire, le bon latin étant nécessairement hérétique. C'est du moins ce que répondit un jour à un magistrat qui était venu lui soumettre d'humbles doutes, un de ces prêcheurs fanatiques, évêque bouffon, comme l'appelle Érasme : « Où est donc l'hérésie dans les livres d'Érasme? » demandait le magistrat. — « Je ne les ai pas lus, dit le prélat; j'ai seulement jeté les yeux sur ses paraphrases, mais la latinité en était trop haute pour ne m'être pas suspecte. Qui peut dire qu'il n'y ait pas quelque hérésie cachée sous un latin que je n'entends point [2]? »

[1] Lettres, 580. B. C.
[2] *Ibid.*

Ces moines et ces théologiens, tout sales, ignorants, avinés, obèses, déclamateurs, qu'Érasme nous les représente, ne manquaient pourtant pas de cet instinct de défense qui consiste à prêter les mêmes projets à des ennemis diversement intentionnés, soit pour aigrir les moins hostiles, et par suite les compromettre, soit pour amener les modérés et les violents à se voir de près, dans un rapprochement monstrueux, et à se séparer avec plus d'éclat.

C'est dans ce double dessein que les habiles d'entre les moines et les théologastres confondaient dans le même anathème Érasme et Luther, encore qu'ils eussent parfaitement apprécié en quoi différaient ces deux hommes. Érasme était avant tout philologue, et par circonstance réformateur doux et mitigé. Luther, était le génie même et l'âme de la réforme; il n'avait de lettres qu'autant qu'il en fallait pour rattacher les lettrés à sa cause. Érasme s'adressait aux intelligences, Luther aux passions. Érasme ne voulait pas que la foule intervînt dans les débats religieux, mais que tout se passât entre les beaux esprits sur le terrein de la théologie : il voyait de grands dangers pour la foi dans cette intervention populaire; et, pour la confession en particulier, il la jugeait gravement menacée si on touchait à de telles matières en présence de la foule, « où il n'y a que trop de gens [1], remarque-t-il, à qui il déplaît de confesser leurs péchés. » Luther parlait à la foule, et, comme tous les hommes de révolution, il sentait qu'on ne vide les questions de réforme qu'avec les masses

_____
[1] 515. F.

populaires, et qu'il fallait avant tout se pourvoir de bras pour la défense de ses idées. Érasme demandait qu'on se bornât à des échanges d'*apologies* entre les hommes compétents, à une petite guerre de sectes et de commentaires, à un champ-clos de gloses religieuses, sous la présidence honorifique des princes. Il regrettait que *ces Germains*, que Luther bouleversait par sa fougueuse éloquence, fussent sortis des bornes de « cette civilité où il les avait toujours retenus », et qui aurait pu prévenir le désordre[1]. Luther, demandait la guerre sur les champs de bataille; il voulait qu'on repoussât les bulles papales à coups de canon, et tâchait d'arracher les princes à ces ridicules tournois de scolastique religieuse, qu'on appelait conciles, pour les entraîner dans la lutte matérielle. Le dieu d'Érasme était le dieu de paix; celui de Luther était le dieu des armées. Érasme faisait déjà de la polémique constitutionnelle; il disait : « Frappez sur les conseillers, mais ménagez les princes; respectez le pape, n'attaquez que ses ministres. » — « Mon petit pape, disait Luther, mon petit papelin, vous êtes un ânon »; pour les princes, il les traitait comme Jésus les vendeurs du temple.

On voit combien les différences étaient profondes entre ces deux hommes. Ce fut donc une politique habile de les confondre, de les supposer amis et complices; de dire qu'Érasme revoyait les écrits de Luther, et que Luther ne faisait rien sans avoir pris l'avis d'Érasme; que, dans sa solitude de Bâle, des lu-

[1] Lettres, 590. G. D.

thériens, espèce de courriers volontaires pour les
affaires de la réforme, avaient de secrètes intrigues
avec Érasme. Les rapprocher ainsi, malgré eux, malgré toutes leurs antipathies, c'était préparer le scandale de leurs brouilleries ; les placer sur le même
rang, c'était les exciter à s'en faire un à part, fût-ce
au prix d'une séparation éclatante ; les menacer des
mêmes dangers, c'était le moyen de faire lâcher pied
au plus faible ou au moins courageux, et, tout en le
déshonorant, de l'aigrir contre le plus ferme ou le
plus hardi. Cette pratique réussit. Unis un moment
dans l'opinion générale, Érasme et Luther se séparèrent avec un éclat qui rendit quelque force au parti
de l'unité catholique.

Tant qu'Érasme vécut, son nom fut aussi grand que
celui de Luther. Si Luther était l'homme du peuple,
Érasme était l'homme des classes éclairées. L'un avait
plus de retentissement dans les rues, sur les grands
chemins, devant le parvis des cathédrales ; l'autre
dans le cabinet, dans ces savants festins du temps, où
les convives suspendaient le repas pour lire une lettre
d'Érasme. « Ton *psaume* m'a été remis, lui écrit Sadolet, comme j'étais à table, avec quelques personnages graves de mes amis. Je l'ai parcouru avidement ;
mais on me l'a bientôt arraché des mains, tant chacun
était impatient de le lire [1]. » Voilà le public d'Érasme.
Certes, s'il faut peser les voix et non les compter, nul
doute qu'Érasme n'ait eu de son vivant plus de gloire
que Luther ; mais la postérité a abaissé le premier et

____

[1] Lettres, 1319. E. F.

élevé le second. Et pourtant, de qui pensez-vous qu'il soit demeuré le plus de choses, de Luther niant le libre arbitre, et remplaçant, à beaucoup d'égards, des superstitions par d'autres superstitions, ou d'Érasme revendiquant pour l'homme la liberté de la conscience, et substituant le premier au catholicisme de la scolastique le mot sublime de *philosophie chrétienne?* Qu'est-ce qui a le plus de vie aujourd'hui, de la philosophie chrétienne ou du luthéranisme; de la scolastique, soit protestante, soit catholique, ou de la morale chrétienne; des sectes, ou de cette liberté de conscience que défendait Érasme contre les catholiques et les protestants, et que Luther arrachait au catholicisme usé d'abus pour la confisquer au profit du protestantisme?

Ce serait un sot propos que de vouloir rabaisser Luther : c'est un nom sacré dans une bonne partie de l'Europe, c'est un grand nom partout. Mais dans l'histoire on fait la part trop belle aux hommes de passion et d'action, et on la fait trop petite aux hommes tempérés, qui ont vu les extrêmes, et s'en sont gardés par conviction et bonne conscience encore plus que par timidité, laissant faire aux hommes passionnés l'œuvre du jour, et se réservant, eux, pour l'œuvre de tous les temps, je veux dire le perfectionnement moral de l'humanité. Je vois beaucoup d'ardeur de sang, d'ambition, d'égoïsme, de mépris des hommes, dans la plupart de ceux qui jouent les grands rôles; je vois au contraire beaucoup de sens, de désintéressement, et plus de modération que de peur ou d'indifférence dans la plupart de ceux qui se tiennent à l'écart ou qui se résignent aux seconds rôles, parce qu'ils y peuvent rester vrais avec eux-mêmes et avec les autres. Que pouvait faire, au temps d'Érasme et de Luther, un homme droit, sincère, éclairé, sinon s'abstenir, ou bien ne parler que pour les lettres et la tolérance, qui allaient être écrasées un moment dans la lutte des deux partis, mais qui devaient survivre aux vainqueurs comme aux vaincus? Pourquoi le blâmeriez-vous de ne s'être point passionné et d'avoir gardé sa conscience dans l'emportement des partis? Pourquoi lui demander, au nom de la philosophie de l'histoire, c'est-à-dire au nom d'une loi que vous imaginez trois siècles après l'événement, qu'il comprît que le mal est gros du bien, et qu'il faut que l'homme sage, pour hâter la venue de la tolérance, se mêle aux déchirements des sectes, s'affuble de leurs passions et se souille du sang qu'elles font répandre?

Quoi qu'il en soit, longtemps avant que Luther n'éclatât, que dis-je! pendant que Luther, commençant par où commencent la plupart des hommes passionnés, c'est-à-dire par adorer ce qu'il devait brûler plus tard, se signalait à l'université de Wittemberg par la fougue de son zèle pour le catholicisme d'Alexandre VI et de Jules II, Érasme avait déjà touché à tous les points de croyance par où les protestants devaient se séparer de la mère-église. On sait en quels termes il parlait des moines. Dès le commencement du seizième siècle, il donnait du monachisme cette ironique définition : « Le monachisme n'est pas la piété, mais un genre de vie utile ou inutile, selon le caractère ou le tempérament de chacun; je ne vous conseille ni ne vous dissuade de l'embrasser [1]. »

Il critiquait le culte rendu aux saints; il se moquait des prières que faisaient les simples à saint Christophe pour éviter un accident mortel; à saint Roch, pour n'avoir pas la peste; à sainte Apolline, pour être guéris du mal de dents; à Job, contre la gale; à saint Hiéron, pour retrouver ce qu'ils avaient perdu.

S'il ne demandait pas qu'on détruisît les statues et les tableaux, « qui sont les principaux ornements de la civilisation », il désirait qu'il n'y eût rien dans les églises qui ne fût digne du lieu. « Je ne désapprouve pas l'invocation des saints, dit-il quelque part [2], pourvu qu'elle ne soit pas mêlée de ces superstitions que je blâme, et non sans motif. J'appelle superstition quand des chrétiens demandent tout aux saints, comme si le Christ était mort; quand nous leur adressons nos prières, avec la pensée qu'ils sont plus exorables que Dieu; quand nous demandons à chacun en particulier des grâces toutes spéciales, comme si sainte Catherine pouvait nous donner ce que nous n'obtiendrions pas de sainte Barbe; quand nous les invoquons non à titre d'intercesseurs, mais d'auteurs de tous les biens qui nous viennent de Dieu. »

Il insinuait que la confession à Dieu seul suffisait, tout en ajoutant comme correctif : « Gardons la confession au prêtre, quoiqu'on ne puisse prouver par des raisons solides que ce soit une institution de Dieu. » Le

---

[1] *Enchiridion militis christiani*, etc... C'est une sorte de manuel du chrétien.

[2] Lettre à Sadolet, 1270. D. E.

choix des mets, des vêtements, le jeûne, les prières pour pénitence, les solennités publiques des jours de fête, lui paraissaient du judaïsme. Il n'aimait pas que, durant le mystère de la consécration, les chantres et le chœur entonnassent un hymne en l'honneur de la sainte Vierge, « comme s'il était séant, remarquait-il, d'invoquer la mère en présence même du fils! » Il exaltait ces temps de la primitive Église, où l'on se contentait d'un seul prêtre pour célébrer le saint sacrifice, au lieu de cette foule d'ecclésiastiques que la religion d'abord, et plus tard le lucre, avaient tant multipliés. Il mettait la chasteté conjugale au-dessus de celle des prêtres et des religieuses; il se moquait des vieilles filles, et préférait le mariage à leur virginité. Il osait défendre le divorce. Il ne voulait pas que le peuple baisât les sandales des saints, *ce qui est bien*, *quod bene fit*, disait la Sorbonne [1], la Sorbonne, grande ennemie d'Érasme, longtemps avant que Luther eût compliqué ses affaires et irrité tous ses *frelons* [2].

Quand Luther poussa son premier cri de guerre, déjà les écrits d'Érasme avaient gagné aux idées de la réforme tous les hommes éclairés, tous les prêtres honnêtes gens de l'Allemagne, de l'Angleterre et de la France. Restait la papauté, à laquelle Érasme n'avait pas voulu toucher, malgré le scandale récent des indulgences, soit qu'il prévît qu'une attaque au saint-siége changerait en schisme un simple vœu de réforme, soit que les papes, en le louant démesurément

---

[1] D. Erasmi declarationes ad censuras colloquiorum.
[2] *Crabrones.*

de ce qu'il écrivait en faveur des principes de l'unité religieuse, eussent lié sa langue et sa plume sur les abus qu'on en faisait dans l'application. Quoi qu'il en soit, sauf quelques allusions sévères à la manie belliqueuse de Jules II, Érasme avait toujours tenu la papauté en dehors de la discussion.

L'œuvre des hommes de plume et d'étude était accomplie. C'était aux hommes d'action à engager la bataille et à jeter les masses populaires dans un débat qu'Érasme avait voulu circonscrire aux hommes éclairés et compétents. Était-ce lâcheté, hypocrisie, jalousie de réformateur mitigé contre des réformateurs emportés et violents? était-ce inconséquence, comme le lui reprochèrent amèrement les protestants? Je ne veux pas faire d'Érasme un brave; mais l'homme qui tenait tête à tous les moines de l'Allemagne et de la France, l'homme qui, après la bataille de Pavie, osait demander à Charles-Quint, empereur de trente ans, victorieux, flatté dans toutes les langues, la liberté de son prisonnier le roi de France; cet homme-là n'était pas un lâche. Seulement il n'était pas courageux comme le sont les hommes de passion, c'est-à-dire aveuglément, avec superfluité, par l'effet du sang plutôt que de la raison, et souvent à la suite, par la contagion de l'exemple. La plus belle espèce de courage, c'est celle qui est le plus appropriée à l'œuvre qu'on a entreprise, qui ne reste pas en deçà, mais qui ne s'égare pas au delà, où il n'entre que de la raison, et point de cet emportement du corps qu'on excite chez les êtres vulgaires avec des liqueurs fortes, de la musique ou des harangues. C'est ce courage-là que j'admire dans Érasme : ce qui ne veut point dire d'ailleurs qu'on ne le pût trouver à un plus haut degré dans d'autres hommes qui voulaient aller plus loin que lui.

Naturellement, l'attention de la république chrétienne fut tout d'abord partagée entre Érasme et Luther. Les hommes ardents se précipitaient sur les pas de Luther; les hommes modérés restaient autour d'Érasme, ne quittant pas le terrain du blâme prudent et des vœux pacifiques. Les plus sincères, dans les deux camps, désiraient que ces deux hommes s'entendissent, afin de se modifier et de se compléter l'un par l'autre, Luther par un peu de la modération habile d'Érasme, Érasme par un peu de l'audace de Luther. Les alarmistes, effrayés tout d'abord de l'impétuosité de Luther, et assez bons juges, comme l'est quelquefois la peur, de la portée de ses attaques, assiégèrent Érasme de scrupules sur cette apparence de concert entre Luther et lui. Les moines, et tout ce qui vivait d'abus, exagérèrent ce concert, le supposant plus complet et plus durable qu'il ne pouvait être ; quelques-uns faisaient naître Luther d'Érasme, et représentaient le premier comme un instrument vulgaire soufflé par le second. Érasme sut résister à toutes ces instances si diverses. Il resta dans son vrai rôle, qui était d'approuver Luther attaquant les abus au nom de l'unité catholique, mais de faire des réserves sur sa manière un peu tumultueuse et sur ses avances vers le peuple qu'Érasme voulait éloigner des débats.

Ce rôle n'était pas sans difficulté au milieu de toutes ces persécutions, de toutes ces amitiés également

exigeantes, qui n'y trouvaient point leur compte, et
que fatiguait l'opiniâtre indépendance d'Érasme. J'appelle cela encore du courage, non du plus brillant sans
doute, ni de celui qui reçoit le plus d'éloges dans les
histoires, mais de celui qui honore l'homme, et qui lui
est sans doute compté devant Dieu au jour où les
œuvres de chacun seront jugées. Il y avait d'autant
plus de mérite à un tel homme de se garder de tous
ces tiraillements, et de rester vrai avec lui-même,
que, de l'aveu de tous les partis, Érasme pouvait faire
pencher la balance du côté où il se rangerait, et emporter d'emblée la réforme s'il lui prêtait l'aide de
sa plume si populaire et le crédit de son immense
considération.

C'est ce que sentit tout le premier Luther. Avant
même qu'il connût la portée de ses desseins, et qu'il
eût rompu avec le chef visible de l'unité catholique, il songea tout à la fois à s'aider et à s'honorer
d'un si puissant auxiliaire, et il écrivit à Érasme
la lettre qu'on va lire. Quoique le fond en soit sincère, on ne peut s'empêcher de croire que Luther
cédait moins à un penchant qu'à une nécessité de position; outre que cette affectation à réduire le rôle et
la gloire d'Érasme à des services purement littéraires
semble prouver que Luther ne le voulait voir qu'à sa
suite, et au second rang, dans la question religieuse.
Les embarras de cette lettre, que j'ai cru devoir conserver, aux dépens même de l'élégance, ne tiennent
pas seulement au défaut d'habitude littéraire du moine
de Wittemberg, défaut dont il était plus vain que
honteux, quoi qu'il semble dire: ses arrière-pensées

auraient rendu la clarté difficile même pour une meilleure rhétorique que la sienne. Voici cette lettre :

« Je m'entretiens sans cesse avec toi, Érasme, ô toi, notre honneur et notre espérance, et pourtant nous ne nous connaissons pas encore. Cela ne tient-il pas du prodige, ou plutôt ce n'est pas un prodige, mais un fait de tous les jours. Car quel est homme dont Érasme n'occupe pas l'âme tout entière, que n'instruise pas Érasme, sur qui ne règne pas Érasme? Je parle ici de ceux qui ont le bon goût d'aimer les lettres. Du reste, je suis heureux qu'entre autres dons du Christ, il te faille compter l'honneur que tu as eu de déplaire à plusieurs. C'est par ce point que j'ai coutume de distinguer les dons d'un Dieu clément de ceux d'un Dieu irrité. Je te félicite donc de ce que, plaisant souverainement à tous les gens de bien, tu n'en déplais pas moins à ceux qui veulent être les souverains de tous, et plaire souverainement à tous [1]. Mais je suis bien mal appris, moi qui m'adresse à un homme tel que toi comme à un ami familier, inconnu à un inconnu, et de t'aborder les mains sales [2], sans préambule de respect ni d'honneur. Mais ta bonté pardonnera cette liberté, soit à mon affection, soit à mon peu d'habitude. Car après avoir passé ma

[1] Il faut me passer ce français barbare, qui seul peut rendre le tour bizarre de la phrase de Luther, et ce jeu de mots de *placere displicere, summè summi*, etc. Cette manière était tout à la fois dans le goût du temps et dans la tournure d'esprit de Luther. Voici la phrase latine : *Itaque tibi gratulor quod dum summè omnibus places, non minus displices iis, qui soli omnium summi esse et summè placere volunt.* Je n'ai pas besoin de remarquer que cette phrase s'applique aux hommes du haut clergé, ennemis communs d'Érasme et de Luther.

[2] *Illotis manibus.*

vie au milieu des sophistes, je n'en ai pas appris assez pour pouvoir saluer par lettres un savant personnage. Autrement, de combien de lettres ne t'aurais-je pas fatigué depuis longtemps, plutôt que de souffrir que tu fusses seul à me parler tous les jours dans ma chambre!

« Maintenant que j'ai appris de l'excellent Fabricius Capiton que mon nom t'est connu depuis cette bagatelle des indulgences, et que j'ai pu voir, par ta nouvelle préface de l'*Enchiridion*, que non-seulement tu as lu, mais agréé mes bavardages, je suis forcé de reconnaître, même dans une lettre barbare, cet excellent esprit dont s'est enrichi le mien et celui de tous les autres. Je sais bien que tu tiendras pour peu de chose que je te témoigne dans une lettre mon affection et ma reconnaissance, assuré comme tu dois l'être que mon cœur brûle pour toi de ce double sentiment en secret et en présence de Dieu; je sais aussi que je n'aurais pas besoin de tes lettres, ni de ta conversation corporelle pour être certain de ton esprit et des services que tu rends aux belles-lettres; cependant mon honneur et ma conscience ne me permettent pas de ne pas te remercier en paroles, surtout après que mon nom a cessé de t'être inconnu. Je craindrais qu'on ne trouvât quelque malice et quelque arrière-pensée coupable dans mon silence. Ainsi donc, mon cher Érasme, homme aimable, si tu le juges bon, reconnais en moi un de tes frères en Jésus-Christ, plein de goût et d'amitié pour toi, du reste n'ayant guère mérité par son ignorance que d'être enseveli dans un coin inconnu, sous le ciel et le soleil qui appartiennent à tous; destinée que j'ai toujours souhaitée, et non point médiocrement, comme un homme sachant trop bien à quoi se réduit son bagage. Et pourtant je ne sais par quelle fatalité les choses ont pris un train si opposé, que je me vois forcé, non-seulement à rougir de mes ignominies et de ma malheureuse ignorance, mais encore de me voir lancé et agité devant les doctes.

« Philippe Mélanchton va bien, si ce n'est que nous pouvons à peine obtenir de lui que sa fièvre pour les lettres ne ruine sa santé. Dans la chaleur de son âge, il voudrait à la fois tout faire et que tout se fît par tout le monde : lui sauvé, je ne sais quoi de plus grand nous pourrions espérer. André de Carlstadt te salue ; il vénère le Christ en toi. Que notre seigneur Jésus te conserve pour l'éternité, excellent Érasme, ainsi soit-il. J'ai été verbeux ; mais tu penseras qu'il n'est pas nécessaire que tu lises toujours des lettres savantes, et qu'il faut te rapetisser avec les petits.

« MARTIN LUTHER. »

Witemberg, 28 mars, an 1519.

Érasme était à Louvain aux prises avec tous les théologiens de cette ville, quand la lettre de Luther lui fut apportée. Il y répondit avec une parfaite sincérité. Il avoue à Luther qu'il a du goût pour ses écrits ; mais il se défend du reproche que lui font les théologiens d'y avoir pris part, ce qui est une manière indirecte et délicate de déclarer qu'il n'en approuve pas tous les points. Sous la forme de conseils généraux adressés à tous les partisans de la réforme, il parle de précautions à prendre, d'hommes et de choses à ménager, de tolérance, d'esprit de charité, toutes recommandations qui allaient particulièrement à Luther, lequel y avait déjà manqué en plus d'une circonstance. Du reste, la lettre d'Érasme est pleine

de grâce, de raison et d'esprit. J'en rendrai mal toutes
les délicatesses. La latinité en est simple, naturelle;
ce n'est point un langage d'érudition; Érasme pensait
et sentait en latin.

« Très-cher frère en Jésus-Christ, ta lettre m'a été extrêmement agréable, à cause de la finesse de pensée qui s'y
montre et de l'esprit vraiment chrétien qui y respire. Je
ne saurais trouver d'expression pour te dire quelles tragé-
dies ont excitées ici tes écrits : on ne peut ôter de la tête
des gens ce soupçon si faux que tes élucubrations ont été
écrites avec mon aide, et que je suis, comme ils disent, le porte-étendard de *celle* [1] faction. Quelques-uns y
voyaient une bonne occasion d'étouffer les belles-lettres,
qu'ils haïssent à mort, comme devant faire ombrage à la
majesté de la théologie, qu'ils estiment la plupart plus que
le Christ; ils pensaient aussi à m'étouffer, moi qu'ils regardent comme de quelque poids dans la résurrection des
études. Tout s'est passé en clameurs, en folles témérités,
en calomnies, en mensonges, tels que si je n'eusse été
présent et patient tout à la fois, je n'aurais pu croire sur
la foi de personne que les théologiens fussent gens si fous.

« J'avoue que le germe de cette nouvelle contagion,
sorti de quelques-uns, a fait tant de progrès, qu'une
grande partie de cette académie, qui n'est pas peu fréquentée, en est devenue furieuse en peu de temps. J'ai
juré que tu m'étais inconnu et que je n'avais pas encore lu
tes livres [2]; que d'ailleurs je n'approuvais ni ne désap-

---

[1] Il ne dit pas : *ta faction.*

[2] Ceci était un petit mensonge. Érasme avait lu et dû lire avidement les pamphlets de Luther. Comment celui-ci aurait-il su qu'É-
rasme avait *agréé ses bagatelles?*

prouvais rien. Je leur ai seulement dit de s'abstenir de vo-
ciférer avec tant de haine devant le peuple, que c'était de
leur intérêt, comme de gens dont le jugement devait avoir
le plus de gravité; qu'en outre ils voulussent bien réfléchir s'il convenait d'agiter devant un peuple tumultueux
des matières qui seraient mieux réfutées dans des livres
imprimés, ou mieux débattues entre érudits, là où l'auteur
pouvait de la même bouche faire connaître ses opinions et
sa vie. Je n'ai rien gagné par ces conseils, tant ils sont
fous avec leurs discussions obliques et scandaleuses.

« Combien de fois eux et moi n'avons-nous pas traité de
la paix, et combien de fois, sur une ombre de soupçon téméraire, n'ont-ils pas soulevé de nouveaux tumultes! Et ce
sont les auteurs de tant de bruit qui se regardent comme
des théologiens! La cour de Brabant déteste cette espèce
d'hommes; c'est encore un crime qu'ils me font. Les évêques me sont assez favorables, mais ils ne se fient pas à
mes livres. Les théologiens mettent toutes leurs espérances
de victoire dans la calomnie; mais je les méprise, fort de
ma droiture et de ma conscience. On les a quelque peu
adoucis pour toi. Peut-être, n'ayant pas la conscience très-
nette, redoutent-ils la plume des gens instruits; pour
moi, je les peindrais au naturel, et avec les couleurs qu'ils
méritent, si je n'en étais détourné par les doctrines et les
exemples du Christ. Les bêtes féroces s'adoucissent par de
bons traitements, mais les procédés ne font que rendre
plus furieux ces théologiens.

« Tu as en Angleterre des amis qui ont la meilleure opinion de tes écrits; ils y sont puissants. Plusieurs ici ont
du penchant pour toi, entre autres un personnage de marque. Pour moi, je me tiens en dehors autant que faire se

peut, afin de me garder tout entier au service des belles-lettres qui refleurissent. Il me paraît qu'on gagne plus par la modération et les formes que par la passion. C'est par là que le Christ a conquis l'univers; c'est par là que saint Paul a abrogé la loi judaïque en tirant tout à l'allégorie. Il vaut bien mieux écrire contre ceux qui abusent de l'autorité des papes que contre les papes eux-mêmes; ainsi pour les rois, à mon sens. Il faut moins mépriser les écoles que les ramener à des études plus saines. Quant aux choses trop profondément plantées dans les esprits pour qu'on puisse les en arracher soudainement, mieux vaut en disputer par des arguments serrés que rien affirmer absolument. Il est telle objection violente qu'on fait mieux de mépriser que de réfuter. Prenons garde en tous lieux de ne rien dire ni faire d'arrogant ou de factieux : je pense que cela est conforme à l'esprit du Christ. En attendant, il faut garder son âme, de peur qu'elle ne soit corrompue par la colère et la gloire, par cette dernière surtout qui vient nous tendre des embûches jusque dans nos études de piété. Ce n'est pas là une conduite que je te recommande; je ne puis que t'engager à continuer comme tu as déjà fait.

« J'ai goûté tes commentaires sur les psaumes : ils me plaisent fort. J'espère qu'ils auront de beaux fruits. Il y a à Anvers le prieur du monastère, homme vraiment chrétien, qui t'aime passionnément; autrefois ton disciple, comme il s'en fait gloire. Il est presque le seul qui professe le Christ; les autres ne professent à très-peu près que des superstitions ou leurs intérêts. J'ai écrit à Mélanchton. Puisse notre Seigneur te dispenser chaque jour plus largement son esprit, tant pour sa gloire que pour le bien public ! En t'écrivant cette lettre, je n'avais pas la tienne sous la main. Adieu.

« ÉRASME. »

Louvain, 30 mai 1519.

Dans une lettre écrite à la même date [1] et adressée à un ami, il revient sur ces nobles pensées de charité et de tolérance. « Vous avez trop de prudence, dit-il à Jodocus Jonas, pour qu'il soit besoin de vous apprendre qu'une image aimable de la vraie piété, rendue avec toute l'expression possible, est bien plus propre à faire entrer dans les âmes la *philosophie du Christ*, que des harangues essoufflées contre toutes les formes et les genres de vices..... Le zèle religieux doit avoir la parole libre, mais assaisonnée çà et là du miel de la charité. En tout cas, il faut ménager ceux qui possèdent l'autorité souveraine, et si la chose mérite qu'on s'irrite, mieux vaut s'irriter contre les hommes qui font servir à leurs passions la puissance des princes, que contre les princes eux-mêmes..... On rend plus de services à montrer combien s'éloignent de la vraie religion ceux qui, sous l'enseigne de Benoît, de François, ou d'Augustin, vivent pour leur ventre, leur bouche, leur luxure, leur ambition, leur cupidité, qu'à déclamer contre l'institution même de la vie monastique. Et quant aux écoles publiques de scolastique, on emploie mieux son temps à indiquer ce qu'on pourrait en retrancher ou y ajouter, qu'à les condamner en bloc. Tel est l'esprit de l'homme; on le mène plus par la douceur qu'on ne l'entraîne par la dureté. »

[1] Jodoco Jonæ, 448. A. C. D.

La lettre d'Érasme à Luther, et les avertissements personnels qui s'y cachaient sous la forme de conseils indirects, ne pouvaient pas être du goût du moine de Wittemberg. Aussi la correspondance amicale n'alla pas plus loin. Luther comprit qu'il ne devait pas compter sur Érasme, Érasme qu'il ne pouvait que se perdre comme lettré et se mentir à lui-même comme docteur de l'Église en venant faire du tumulte et de l'audace à la suite de Luther. Mélanchton fit de vains efforts pour les rapprocher : il leur écrivit des lettres touchantes et persuasives, où son doux génie tâchait d'atténuer la rudesse de Luther aux yeux d'Érasme et de justifier la prudence d'Érasme aux yeux de Luther. Il resta l'ami de tous deux sans les réconcilier. Érasme et Luther ne s'écrivirent plus qu'une fois ; et ce fut pour s'insulter.

La conduite d'Érasme, dans ces premières luttes de la réforme, ne fut pas exempte de fautes. Sa modération, qui ne le quitta pas un moment, et qui resta toujours plus forte que son amour-propre, ne le préserva pas toujours des contradictions et des incertitudes. C'est le propre des hommes trop éclairés pour être passionnés d'avoir souvent des incertitudes, de douter même de ce qu'ils ont pu affirmer dans un autre temps, et, par là, de donner prise à des reproches de contradiction et quelquefois d'hypocrisie. C'est aussi le propre de la modération de faire la part de tout le monde, et, comme il arrive, de la faire si juste, que personne ne s'en trouve content : alors les reproches et les plaintes éclatent ; l'homme modéré y cède, augmente ou diminue les parts, au fur et à me-

sure des exigences ; mais en voulant contenter chacun,
il risque de paraître tromper tout le monde. En outre,
un grand savoir et une grande modération excluent
une certaine décision ; on ne donne jamais tout à fait
tort aux autres, ni à soi-même tout à fait raison ; on
se modifie, on s'amende ; mais en se laissant aller
ainsi à tous les tâtonnements d'un esprit plus avide
de connaître que d'agir, et en laissant à Dieu cette
décision absolue qu'usurpent d'ordinaire les hommes
passionnés et médiocres, on paraît céder aux fluctua-
tions de l'intérêt personnel.

C'est ce qui dut arriver à Érasme, par l'effet même
de ses plus belles qualités. Il s'y mêlait, il faut bien
le dire, certaines velléités de passion auxquelles n'é-
chappent pas même les hommes les plus modérés,
quand ils se voient au premier rang par l'intelligence
et au second par l'action. Il leur prend alors de fortes
tentations d'être les premiers par ces deux choses ;
mais le matin du jour où il faut agir, le goût du repos,
un livre, un doute les rend à leur modération naturelle, non sans avoir encouru le discrédit d'une vel-
léité sans effet, et de paroles sincères qui sont devenues, faute de suite, de vaines bravades. Dans la même
lettre, je vois Érasme montrer au commencement sa
pointe d'ambition ; il la cache vers la fin.

Quand il eut donné, par sa lettre à Luther, de la
publicité à ses relations avec cet homme, dès lors si
regardé et si menaçant, les demandes d'explication
l'assaillirent de toutes parts. Les moines triomphaient.
La conspiration entre Érasme et Luther était un fait
public. Toutes les chaires redoublaient d'invectives :

lés deux noms étaient plus que jamais accolés alors
que les deux hommes étaient plus que jamais ennemis. Seulement Érasme recevait plus d'injures que
Luther, et la raison en est toute simple ; on le traitait
en renégat. Cette préférence le flattait; il le laisse voir
dans ses lettres. Il se croyait le plus haï ; il n'était que
le plus méprisé.

Tout ce qu'il comptait d'amis l'interrogeaient sur
cette lettre : qu'avait-il dit à un homme qui se moquait
du pape et parlait de faire brûler ses bulles ? Érasme
répondait à tous et retournait le même sujet de mille
façons, expliquant son rôle, se défendant d'avoir lu les
livres de Luther, si ce n'est en courant, du coin de
l'œil, trop légèrement pour en voir le poison. Du reste,
il reproduisait sous toutes les formes les propres paroles de sa lettre à Luther, n'y changeant rien au fond,
mais dans la forme, les modifiant selon les gens. A ceux
qui penchaient pour les idées de réforme, il parlait avec
complaisance des qualités personnelles de Luther, et
des bruits favorables qu'on lui avait rapportés de sa
probité et de ses mœurs; il chargeait les portraits de
ses adversaires les moines, et ne dissimulait pas qu'il
voyait plus de danger pour les lettres dans le triomphe
des moines que dans celui de Luther. A ceux qui se mon-
traient inquiets des atteintes portées à l'unité catholique, il prodiguait les professions de foi chrétienne,
parlait de Luther avec défiance, et témoignait la crainte
que ce ne fût une tyrannie substituée à une autre
tyrannie, et que le désordre de la réforme ne fût aussi
funeste aux lettres que l'oppression monacale.

C'était moins de la contradiction qu'un libre cours

donné à ses doutes. Il en avait de très-sincères sur les effets de la victoire de chaque parti, et de quelque côté qu'il regardât, il s'inquiétait pour les lettres nouvellement ressuscitées; seulement, selon les gens à qui il les confiait, chacun de ces doutes était présenté comme une opinion définitive. Érasme était un modèle de cette *civilité* qu'il aurait tant voulu voir aux Germains; il tâchait de glisser entre tous les amours-propres et toutes les passions avec son indépendance et sa tranquillité sauves; il ne mentait jamais, mais il appropriait la vérité au caractère et à la situation de chacun, et sans jamais se travestir, il chargeait volontiers son personnage par le côté où il était le plus sûr d'être agréé.

Est-ce la faute de l'homme modéré et vrai, ou des passions et de l'ignorance au milieu desquelles il vit, si sa modération a toutes les allures de l'incertitude et du manque de caractère, et s'il ne peut être vrai avec tout le monde qu'à la condition de s'exagérer un peu avec chacun? Ce serait là une intéressante question de morale historique. Je n'ai pas besoin de dire pour quelle solution je pencherais. On a pu voir par mes précédentes réflexions que je ne donnerais pas tort à la modération, surtout quand cette modération est intelligente, libérale, tolérante, sans souillure d'argent reçu, courageuse dans la mesure de ses certitudes, franche avec tous les ménagements qui rendent la franchise utile, quand enfin c'est le fruit le plus pur de la raison, cet écho terrestre de la pensée divine. Or, telle fut la modération d'Érasme, sauf quelques fautes de faiblesse, inévitables à tout ce qui est pétri de notre boue, et la plupart excusables par certaines conditions de l'époque où vivait ce grand homme.

Cependant Luther grandissait tous les jours en audace et en puissance. Il prodiguait les libelles et les apologies ; il s'attaquait personnellement au pape ; il entraînait des princes dans sa querelle, il nécessitait l'ouverture de diètes et de conciles, où toute la force de l'Église existante se mesurât contre l'hérésie de ce moine. Érasme était assailli plus que jamais des scrupules et des questions de ses amis. Les uns cherchaient à piquer sa vanité : «Pourquoi tardait-il à se faire le champion du catholicisme? Lui seul pouvait mettre Luther et ses doctrines au néant ; lui seul était plus puissant que les bulles papales et les conciles. » Les autres lui opposaient ses professions de foi : «N'était-ce donc que mensonges et précautions oratoires ? Était-il chrétien de cœur ou de bouche, et s'il l'était de cœur, que ne le montrait-il donc en se levant contre Luther ?»

Les moines vociféraient de plus belle : « Évidemment, il approuve ou souffle ce qu'il ne veut pas attaquer. » Du côté des partisans de la réforme, dont plusieurs étaient de ses amis, il avait d'autres luttes à soutenir. « Que ne prêtait-il à Luther l'autorité de ses écrits si populaires ? que ne réglait-il la fougue du moine de Wittemberg par ses manières conciliantes et sa polémique mesurée? L'audace de l'un tempérée par la prudence de l'autre emporterait la question de la réforme. » Toutes ces influences se disputaient le nom d'Érasme. C'est l'habitude des partis de ne pas supporter l'hésitation et l'indépendance. Ils ne comprennent que ce qui est pour eux ou contre eux ; ils n'aiment pas voir au milieu un homme supérieur, qui, au moment de la bataille, peut la faire gagner là où il se porte, et se porter là où il est le moins attendu. Ils ne veulent rien laisser sur leurs derrières.

Érasme s'épuisait à expliquer sa non-intervention. Il avait à tenir tête à une foule d'amis plus embarrassants que des ennemis; outre un ennemi plus fort que tous les autres, l'ivresse bien naturelle de son importance, cette *gloire* dont il conseillait à Luther de se méfier, «et qui vient nous troubler, disait-il, jusque dans nos études de piété. » Il passa ainsi cinq années, de 1519 à 1524, au milieu de ces luttes intestines contre ses amis, contre ses ennemis, contre lui-même, tâchant de maintenir son indépendance et la vérité de sa nature contre toutes les tentations du dehors et du dedans, assistant lui-même comme témoin à la querelle où il n'avait pas voulu prendre de rôle, faisant tantôt des vœux pour Luther quand les moines reprenaient confiance et relevaient en espérance le bûcher de Jean Hus; tantôt pour la paix et l'unité chrétienne, quand les peuples entraînés par Luther se séparaient de l'Église romaine, gage de cette paix et de cette unité; s'agitant et se travaillant pour la concorde, s'échauffant pour la modération, s'essoufflant à prêcher la paix, mais toujours éloquent, vif, naturel, parce qu'il était vrai.

Toutes ses lettres, durant ces cinq années, contiennent l'histoire des combats qu'il eut à soutenir. C'est la même situation présentée sous mille faces, mais avec une vivacité, un mouvement, une sincérité qui font qu'on s'y intéresse comme à un drame. C'est en effet un drame d'un intérêt immense qu'une intelli-

gence supérieure battue par les flots de toutes les opinions extrêmes, cherchant à conserver son équilibre
dans l'agitation universelle, et résistant à un premier
rôle, parce qu'elle ne peut le prendre sans aller au delà
de ses croyances !

« J'ai toujours évité, dit-il dans une de ses lettres [1],
d'être l'auteur d'aucun tumulte, ou le prédicateur
d'aucun dogme nouveau. J'ai été prié par bien des
hommes puissants de me joindre à Luther; je leur ai dit
que je serais avec Luther, tant que Luther resterait
dans l'unité catholique. Ils m'ont demandé de promul-
guer une règle de foi : j'ai dit que je ne connaissais pas
de règle de foi hors de l'Église catholique. J'ai engagé
Luther à s'abstenir d'écrits séditieux : j'en ai toujours
craint de mauvais résultats, et j'aurais fait plus pour les
prévenir, si, entre autres motifs, une certaine crainte
d'aller contre l'esprit du Christ ne m'en eût détourné.
J'ai exhorté et j'exhorte encore plusieurs personnes à
ne point publier d'écrits scandaleux, et surtout d'ano-
nymes, lesquels sont si irritants; je leur ai dit que c'é-
tait mal servir la paix chrétienne et l'homme dont ils
sont les partisans. Je puis bien conseiller; empêcher, je
ne le puis. Le monde est plein d'officines d'impri-
meurs, plein de poétastres et de mauvais rhéteurs; et
comme je ne puis faire que ces gens-là ne s'agitent pas,
n'est-ce pas la dernière des iniquités de me rendre responsable de la témérité d'autrui ? »

Les avis n'ayant aucun succès, il avait recours à la
prière, mais sans trop y compter, à ce que je crois [2].

[1] 545. B. F.
[2] 599. D. E.

« Je prie le Christ très-bon et très-grand [1] de tempérer
de telle sorte l'esprit et le style de Luther, qu'il en résulte beaucoup d'avantages pour la piété évangélique ;
je le prie d'animer aussi d'un meilleur esprit certaines
personnes qui cherchent leur gloire dans la honte du
Christ, et se font un gain de sa ruine. » C'est bien d'un
homme qui avait quelques doutes sur l'efficacité de la
prière. Ne pouvant s'adresser directement à Luther, il
écrivait à Mélanchton ses exhortations pacifiques, dans
l'espérance que Mélanchton les ferait lire à Luther. Il
parlait de revenir à la forme de la discussion pure,
sans mélange d'appel aux passions ; que la cause de la
réforme n'en irait que mieux. Luther lisait ces conseils
indirects et s'en moquait devant Mélanchton, lequel défendait les bonnes intentions d'Érasme. Le temps d'É-
rasme était déjà passé. Il ne pouvait plus que rendre sa
modération risible.

Enfin, comme rien ne réussissait, ni les avis, ni les
prières au Christ *très-bon et très-grand*, ni les lettres à
Mélanchton, Érasme essaya d'une sorte de censure. Il
avait beaucoup de crédit à l'imprimerie de Froben,
dont ses écrits faisaient la fortune. Froben imprimait
aussi les pamphlets de Luther ; c'est de cette officine
de Bâle que sortait toute la polémique religieuse du
temps. Érasme menaça Froben de se faire imprimer
ailleurs, s'il continuait à publier les écrits de Luther. Il
s'en fit du moins un mérite auprès des plus impatients
de ses amis catholiques. Était-ce une menace sérieuse,
ou simplement un petit mensonge concerté entre Fro-

[1] *Optimus maximus ;* c'est ce que les Romains disaient de Jupiter.
Dans cette prière d'Érasme l'érudition remplace l'onction.

ben et lui? Je ne saurais le dire. Quoi qu'il en soit, Froben continua d'imprimer Érasme et Luther, et Érasme continua de lire *du coin de l'œil* ces livres d'autant plus goûtés qu'ils étaient plus défendus. Luther avait déjà cet avantage sur Érasme, qu'il pouvait se dispenser de lire les écrits de l'illustre lettré, et ne pas trouver de temps pour se mettre au courant de ses découvertes philologiques, au lieu qu'Érasme était condamné à lire avidement le moindre des libelles de Luther.

Érasme n'avait pas à qui penser plus souvent qu'à Luther; Luther pouvait ne penser à Érasme qu'après cent choses ou cent personnages de plus de poids dans sa vie. Érasme était obsédé de Luther; il le trouvait sans cesse sous sa plume, au fond de toutes ses pensées, et il était, malgré lui, le propagateur d'un homme qu'il se vantait de ne point connaître, et d'écrits qu'il se défendait d'avoir lus; au contraire, il fallait que Luther, sauf quelques rares entretiens avec Mélanchton au sujet d'Érasme, cherchât dans ses souvenirs de jeunesse et dans une reconnaissance déjà éteinte l'homme avec lequel il *s'entretenait sans cesse*[1] dans la solitude de sa cellule de Wittemberg.

La modération a ses faiblesses; on vient de le voir par la démarche comminatoire d'Érasme auprès de Froben, ou tout au moins par l'affectation qu'il mettait à s'en faire honneur : elle a aussi ses souffrances secrètes, ses angoisses; mais ces angoisses même tournent à sa gloire. Érasme approchait alors de la vieillesse. Il voyait ses plus anciens amis se séparer en

---

[1] Voir la lettre de Luther à Érasme, citée plus haut.

deux camps, et les affections les plus éprouvées se re-
froidir par l'effet des opinions : il s'en plaignait avec
une noble douleur. « Avant que cette querelle ne
s'envenimât, écrit-il à Marc Laurin, j'entretenais avec
presque tous les savants de l'Allemagne une liaison
littéraire pleine de charmes pour moi. De tous ces
amis, quelques-uns se sont refroidis, d'autres me sont
devenus contraires. Il n'en manque même pas qui
s'avouent publiquement mes ennemis, et qui menacent de me perdre..... C'est un assez grand malheur
pour moi que cette tempête du monde soit venue me
surprendre à un moment de ma vie où je devais
compter sur un repos mérité par mes longues études.
Que ne m'était-il permis du moins de rester spectateur de cette tragédie, moi qui suis si peu propre à y
figurer comme acteur, surtout quand il y a tant de
gens qui se jettent d'eux-mêmes sur la scène !..... »

La résistance passive qu'il avait opposée jusque-là
aux obsessions des deux partis était devenue un combat. Les uns tâchaient de le compromettre, et, par des
piéges tendus à son amour-propre, de lui arracher
quelque aveu qui l'engageât ; les autres le menaçaient
de violences ouvertes. On se jetait sur ses paroles et
sur son silence pour y surprendre des préférences qu'il
avait soin plus que jamais de ne pas montrer. Les luthériens l'accusaient de déserter par timidité d'esprit
le camp de l'Évangile ; les catholiques lui criaient que
s'abstenir, c'était adhérer. Les moines renchérissaient
sur le tout ; les moines, ennemis implacables d'Érasme,
et dont la querelle datait de bien plus loin que les nouveautés de Luther. Ni les conseils des catholiques pru-

dents qui ne désespéraient pas d'attirer par des ménagements Érasme dans leur parti, ne les pouvaient
adoucir ; ni les apparences de concert entre Érasme et
les luthériens ne les pouvaient rendre plus ardents et
plus acharnés qu'ils n'étaient déjà. Leur haine ne portait pas sur des différences de dogme ; les railleries
d'Érasme les avaient plus blessés que ses hérésies ; ils
ne parlaient d'hérésie que pour monter le peuple, lequel ne se serait pas échauffé pour l'honneur des moines, mais aurait volontiers brûlé Érasme pour l'honneur du Christ.

Jusqu'en l'an 1524, Érasme n'avait pas rompu ce
laborieux silence, si attaqué de toutes parts, et livré
à tant d'interprétations passionnées : nul écrit sorti
des presses de Froben n'avait pu donner d'espérances
à aucun des deux partis. Sa vie tout entière se passait à expliquer cette résistance, de sorte que se tenir à l'écart lui coûtait plus de veilles que prendre
parti. Les flatteries des princes, les promesses de pensions, les lettres autographes des papes, la mitre
d'évêque et le chapeau de cardinal montrés dans
un avenir prochain, avaient échoué contre son impartialité et son goût sincère du repos.

Le successeur de Léon X, Adrien, jadis son compa-
gnon d'études à l'université de Louvain, l'interpella directement, à son avénement au trône de saint Pierre,
par des exhortations écrites sur le ton lyrique d'une
bulle [1]. « *J'ai vu*, dit le prophète, *l'impie élevant sa
tête au-dessus des cédres du Liban ; je n'ai fait que pas-*

---

[1] 736. D. E.

ser, il n'était déjà plus; j'ai cherché et je n'ai pas trouvé sa place. C'est ce qui doit arriver infailliblement à Luther et aux siens, s'ils ne viennent à résipiscence. Hommes charnels et méprisant toute domination, ils essayent de rendre tous les autres semblables à eux. Hésiteras-tu donc à tourner ta plume contre les folies de ces impies, dont Dieu a si visiblement détourné sa face? Lève-toi, lève-toi, Érasme, et viens au secours de la cause de Dieu; fais servir à sa plus grande gloire les grands talents que tu as reçus de lui. Songe qu'il n'appartient qu'à toi, avec l'aide de Dieu, de ramener dans la droite voie une partie de ceux qui s'en sont écartés pour suivre Luther, de raffermir ceux qui ne sont pas encore tombés, de retenir dans leur chute ceux qui chancellent.» Adrien l'invitait, en terminant, à venir à Rome, afin de lancer avec plus d'autorité ses apologies catholiques du pied de la chaire de saint Pierre.

—«Hélas! hélas! répondait Érasme [1], j'obéis aux édits du plus cruel de tous les tyrans. Quel tyran? diras-tu. Il surpasse en cruauté Phalaris et Mézence : la *gravelle* est son nom... Que n'ai-je tous les moyens d'influence que tu me prêtes! je n'hésiterais pas, même au prix de ma vie, à porter remède aux malheurs publics. Mais d'abord je suis surpassé en style par plusieurs, outre que de telles affaires ne se peuvent pas traiter avec du style. Mon érudition est médiocre, et le peu que j'en ai, puisé aux sources des auteurs anciens, est plus propre à la discussion qu'au

---

[1] 745-746.

combat. Quelle pourrait être l'autorité d'un petit homme comme moi ? La faveur qu'on m'a jadis témoignée, ou bien s'est refroidie, ou bien s'est tournée en haine. Moi, qui autrefois étais qualifié, dans cent lettres, de *héros trois fois grand*, de **prince des lettres**, d'*astre de la Germanie*, de **grand-prêtre des belles-lettres**, de *vengeur de la vraie théologie*, aujourd'hui, ou l'on me passe sous silence, ou l'on me prodigue des qualifications toutes différentes. Je ne regrette pas ces vains titres, qui ne faisaient que m'ennuyer ; mais combien ne vois-je pas de gens déchaînés contre moi, qui me poursuivent d'odieux libelles, qui me menacent de mort si je bouge en faveur du parti contraire !..... N'ai-je pas sujet de déplorer ma vieillesse qui st tombée dans ce siècle, comme le rat dans la poix, pour parler le langage du peuple ?... Quand tu me dis : Viens à Rome, n'est-ce pas comme si quelqu'un disait à l'écrevisse : Vole ? — Donne-moi des ailes, répondrait l'écrevisse. Je dirai, moi aussi : Rends-moi ma jeunesse, rends-moi ma santé. Plût au Ciel que j'eusse de moins bonnes excuses ! »

Il demandait à Adrien la permission de lui donner quelques conseils. « Je t'en supplie, saint père, accorde cette grâce à ta petite brebis [1], afin qu'elle puisse parler plus librement à son pasteur. Si l'on est résolu à écraser ce mal avec la prison, la torture, les confiscations, les exils, les supplices, on n'a pas besoin de mes conseils. Je pense pourtant qu'un avis plus humain plaira davantage à un homme du caractère doux

---

[1] Permittas hanc veniam oviculæ tuæ...

dont je te sais, et qu'il sera plus dans ton penchant de guérir les maux que de les châtier. » Il proposait quelques moyens coercitifs qui sont et seront toujours impuissants, à l'éternelle dérision de ceux qui les conseillent. « En attendant qu'on étouffe par les magistrats et les princes, les mouvements qui excitent à la sédition sans profiter à la piété, je désirerais, si la chose était possible, qu'on arrêtât le débordement des libelles. » C'eût été l'un des moyens de les faire lire. Mais voici une courageuse parole qui efface ces tristes conseils, qu'il ne faudrait pourtant pas juger d'après des expériences trop modernes. « Qu'on donne au monde l'espérance qu'il sera porté remède aux abus dont il a tant raison de se plaindre. »

Érasme, d'ailleurs, se rendait justice. Épuisé de maladies et de travaux, vieux, infirme, quelle grâce aurait-il eue à lutter corps à corps avec un homme dans toute la force de l'âge et du talent, ardent, audacieux, soutenu par des princes et des armées? « Cela pourrait sembler une cruauté, écrivait-il, si j'achevais de frapper avec ma plume un homme déjà renversé, battu, brûlé en effigie; outre qu'il serait peu sûr pour moi de déchaîner sur ma tête un adversaire qui n'est ni sans dents ni sans poignets, et qui, si j'en crois ses écrits, a du foin dans sa corne. » De ces deux phrases, la première était de la rhétorique, la seconde exprimait les vrais sentiments d'Érasme. Il ne voulait pas lutter avec des armes inégales. Malgré sa prodigieuse réputation, *l'astre de la Germanie* savait reconnaître le talent de Luther; il appréciait « ce génie véhément, ce caractère d'Achille, qui ne sait point céder[1]. » A tout prendre, il devait mieux aimer faire parler de son silence, que courir le ridicule d'un coup mal porté, d'un trait qui, comme celui de Priam, n'arrivât pas jusqu'à son ennemi.

Mais ce silence devenait un supplice. Érasme y perdait son repos, car il lui en coûtait plus de peines et de temps pour l'expliquer que pour le rompre; il y perdait aussi sa gloire, car déjà on parlait d'impuissance, de craintes d'une chute, et on commençait à trouver par trop prudente la modération du vieil athlète de la philosophie chrétienne. Avant d'entrer en lice, Érasme avait dû calculer sa situation. Il reconnut qu'il ne pouvait pas l'empirer en prenant parti; que ceux qui avaient jusque-là douté de lui ne le haïraient ni plus ni moins quand il se serait prononcé; qu'il ne rendrait pas ses affaires meilleures en se taisant, et qu'en parlant il ne les rendrait pas pires; qu'une tranquillité qu'il fallait défendre jour et nuit contre la tentation d'en sortir, contre la curiosité importune de ceux qui en voulaient savoir le secret et les arrière-pensées, contre les calomnies et les railleries ironiques de ceux qui en étaient blessés, contre l'étonnement et les questions de ses meilleurs amis, contre ses propres impatiences, contre le défi universel qui lui était adressé de tous les points de l'Europe par toutes les nuances d'opinions intéressées dans la grande querelle, — qu'une telle tranquillité était plus fatigante que les agitations régulières et naturelles d'une lutte

[1] Lettre à Mélanchton 822. C. D.

ouverte ; qu'on ne pouvait pas tenir si longtemps entre tant d'opinions extrêmes avec une douteuse opinion et dans l'attitude suspecte et irritante d'un observateur, ni rester sur les frontières des deux camps sans être livré aux risées pires que les haines ; qu'au contraire, en se déclarant, il s'arrachait à toutes ces obsessions, se délivrait des mille réponses ambiguës qu'il fallait faire à des mille lettres d'une curiosité désobligeante, et que, sans risquer de se faire un ennemi de plus, ni de rendre plus ardents ceux qu'il avait déjà, il allait enfin rappeler sur lui l'attention universelle concentrée sur Worms et Wittemberg, et se replacer au premier rang, où ses incertitudes avaient laissé monter et s'établir Luther.

Il n'y a pas d'exemple que des partis prêts à en venir aux mains, soit en religion, soit en politique, aient respecté le désintéressement ou souffert le silence des hommes désignés par l'opinion générale comme pouvant donner un avis capital dans le débat. On rend à ces hommes leur indépendance si dure, on déshonore si bien leur silence, qu'à la fin on parvient à les traîner sur la scène, tremblants, à demi déconsidérés, incertains de leur propre conscience, n'osant s'interroger sur les motifs de leur modération, et souvent s'étant affublés à la hâte d'une croyance et d'une décision ajustées tant bien que mal à leur vie passée, à peu près comme ferait un acteur qui, arrivé après la levée de la toile, jetterait sur ses épaules le premier costume tombé sous sa main, pour ne pas faire attendre les spectateurs.

Érasme se décida à *rompre une lance*, pour parler

le langage de l'époque, avec l'homme qui ne pouvait avoir, au jugement de tous, qu'Érasme pour rival. Il se présenta enfin comme un homme de parti, tendit ses muscles, prépara ses armes ; mais, comme il arrive aux hommes modérés qui sont poussés en avant par des influences extérieures plutôt que par un élan naturel, il ne put pas être tout à fait homme de parti. Au milieu de cette ardeur factice que les applaudissements et les huées avaient donnée au vieux lutteur émérite, sa raison et son bon sens le retenaient toujours loin des extrêmes ; et, au lieu d'être le chef de l'opinion catholique, c'est à peine s'il se présentait comme un enfant longtemps perdu et à demi retrouvé de cette opinion.

Les hommes modérés qu'on est parvenu à débusquer de leur résistance passive, la seule par laquelle ils puissent tenir tête aux passions avec honneur pour eux-mêmes et succès pour la vérité, ne font jamais que des demi-démarches qui sont toujours des fautes. Il fallait qu'Érasme ne sortît de son silence que pour tonner ; il disserta. Il fallait qu'il prît des mains du pape cette arme usée des bulles et qu'il la lançât contre Luther, non plus au nom d'une autorité méprisée, mais au nom de tous les hommes pieux et tolérants, au nom des lettres épouvantées de la nouvelle scolastique qui prenait la place de l'ancienne ; il chicana sur un point isolé de doctrine. C'est qu'il lui fut impossible de ne pas rester vrai avec lui-même et fidèle à cette cause de la philosophie chrétienne, qui ne courait guère moins de péril dans le camp catholique que dans le camp protestant.

En effet, les hardiesses et les violences de Luther.

tout en gâtant sa cause aux yeux d'Érasme, n'avaient
pas rendu meilleure celle des moines et des *théologastres*, soulevés depuis trente ans contre lui. D'autre part,
les emportements des réformateurs n'avaient pas rendu plus sacrés les abus du catholicisme romain, et il
fallait bien qu'Érasme, devenu l'adversaire de Luther,
se souvînt de l'auteur médiocrement catholique des *Colloques*. Au lieu donc d'entrer pleinement dans la querelle par le côté vif, Érasme, après avoir au préalable
demandé au pape la permission de lire officiellement
les livres de Luther, prit une question incidente, lou-
voya, éluda l'attaque de front, alla s'en prendre à un livre égaré de Luther, au lieu d'en venir aux mains avec
l'homme, et, pour tout dire, fit un contre-traité sur le
libre arbitre, en réponse à un traité où Luther, chose
étrange, Luther, l'homme nouveau, l'avait nié.

Cependant, telle était la grandeur du nom d'Érasme,
que la nouvelle qu'il allait prendre la plume contre
Luther fit presque plus de bruit en Europe que les
préparatifs de la bataille de Pavie. Il envoya le plan de
son traité au roi d'Angleterre, Henri VIII, grand casuiste
catholique, avant qu'il fût tueur de femmes, et que,
pour faire d'une de ses maîtresses une épouse d'un an,
il se brouillât avec le pape et remplaçât la messe par
le prêche. À cette époque, les choses avaient tellement
changé, et les affaires de Luther si bien prospéré,
qu'Érasme ne put pas faire imprimer son traité chez
ce même Froben qu'il avait, quatre ans auparavant,
menacé de sa disgrâce s'il imprimait les écrits de Luther. Les esprits, dans toute l'Allemagne, étaient si
animés pour la réforme, qu'aucun libraire des villes

du Rhin n'eût osé publier une apologie catholique, et qu'il y aurait eu péril de vie à l'écrire. Je remarque cela, pour qu'on ne se hâte pas trop d'attribuer au manque de courage la demi-opposition qu'Érasme allait faire contre Luther.

Au reste, dans les fumées de l'attente qu'il causait en Europe, et des félicitations qu'on lui prodiguait de toutes parts, un doute amer faisait trembler sa plume dans sa main affaiblie. Il laissait échapper dans ses lettres de ces mots tristes qui révèlent un grand trouble intérieur. C'était une vie recommencée à l'âge où il fallait penser à sortir du monde, ou tout au moins à s'y continuer le plus longtemps possible par le repos et le désintéressement des choses du jour. « Le dé est jeté », disait-il à un ami [1], comme un joueur qui se croyait guéri, et qui livre ses derniers jours à tous les orages de son ancienne passion. « Je descends dans l'arène, mandait-il à un autre [2], presque au même âge où Publius, le faiseur de *mimes*, descendit sur la scène ; j'ignore ce qui doit m'en arriver ; mais puissent mes combats tourner au bien de la république chrétienne ! » — « Que ne m'était-il permis, écrivait-il à un troisième [3], de vieillir dans les jardins des muses ! Me voilà, moi sexagénaire, poussé violemment dans l'arène des gladiateurs, et tenant le filet au lieu de la lyre ! »

A ces touchants regrets de son repos perdu, de ses travaux littéraires suspendus, de sa vieillesse engagée

[1] 813. B.
[2] 812. E. F.
[3] 935. B. F.

dans les luttes de l'âge viril, l'amour-propre mêlait quelques bravades. «Le livre du *Libre arbitre* va soulever, si je ne me trompe, bien des tempêtes. Déjà quelques libelles virulents m'ont été jetés à la tête. Et cependant mes adversaires me craignent. Qu'on me haïsse pourvu qu'on me craigne[1]!» Pauvre Érasme, qui parodiait un mot de Néron, et qui croyait avoir du fiel, parce qu'il se souvenait d'un centon d'Ennius sur les tyrans ! Et ailleurs [2] : « Je voulais renverser la tyrannie des pharisiens, et non la remplacer par une autre. Servir pour servir, j'aime mieux être l'esclave des pontifes et des évêques quels qu'ils soient, que de ces grossiers tyrans, plus intolérables que leurs ennemis!» Eh quoi! Érasme se fâche, Érasme sort de la modération, Érasme va-t-il passer du côté des catholiques purs? Lisez quelques lignes plus haut : «Le sérénissime roi d'Angleterre et le pape Clément VII m'ont aiguillonné par leurs lettres!....» Voilà le secret de l'exaltation d'Érasme. C'est de la colère qui lui est venue par le courrier de Rome et d'Angleterre.

Demain, seul avec lui-même, il rentrera dans la modération, dans la tolérance, dans les doutes. « Je me serais abstenu bien volontiers de descendre dans l'arène luthérienne, écrira-t-il à l'archevêque de Cantorbéry [3], si mes amis ne m'avaient engagé auprès du Saint-Père et des princes, et si je ne leur avais pas promis moi-même de publier quelque chose à ce sujet. » — « Vous me félicitez de mes triomphes, dira-

[1] 813. B.
[2] 812. E. F.
[3] 814. A.

t-il tristement à l'évêque de Rochester[1]; je ne sais pas de qui je triomphe; mais je sais que j'ai trois luttes à soutenir au lieu d'une. J'ai fait ce traité du *Libre arbitre*, sachant bien que je ne me battais pas sur mon terrain. Il était dans ma destinée qu'à l'âge où je suis, d'amant des muses, je devinsse gladiateur..... Labérius traîné sur la scène par l'autorité de César déplore l'affront qu'on fait subir à ses soixante ans; sorti de sa maison chevalier romain, il y rentrera histrion. Ne suis-je pas comme Labérius? » Voilà Érasme dans ses sentiments naturels; le voilà vrai, et, comme cela est ordinaire, éloquent.

Ce traité sur le *Libre arbitre* ne serait pas lisible au temps où nous vivons, non pas seulement parce qu'on n'y lit rien de sérieux, mais parce que c'est tout à la fois un livre très-sérieux et très-inutile. Imaginez-vous, entre un exorde assez spirituel, plein d'une modestie ironique et d'une modération sincère, et une péroraison assez digne, d'interminables raisonnements sur la liberté humaine conciliée avec la prescience de Dieu. Théologiquement parlant, Érasme a raison dans toute sa défense du *Libre arbitre*. Ses preuves sont bien choisies, ses autorités habilement débattues; il est vif, pressant, logique, d'une éloquence nourrie qu'assaisonne un certain atticisme naturel à cet enfant de Rotterdam : en un mot, c'est le même instrument qui, dans les mains de Démosthène, tenait lieu à l'insouciante Athènes d'une armée permanente contre Philippe, et, dans celles de Cicéron, foudroyait Catilina

---

[1] 815, A. E.

et déshonorait Verrès. Mais toutes ces idées sont mortes, toute cette science est illusoire; c'est de l'intelligence jetée au vent, ce sont de vains combats contre des ombres.

Ce traité, qui devait être lu et commenté avec passion par tous les hommes intelligents de l'Europe, pourrait à peine aujourd'hui tenir en haleine l'attention isolée d'un érudit, si curieuse et si spéciale qu'on la supposât : la mise en œuvre seule a conservé quelque vie; les matériaux ont péri. On se prend de peine pour notre propre espèce, et d'indifférence pour tout ce qui l'occupe, quand on voit que des formules stériles, vides, mortes, ont dévoré les plus belles intelligences; que des génies de premier ordre ont été enterrés sous des in-folios de polémique puérile; que des hommes capables de se prendre corps à corps avec des vérités éternelles se sont escrimés toute leur vie contre des sophismes; et qu'à certaines époques de l'histoire de l'humanité, la pensée de l'homme, cette pensée qui découvre des mondes et qui lit dans les cieux, ne sème que des graines arides qui ne produiront aucun fruit, alors même que ses déréglements et sa complicité avec les passions brutales arroseraient ces graines de sang humain!

Je sais bien que ces vastes lacunes n'embarrassent pas les fatalistes en histoire, lesquels intéressent la Providence à toutes les folies des hommes, au lieu d'en laisser la responsabilité aux écarts de ce libre arbitre qu'Érasme défendait contre Luther. Mais j'avoue que leur explication universelle, et l'honneur qu'ils font au mal d'être le père nécessaire du bien, aux ombres d'engendrer fatalement la lumière, m'épouvantent bien plus que la croyance qu'il y a eu des actions aussi bien que des vies perdues sans fruit dans l'œuvre de l'humanité, comme il y a eu des années, sans lien avec le passé ni l'avenir, englouties dans l'abîme du temps. Cette croyance-là, qui est triste, peut du moins tempérer notre orgueil; mais l'autre nous ferait encore nous entr'égorger pour des idées grossies de l'épithète de providentielles, maladies passagères de l'esprit humain, aussi peu nécessaires dans l'ordre moral que les saisons de pluie folle ou les tremblements de terre le sont dans l'ordre matériel.

Voulez-vous voir des choses qui transportaient Henri VIII, Clément VII, Charles-Quint, Thomas Morus, Fischer, Sadolet, Henri Étienne, Mélanchton, Œcolampade, Budée, les princes les plus lettrés de l'Allemagne, les prélats les plus illustres de l'Europe; des choses qui radoucissaient presque la Sorbonne si animée contre Érasme; que les moines et les théologiens en état de comprendre se défendaient de lire, pour n'avoir pas à mollir dans leur implacable haine contre l'auteur; que Luther lui-même permettait à Mélanchton d'admirer, et qu'il ne savait réfuter que par des injures? Voici une définition de ce libre arbitre concilié avec la grâce et la prescience; voici qui soulevait sur leurs lits de forme antique les convives cicéroniens de Sadolet; voici qui faisait bondir Luther dans sa chaire de Wittemberg :

« Il y a dans toutes les actions humaines un commencement, un progrès et une fin. Les partisans du libre arbitre attribuent à la grâce les deux extrèmes et n'admettent l'intervention active du libre arbitre que dans le progrès, de telle façon que deux causes se trouvent concourir simultanément à l'œuvre d'un seul et même individu, la grâce de Dieu et la volonté de l'homme ; de telle façon encore que, de ces deux causes, la grâce est la principale ; la volonté ne vient qu'en second et ne peut rien sans la cause principale, laquelle au contraire se suffit à elle seule. Il en est de cela comme du feu qui brûle en vertu de sa propriété naturelle, mais dont la cause principale est Dieu qui agit par le feu ; cette cause suffirait seule pour produire le feu, tandis que le feu ne peut rien s'il se soustrait à elle. C'est par ce juste tempérament que l'homme doit rapporter l'œuvre entière de son salut à la grâce divine, l'intervention du libre arbitre y étant pour une très-petite part, et encore cette petite part dépendant elle-même de la grâce divine, laquelle a fondé une fois le libre arbitre et l'a relevé ensuite, et guéri de la chute qu'il avait faite en la personne d'Adam. Ces explications doivent apaiser, si tant est qu'ils soient hommes à s'apaiser, nos dogmatistes intolérants qui ne veulent pas que l'homme ait en lui quelque chose de bon qu'il ne doive uniquement à Dieu. Sans doute il le lui doit, mais voici comment :

« Un père montre à son enfant, encore chancelant, une pomme placée à l'autre bout de la chambre. L'enfant tombe ; son père le relève ; l'enfant s'efforce d'accourir vers la pomme, mais il va se laisser choir de nouveau, à cause de la faiblesse de ses jambes, si son père ne lui tend pas la main pour le soutenir et diriger ses pas. Guidé par lui, il atteint la pomme que son père lui met dans la main comme prix de sa course. L'enfant ne pouvait pas se relever si son père ne l'avait pas aidé ; il n'aurait pas vu la pomme si son père ne la lui eût pas montrée ; il ne pouvait pas avancer si son père ne l'eût soutenu jusqu'au bout dans sa marche débile ; il ne pouvait pas atteindre la pomme si son père ne la lui eût pas mise dans la main. Qu'est-ce donc que l'enfant ne doit qu'à lui dans tout cela ? Il a très-certainement fait quelque chose, mais il n'y a pas là pour notre bambin de quoi faire le glorieux ni se vanter des jambes que son père a eues pour lui. Dieu est pour nous ce qu'est le père pour son enfant. Que fait l'enfant ? Il s'appuie sur le bras qui le soutient ; il laisse guider ses pas infirmes par la main secourable qui lui est tendue. Le père pouvait l'entraîner malgré lui vers la pomme ; le petit marmot pouvait résister et faire fi de la pomme ; le père pouvait lui donner la pomme sans le faire courir ; mais il a mieux aimé la lui faire gagner, parce que cela est plus avantageux à l'enfant. »

Sauf quelques catholiques sincères et un très-petit nombre d'hommes désintéressés qui aimaient Érasme pour ses qualités littéraires, le traité du *Libre arbitre* ne fit que rendre ses ennemis plus intraitables et ses amis plus exigeants. Avant même que l'ouvrage eût paru, Érasme en avait reçu des compliments qui renfermaient des reproches. « C'est grand dommage, lui écrivait-on, qu'il n'ait pas été fait plus tôt. Puisque Érasme devait attaquer Luther, que ne s'y prenait-il dès le commencement ! nous n'en serions pas où nous en sommes. » George, duc de Saxe, lui disait : « Il est bien malheureux que Dieu ne vous ait pas inspiré cette pensée il y a trois ans, et qu'au lieu de faire à

Luther une guerre secrète, sourde, vous ne l'ayez pas pris à partie ouvertement, dès le premier jour. » Aux yeux de ses meilleurs amis, son livre était donc défloré avant d'avoir paru; il eût fallu l'antidater de trois ans. Ce fut bien pis quand enfin ce livre prépostère vit le jour : tous ses admirateurs donnèrent le signal des critiques, c'était à qui atténuerait les coups portés à Luther. On n'y trouvait ni injures, ni haine, ni calomnies, et même, vers la fin, on y lisait quelques paroles bienveillantes sur les premières années de son adversaire, sur ses premiers écrits : c'était donc un livre sans objet : le bien qui s'y trouvait manquait d'à-propos; le reste n'eût jamais dû être écrit. Les moins exigeants s'en contentaient, à la condition que ce fût là le commencement d'une guerre sans relâche, et le premier de cent traités du même genre. Ils disposaient ainsi des dernières années de l'illustre vieillard, ils faisaient main-basse sur son repos, ils se distribuaient les rares intervalles de ses souffrances, ils lui interdisaient le sommeil. Il se mêlait à ces exigences de parti un misérable intérêt de curiosité; on voulait voir aux prises les deux plus grands noms de la chrétienté : c'était un spectacle où l'on se promettait un double plaisir, plaisir d'opinion et plaisir de théâtre; malheur à celui des deux adversaires qui s'y ferait trop longtemps attendre !

Ainsi Érasme n'avait fait que tromper diversement l'attente de ses amis. Quant à ses irréconciliables ennemis, les moines et leurs adhérents, son traité redoubla leurs criailleries. Ils avaient un instinct juste du rôle d'Érasme dans cette grande querelle. Ils distinguaient très-bien l'alliage de rationalisme qui se mêlait à ses professions de foi, et ne voulaient pas d'un catholique qui traitât sa croyance comme une propriété personnelle. Ils continuaient à l'envelopper dans la cause de Luther, et même à le traiter plus mal que son ennemi : «Érasme avait pondu les œufs, disaient-ils dans leur grossier langage; Luther avait éclos les poulets. Luther n'était qu'un pestiféré : c'était Érasme qui avait apporté le grain de peste. Érasme était un soldat de Pilate, le dragon dont parlent les psaumes. » — « Il eût été bon, criait un moine, que cet homme ne fût jamais né; » manière indirecte de demander le bûcher pour abréger la durée de ce malheur. Quelques casuistes du monachisme avaient dans leur chambre un portrait d'Érasme sur lequel ils se donnaient le sauvage plaisir de cracher chaque matin ; d'autres disaient hautement qu'il était révoltant qu'on eût fait mourir tant d'hommes en Allemagne pour avoir arboré les hérésies d'Érasme, et que l'auteur de ces hérésies fût encore en vie.

Quant à Luther, on va juger par la lettre suivante, écrite un peu avant la publication du traité du *Libre arbitre*, et très-certainement pour en détourner Erasme par la peur de la réponse, dans quelle disposition d'esprit allait le trouver la déclaration de guerre d'Érasme.

MARTIN LUTHER A ÉRASME DE ROTTERDAM.

« Grâce et paix au nom de notre seigneur Jésus-Christ.

« Je me suis tu assez longtemps, excellent Érasme, attendant que toi, le plus grand des deux, tu rompisses le premier le silence; mais après une si longue et si vaine attente, la charité, je pense, m'oblige à commencer. D'abord je me plaindrai de ce que tu t'es montré hostile à nous, afin de te ménager auprès des papistes mes ennemis. En second lieu, c'est sans indignation que je t'ai vu, dans tes publications, nous mordre et nous piquer en certains endroits, soit pour capter leur faveur, soit pour adoucir leur haine. Il faut bien en prendre son parti, puisque je vois que Dieu ne t'a pas encore donné assez de courage et de sens pour te joindre à moi, en pleine liberté et confiance, contre ces monstres ameutés contre moi. Je ne suis pas homme, d'ailleurs, à oser exiger de toi ce qui surpasse mes propres forces à moi, et ma mesure. Bien plus, j'ai supporté et respecté en toi ma propre faiblesse et la part que tu as eue du don de Dieu. Car le monde entier ne pourrait nier que ce règne et cette prospérité des lettres, par lesquels on est arrivé à une lecture intelligente des livres saints, ne soit en toi un don magnifique et supérieur de Dieu, pour lequel il a fallu lui rendre grâce. Je n'ai certes jamais désiré, qu'abandonnant ou méconnaissant ta mesure, tu vinsses te mêler aux miens, dans mon camp; et quoique ton esprit et ton éloquence nous y pussent être d'un grand secours, le courage te manquant, il valait mieux que tu servisses la cause sans sortir de chez toi. Je ne craignais qu'une chose, c'est que tu ne fusses entraîné quelque jour par mes adversaires à marcher avec tes livres contre nos opinions, et qu'alors la nécessité ne me forçât de te résister en face. J'avais déjà eu l'occasion d'adoucir quelques-uns de nos amis qui voulaient, avec des réponses toutes prêtes, te faire descendre dans l'arène, et c'est dans cet esprit que j'aurais désiré que l'attaque d'Hutten n'eût pas été imprimée, mais surtout que tu n'y répondisses pas par ton *Éponge*[1], dans laquelle, si je ne me trompe, tu sens toi-même que s'il est très-facile d'écrire sur la modération, et d'accuser Luther d'en manquer, il est très-difficile, que dis-je! impossible d'en avoir, à moins d'un don particulier de l'Esprit.

« Crois donc (ou ne crois pas), il suffit que le Christ m'en soit témoin, que je te plains du fond du cœur, de ce que tant de haines et de passions de gens si considérables soient soulevées contre toi. Que tu n'en sois pas ému, je ne le crois pas; c'est un fardeau au-dessus de ta vertu. Il faut dire aussi qu'ils n'ont peut-être pas tort de se piquer des provocations indignes qui leur sont venues de toi. Je te l'avouerai franchement, il y a des hommes qui n'ont pas la force de supporter ton amertume et cette dissimulation que tu veux qu'on traite de modération et de prudence: ils ont bien lieu de s'indigner; ils ne s'indigneraient pas pourtant s'ils avaient plus de force d'âme. Moi-même, qui suis irritable, encore que je me sois laissé emporter jusqu'à écrire d'un style trop amer, ce n'a jamais été que contre les entêtés et les indomptables. Du reste, j'ai toujours été clément et doux envers les pécheurs et les impies, quelles que fussent leur folie et leur injustice; c'est un fait dont ma conscience me rend témoignage, et dont l'expérience de plusieurs pourrait faire foi. Et non-seulement j'ai arrêté ma plume alors que tu ne m'épargnais pas tes piqûres,

---

[1] C'est le titre assez bizarre de la réponse d'Érasme aux attaques d'Ulric Hutten, un des soldats d'avant-garde de Luther, homme instruit, mais léger et libertin : *Spongia adversus adspergines Ulrici Huttini.*

mais j'ai écrit dans des lettres à des amis, lesquelles ont dû
l'être lues, que je continuerais à m'abstenir jusqu'à ce que
tu descendisses en champ clos. Car s'il est vrai que tu ne
partages pas mon sentiment, et si, par impiété ou par dissimulation, tu condamnes ou laisses en suspens certains
points de doctrine, je ne puis ni ne veux croire que ce
soit par entêtement. Mais que faire? Des deux côtés, la
chose s'est singulièrement envenimée. Pour moi, s'il m'é-
tait permis d'être médiateur, je conseillerais à ceux-ci de
ne plus t'attaquer avec autant de force, et de laisser ta
vieillesse s'endormir dans la paix du Seigneur; et certes,
c'est ce qu'ils ne manqueraient pas de faire, à mon sens,
s'ils avaient égard à ta faiblesse d'esprit, et s'ils appré-
ciaient la grandeur de la cause, laquelle a depuis longtemps dépassé ta mesure.

« A présent surtout que la chose en est venue à ce
point qu'il y aurait fort peu de péril pour nos opinions à
être attaquées par toutes les forces réunies d'Érasme, bien
loin qu'il y puisse nuire par ses pointes et ses coups de
dents, tu devrais, mon cher Érasme, songer à la faiblesse
de ces armes, et t'abstenir de ces figures de rhétorique si
âcres et si salées; et si tu ne peux ni n'oses tout à fait te
ranger à notre croyance, tu devrais ne t'en point mêler, et
te borner à ce qui te concerne. S'il est vrai que ceux-ci,
comme tu t'en plains, supportent mal tes morsures, ils en
ont bien quelque cause, à savoir cette faiblesse humaine
qui craint l'autorité et le nom d'Érasme, et qui sent qu'il
est fort différent d'avoir été mordu une seule fois par
Érasme, ou d'avoir été démoli entièrement par tous les
papistes ensemble.

« J'ai voulu, excellent Érasme, que tu prisses ces avis

comme d'un homme qui veut être sincère avec toi, et qui
désire que le Seigneur te donne un esprit digne de ton
nom. Si le Seigneur te fait attendre cette grâce, je demande que dans l'intervalle, et à défaut d'autre service, tu
nous rendes celui d'être simple spectateur de notre tragédie, de ne pas grossir la troupe de mes adversaires, et
surtout de ne pas faire de livres contre moi, comme je
m'engage à ne rien faire contre toi. Je te prie en outre de
penser que ceux qui se plaignent qu'on les traite de luthériens sont des hommes comme toi et comme moi, qui doivent, comme dit saint Paul, porter tour à tour le fardeau
C'est assez de morsures ; il faut pourvoir à ne pas nous dé-
vorer l'un l'autre, ce qui serait un spectacle d'autant plus
pitoyable, qu'il est très-certain que ni l'un ni l'autre ne
veut de mal, au fond du cœur, à la vraie piété, et que
c'est sans entêtement que chacun persiste dans son opinion. Sois généreux pour mon peu d'habitude d'écrire, et
au nom du Seigneur, adieu.

« MARTIN LUTHER. »

An 1524.

Que cette lettre est méprisante ! Singulière *charité*
que celle qui ôtait à Luther tout respect pour un vieillard, pour l'ancien maître de sa jeunesse solitaire et
désintéressée ! Quel orgueil perce à travers ces ironiques éloges ! Quelle haine franche du libre arbitre pratique dans cet homme qui ne permet pas la contradiction ! Le dirai-je aussi ? quel désordre dans les idées !
C'est une tête ardente et tumultueuse, c'est la chair et
le sang, mais ce n'est pas un beau génie qui a inspiré
ces choses. Nous sommes dans les coulisses de la ré-

forme ! Les petites passions sont derrière les grandes choses, et le comédien derrière le héros. Il est vainqueur depuis hier, et déjà la tête lui tourne. Il lance contre les contradicteurs l'arme qui lui a servi à contredire ; il insulte son précurseur, son vieux maître. Oh ! qu'il me soit permis de le répéter : combien les hommes valent moins que la cause pour laquelle ils combattent !

Cette lettre de Luther avait fait pressentir à Érasme le ton de sa réponse au traité du *Libre arbitre*. Quand Luther lut ce traité, il eut un moment de surprise : il s'attendait à des injures ; au lieu d'injures il y voyait des raisons, de la science, une discussion modérée, des ménagements pour sa personne. Il rendit d'abord hommage à la modération de son rival ; mais quand il eut la plume à la main, sa première impression céda vite à la fougue de son esprit et à ses habitudes de diseur d'injures. Il fit un traité du *Serf-arbitre*[1], en réponse à celui d'Érasme, où il prouva par la forme, sinon par le fond, que l'homme est en effet le *serf* de sa passion ; qu'en tout temps, sous tous les drapeaux et pour toutes les causes, il aime la liberté pour lui et la hait dans les autres ; que les luxurieux et les simoniaques du concile de Constance avaient eu raison de brûler Jean Hus et Jérôme de Prague, parce que ces illustres victimes n'étaient pas de l'avis du concile ; que la liberté victorieuse devient bientôt le despotisme ; que si lui, Luther, ne rallumait pas le bûcher de Jean Hus pour y brûler Érasme, c'est

[1] *De servo arbitrio.*

qu'il n'avait pas sous ses ordres l'armée de bourreaux de Henri VIII, le grand admirateur du traité du *Libre arbitre.* Quant au fond, et pour parler plus spécialement, il entassait de la contre-érudition théologique en réponse à l'érudition d'Érasme, il tourmentait les textes, faisait mentir les autorités, avec grand accompagnement d'invectives. Étrange polémique dont Dieu devait faire sortir l'imprescriptible liberté de la conscience, non certes pour justifier cette polémique, mais pour montrer qu'il sait tirer le bien du mal, en les faisant se succéder l'un à l'autre, mais non s'engendrer l'un de l'autre, car il n'y a point de parenté entre le mal et le bien !

Érasme fit deux fautes, qui furent une victoire pour Luther, lequel avait su l'y pousser : la première fut de demander justice des calomnies du *Serf-arbitre* à l'électeur de Saxe, Frédéric, qui était l'ami et le protecteur de Luther; c'était demander une mauvaise chose, et la demander avec la certitude d'un refus : la se conde fut de quitter son naturel, de se fourvoyer sur les pas de Luther dans la polémique d'injures , et de n'y avoir ni originalité, ni éloquence, à la différence de Luther, à qui la pratique en était naturelle et relevée d'ailleurs par un grand courage, mais d'y mettre une certaine rhétorique misérable et d'invectiver d'une voix cassée et en cheveux blancs. Voici une lettre qu'il répondait à Luther, et où l'on trouve à regretter, parmi quelques paroles dignes et nobles, un déplorable effort pour n'être pas en reste d'injures avec Luther.

ÉRASME DE ROTTERDAM A MARTIN LUTHER.

« Ta lettre m'a été remise tard [1]. Si elle fût venue à temps, je ne m'en serais pas ému. Je n'ai pas l'esprit si puéril qu'après avoir reçu tant de blessures plus que mortelles, je sois calmé par un ou deux badinages et adouci par des cajoleries. Quant à ton esprit, le monde le connaît depuis longtemps ; mais cette fois tu as si bien tempéré ton style [2], que jusqu'ici tu n'as rien écrit de plus furieux, et, qui pis est, de plus malveillant contre personne. Sans doute il va te venir à l'esprit que tu n'es qu'un faible pécheur, toi qui ailleurs demandes qu'on ne te prenne pas tout à fait pour un dieu. Tu es, écris-tu, un homme doué d'un esprit véhément, et tu aimes à te vanter de cette insigne excuse de tes actions. Mais que ne déployais-tu depuis longtemps cette véhémence admirable contre l'évêque de Rochester, ou contre Cochléus, lesquels te provoquent nominativement et te poursuivent d'injures, à la différence de moi qui ai discuté poliment avec toi dans mon traité ? Que font, je te prie, pour la question en elle-même, tant d'injures bouffonnes, tant de mensonges calomnieux ; que je suis un athée, un épicurien, un sceptique sur les matières de la foi chrétienne, un blasphémateur, que sais-je ! bien d'autres choses encore que tu ne dis pas ? Ce sont outrages que je supporte d'autant plus facilement, que sur aucune de ces calomnies ma conscience ne me reproche rien. Si je

---

[1] Quelle lettre ? serait-ce celle que j'ai citée ? La circonstance qu'elle a été remise tard à Érasme le ferait croire. Serait-ce une lettre ultérieure, et qui a été perdue ? On ne peut rien dire de certain ; mais pour le résultat cela est peu important.

[2] Ceci est une allusion au traité du *Serf-arbitre.*

n'avais sur Dieu et sur les livres saints les pensées d'un chrétien, je ne voudrais pas vivre un jour de plus.

« Si tu avais plaidé ta cause avec cette véhémence qui t'est familière, mais en restant en deçà des fureurs et des injures, tu aurais soulevé moins de gens contre toi ; mais voici que dans plus du tiers de ton dernier volume tu as donné carrière à ton goût pour ce genre de dialectique. Quant aux égards que tu as eus pour moi, la chose parle assez d'elle-même ; lorsque tu m'accables de tant de calomnies manifestes, moi je me suis abstenu de certaines choses que le monde n'ignore pas. Tu t'imagines, ce semble, qu'Érasme n'a point de partisans ; il en a plus que tu ne penses. Après tout, qu'importe ce qui nous arrive à tous deux, surtout à moi, qui dois bientôt sortir de ce monde, quand bien même j'y serais universellement applaudi ? Ce qui m'afflige profondément, et avec moi tous les gens de bien, et ceux qui aiment les belles-lettres, c'est que tu donnes des armes pour la sédition aux méchants et aux esprits avides de changement ; c'est qu'enfin tu fais de la défense de l'Évangile une mêlée où sont confondus le sacré et le profane, comme si tu travaillais à empêcher que cette tempête n'eût une bonne fin, bien différent de moi qui ai mis tous mes vœux et tous mes soins à la hâter.

« Je ne débattrai pas ce que tu peux me devoir, et de quel prix tu m'en as payé ; c'est une affaire privée, et de toi à moi ; ce qui me déchire le cœur, c'est la calamité publique, c'est cette incurable confusion de toutes choses que nous ne devons qu'à ton esprit déchaîné, intraitable pour ceux de tes amis qui te donnent de bons conseils, et dont quelques ignorants étourdis font tout ce qu'ils veulent. J'ignore quels sont les hommes que tu as arrachés à l'empire des ténèbres, mais c'est contre ces sujets ingrats que tu devais aiguiser ta plume perçante plutôt que contre un disputeur modéré. Je te souhaiterais un meilleur esprit, si tu n'étais pas si content du tien. Souhaite-moi tout ce qu'il te plaira, pourvu que ce ne soit pas ton esprit, à moins que le Seigneur ne le change.

« Bâle, ce 11 avril, jour où ta lettre m'a été remise, an 1526. »

Voilà où Luther avait voulu amener Érasme. La modération d'Érasme faisait sa force ; Luther l'en débusqua : c'est une grande victoire que de démoraliser ses adversaires, en leur faisant quitter leur caractère naturel, pour en prendre un d'imitation ou de rhétorique. Luther avait donné ses défauts à Érasme, tout en gardant ses belles qualités ; il lui avait inoculé l'injure et avait réservé la force et la véhémence : Érasme donna dans le piége ; et la place qu'il employa dans ses écrits à imiter malheureusement son adversaire fut perdue pour le réfuter. A la lecture du traité du *Serf-arbitre*, Mélanchton lui-même, quoique si porté pour Luther, avait gémi de ses violences, et avait démenti dans ses lettres le bruit qui courait qu'il n'était pas étranger à la partie injurieuse de l'écrit de Luther. Après la réponse qu'y fit Érasme : « Vois-tu, lui disait Luther triomphant, ton Érasme et sa modération si vantée ! C'est un serpent ! » Le vent soufflait pour Luther. Cet homme faisait sortir les vieillards de la gravité de leur âge ; cet homme amenait les mourants à démentir la dignité de leur vie passée ; cet homme forçait la modération à rougir d'elle-même ; évidemment la fortune était de son côté.

Il y eut encore, jusqu'en 1534, deux ans avant la mort d'Érasme, quelques écrits de ce ton échangés entre ces deux hommes illustres. Au reste, Érasme n'avait pas à répondre qu'à Luther. Ses dernières années furent assaillies d'ennemis ; toutes les presses de Froben étaient employées à ses apologies. La Sorbonne, les théologiens, les casuistes, les violents des deux partis, les Stunica, les Béda, les Carpi (ce dernier était prince), noms que la violence n'a pas immortalisés, le trouvèrent armé jusqu'à la fin contre toutes leurs diatribes. Le premier malheureux sachant griffonner quelques injures et balbutier la logomachie théologique se donnait la gloire de troubler les dernières heures de l'illustre vieillard, sauf à se faire marquer au front de sa main mourante. Tout le monde se croyait intéressé à le compromettre ; tout le monde se disputait les lambeaux de cette déconsidération où l'avait précipité Luther dans les matières de religion. Mais ce qui lui restait de modération dans le fond, ou, pour mieux dire, d'indépendance religieuse, irritait surtout ses innombrables ennemis ; c'est à en faire la conquête, c'est à l'arracher de sa position intermédiaire entre les deux partis, représentés alors par leurs têtes folles et leurs hommes d'action, que travaillaient tous les esprits violents, fatigués de ses réserves, et voulant débarrasser le sol de la réforme des rétrogrades de la paix et de la philosophie chrétienne.

On avait obtenu de lui qu'il hurlât avec les hurleurs ; on l'avait compromis dans la forme, on voulait encore le compromettre dans le fond, et lui arracher un testament de mort qui pût servir de torche aux catholiques pour allumer leurs bûchers, ou aux protestants de mandat d'expropriation pour dépouiller la vieille église. Érasme tint bon. Il avait bien pu s'échauffer dans la forme ; mais il était resté fidèle aux idées de paix, de morale chrétienne, de réforme amiable ; il n'avait apostasié que pour le ton de ses écrits, jusque-là doux et tempéré ; il ne voulut pas apostasier pour son indépendance ; il ne se sépara pas de cette belle image de la philosophie chrétienne, laquelle devait survivre à toutes les discussions théologiques.

Érasme était-il plus protestant que catholique, ou plus catholique que protestant ? Car demander s'il fut tout à fait l'un ou l'autre, serait une naïveté. Ce qu'on peut répondre à cette question, c'est qu'il eut peut-être un peu plus de superstition que de religion, et un peu plus de religion que de scepticisme. Vous l'avez vu rendre grâce à sainte Geneviève d'avoir survécu aux œufs pourris et aux chambres malsaines du collége de Montaigu ; vous l'avez vu faisant vœu d'achever un commentaire de l'*Épître aux Romains*, si saint Paul le guérit d'une chute de cheval. En d'autres circonstances, il aura quelque peur vague du démon ; il racontera des histoires d'exorcismes du ton d'un homme qui croit un peu aux possédés ; il aura sur l'*ennemi du genre humain* cette espèce de doute curieux et inquiet que nous avons sur l'infaillibilité divinatoire des somnambules. Pour les deux dogmes qui étaient aux prises, voici ce qu'il en pensait.

Le dogme protestant, né d'hier, qu'il avait vu sortir de cerveaux excités ou malades, ce fruit de tant de choses bonnes et mauvaises, de besoins sérieux et d'ambi-

tions vulgaires, de la science et de l'ignorance, des
hommes d'élite et des masses aveugles, de l'esprit et
de la chair, de la raison et de la folie, il ne le prenait
même pas au sérieux, et il voulait encore moins d'une
religion fabriquée de son temps par des brouillons
(*nebulones*), que de la foi, exploitée et tournée en mar-
chandise, des catholiques romains. Le dogme catholique, au contraire, se recommandait à ses respects
par l'ancienneté, par la tradition, par une longue possession des intelligences; il y croyait par le sentiment
et par l'habitude. Si, d'une part, il ne pouvait se défendre, en suivant ce dogme dans les modifications ou
altérations qu'il avait subies depuis son établissement,
de remarquer que l'œuvre des hommes s'y mêlait à
l'œuvre de Dieu, si le doute se glissait dans ses études, toutes les fois qu'il lui arrivait de regarder dans le
christianisme au delà de la morale et du grand précepte
de l'égalité humaine; d'autre part, les impressions d'une
enfance confisquée au sacerdoce et qui en avait gardé
l'empreinte, malgré la révolte de l'homme mûr; l'immense pouvoir matériel fondé sur ce dogme; la polémique, où, à force d'aller, pour les nécessités du discours, au delà de sa vraie croyance, on finit par perdre
chaque jour un peu de ses doutes, et par devenir
croyant par amour-propre; ses relations avec les rois
et les papes, et l'honneur d'une foi commune; toutes
ces choses devaient le faire plus pencher vers le catholicisme que vers le protestantisme, et, puisqu'il fallait
mourir dans l'une ou l'autre croyance, lui faire préférer les incertaines mais vieilles garanties du catholicisme aux promesses d'hier du protestantisme.

Mais au fond, il n'appartint jamais qu'à lui-même ;
il put se rapprocher tantôt d'un parti, tantôt de l'autre, selon qu'il en espérait davantage pour la tolérance et les lettres ; mais il resta l'homme de toutes
les choses durables que les passions humaines avaient
cachées sous des formules devenues des cris de guerre ;
et Dieu, en lui inspirant le mot sublime de *philosophie chrétienne*, se plut à faire réfléchir à sa belle et
douce intelligence une de ces vérités qui ont encore
de la vie plusieurs siècles après qu'elles ont été pro-
clamées !

VII.

Les lettres et les présents.

On pourrait apprécier matériellement l'importance
d'un écrivain par le nombre de lettres qu'il a écrites
et reçues, et la diversité d'opinions de ses correspondants. Beaucoup de lettres, et des lettres de toutes
les opinions, de tous les partis, de toutes les conditions, témoignent d'une grande influence littéraire, et
d'un public qui peut bien s'appeler une époque. C'est
la preuve d'une sorte de souveraineté intellectuelle,
vers laquelle chacun se tourne avec foi pour y prendre le mot d'ordre de ses sympathies ou de ses répugnances. Celui-là est un grand homme vers qui tous
ceux de son temps gravitent naturellement, comme
vers le pôle de la science et de l'intelligence contemporaines, et dont le temps et l'esprit sont devenus une
sorte de propriété publique. Ainsi, toute la philoso-

phie du dix-huitième siècle a convergé vers Voltaire ; toute la renaissance littéraire et religieuse de l'Europe occidentale, au seizième siècle, a convergé vers Érasme. Un certain aimant d'idées et de croyances, positives ou négatives, faisait incliner leur époque de leur côté. Toute formule venait d'eux ; leurs contemporains avaient des tendances plus ou moins obscures ; mais c'est par eux seuls que ces tendances étaient traduites dans un langage populaire. Les grands hommes sont ceux qui disent ce que tout le monde sait ; mais ce savoir de tout le monde est confus, vague, inarticulé ; leur gloire est de le produire à la lumière dans toute sa netteté, d'en créer la langue, et d'en faire des croyances irrésistibles.

Dans cette incertitude des consciences qui accompagna, qui favorisa les commencements de la réforme, tous les contemporains d'Érasme se tournèrent vers lui. Chacun sentait en soi un certain renouvellement d'idées dont il ne pouvait se rendre compte par des mots. Ces mots, il les demandait à l'homme qui paraissait avoir la plus parfaite intelligence de la chose, et qui déjà, dans quelques détails, avait prouvé qu'il savait mettre le doigt sur le malaise dont l'époque était tourmentée. Tout le monde savait, ceux-ci confusément, ceux-là avec un mélange de bonne foi et d'intérêt personnel, tous avec une impatience souffrante, qu'il se passait quelque chose de nouveau dans le monde ; mais personne ne pouvait déterminer ce que c'était. Ce fut le rôle d'Érasme d'éclaircir les pressentiments et les désirs de chacun, de trouver un langage pour cette universelle espé-

rance qui emportait les esprits vers un avenir inconnu.

Pendant un moment il tint, pour ainsi dire, toutes
les consciences dans sa main, et il fixa dans une opinion moyenne, mi-partie de critique et de croyance,
ces innombrables esprits qui se sentaient entraînés,
ceux-ci vers l'incrédulité inactive, ceux-là vers une
révolution complète. Luther arriva bientôt, qui lui
enleva les derniers; il faisait mieux leur affaire; c'é-
tait l'homme de la révolution. Érasme garda autour
de lui, et jusqu'à son dernier jour, tout ce qu'il y
avait d'hommes sensés, tolérants, désintéressés, entre les catholiques immobiles et les réformistes déclarés. Ce fut là sa royauté dernière, royauté plus
solide et plus vraie que celle dont l'avait dépossédé
Luther.

C'est à cette foule de bons esprits, fort nombreux
même alors, pour l'honneur de notre espèce, qu'É-
rasme servit jusqu'à la fin de chef et d'organe; pourquoi ne dirais-je pas de roi? car quel sujet a dit d'un
roi ce que Frédéric Nauséa, conseiller du roi Ferdinand, disait d'Érasme : « Quoique nous fussions
séparé de lui par des provinces, nous nous sentions
entraîné vers lui par une si grande autorité, que jamais il ne nous arriva de méditer, d'écrire, de dicter,
de manger, de boire, de dormir, de veiller, sans penser à lui, et sans que son image nous fût présente.
Toute autre pensée était absorbée par la contemplation de ce grand homme; nous l'entendions, nous le
voyions, nous demandions à quiconque venait de
loin : Vit-il encore? que fait-il? quelle santé a-t-il? Que

va – t – il nous envoyer de nouveau de son Afrique [1] ? »

Parmi ces sujets si dévoués, si tendres, qui *dépéris-
saient* pour lui, comme dit encore Nauséa, Érasme
comptait plusieurs princes. Voici ce que lui écrit un
certain Berselius, qui s'était fait l'interprète des sentiments particuliers d'un de ces princes pour Érasme :
« J'ai remis au prince ta lettre et ta *paraphrase*. Il a lu la
lettre et a embrassé à plusieurs reprises la paraphrase,
en s'écriant avec un accent de joie : Érasme!... Je
suis resté un jour à la cour. Après la messe, on s'est
mis à table. Nous entrons dans la salle du festin, ornée
de grands et nombreux tapis. Peu après on apporte de
l'eau pour laver les mains. Le prince s'asseoit, ayant
près de lui son frère Robert, le grand guerrier, l'A-
chille de notre siècle. La femme du héros occupait la
troisième place, Pénélope par sa vie, Lucrèce par ses
mœurs. A la quatrième était assise leur fille, déjà nu-
bile, et, par ses traits, semblable à Diane. Venaient ensuite les deux frères de la jeune héroïne ; vous auriez
dit les deux jumeaux de Léda. Parmi tant de dieux et
de déesses, moi, pauvre scarabée, interpellé nomina-
lement par Jupiter, je m'assis à la septième place, re-
paissant mes yeux d'or, de pierreries et de pourpre,
mes oreilles de doux accords, mon palais d'ambroisie
et de nectar. La faim apaisée, et les tables enlevées
avec les mets, on chante des actions de grâces aux
dieux [2] ; nous nous levons ; les uns jouent aux dés, les

---

[1] Friderici Nauseæ Monodia, tome Iᵉʳ de l'édition de Leyde.

[2] 229. D. F. — Traduisez : on dit les grâces. Cette lettre est piquante comme détail de mœurs. Ces chrétiens étaient païens de cœur.

autres aux échecs. Je suis appelé auprès du prince ; là
s'engage une conversation pleine de compliments pour
toi. Le prince n'a rien de plus cher que toi. Il veut te
voir, te serrer dans ses bras, te traiter comme son père,
comme une divinité tombée du ciel sur la terre. Viens
donc sans retard ; prends garde, au nom du Dieu immortel, qu'un si grand héros n'ait trop longtemps à
souffrir du tourment de t'attendre. »

C'est avec les hommes éminents qui représentaient
dans toute l'Europe l'opinion intermédiaire entre le
catholicisme pur et le protestantisme révolté, qu'É-
rasme entretint, pendant les deux dernières années de
sa vie, un commerce quotidien de lettres. Les plus nom-
breuses et les plus détaillées roulaient sur les affaires,
sur les progrès de la réforme, sur les livres de ses docteurs, sur les querelles entre Érasme et ses ennemis,
les Stunica, les Beda, la Sorbonne tout entière. On le
consultait, on lui demandait des directions ; il répondait par des discussions très-développées, et ses lettres étaient lues et répandues comme des traités. Bon
nombre traitaient de l'état des lettres ; plusieurs
étaient des jugements sur quelques hommes éminents
en érudition profane, ou des biographies de morts
illustres.

Une troisième catégorie se compose de celles qu'il
envoyait à ses principaux amis, à certaines époques,
comme des témoignages périodiques de son souvenir,
lettres charmantes où il parlait d'ordinaire de sa
vie intérieure, de ses souffrances physiques si cou-
rageusement endurées, de sa vieillesse, de ses études,
de ses prodigieux travaux. Enfin, une quatrième ca-

tégorie comprenait toutes les lettres de pure politesse ; lettres en réponse à des louanges ; lettres
demandées par des gens qui s'en voulaient faire
honneur auprès de leurs amis; lettres d'hommage
aux princes qui l'avaient fait complimenter par leurs
conseillers privés; lettres de remerciements pour des
cadeaux de grands personnages. Érasme suffisait à
tout cela.

Je me le figure, dans sa petite maison de Bâle, aux
approches de la foire de Francfort, qui est l'époque
où il expédie par paquets ses lettres et ses traités pour
tous les points de l'Europe. Il vient d'être pris d'une
attaque de gravelle si forte, si douloureuse, que s'il
a quelque ennemi, dit-il tristement, cet ennemi doit
cesser de le haïr, et se trouver assez vengé par ses
souffrances [1]. Assis sur son lit de douleur, faible,
tremblant de fièvre, pendant qu'il corrige les épreuves
de son épître à Christophe, évêque de Bâle, sur le
choix des mets et sur d'autres points de discipline religieuse, il dicte à l'un de ses secrétaires diverses lettres pour ses amis. Quatre courriers attendent à Bâle
ses dépêches; l'un pour Rome, l'autre pour la France,
le troisième pour l'Espagne, le quatrième pour la
Saxe [2].

Après plusieurs jours donnés aux lettres sérieuses, il faut penser aux lettres de politesse, et sourire agréablement à des gens valides, malgré les accès
du mal qui lui font tomber la plume des mains. Ce
sont d'abord les religieuses d'un couvent de Pologne,

----

[1] 787. B. C.
[2] 777. E. F.

qui lui ont envoyé à plusieurs reprises des dragées et
autres douceurs pour obtenir de lui, en retour, quelque écrit qu'elles puissent mettre dans leurs archives [1].
Il dicte, en s'interrompant par des gémissements :
« Vous avez voulu, excellentes vierges, faire un lucre honnête en achetant, au prix de quelques douceurs qui récréent le palais, des choses qui nourrissent l'âme. Pieuse captation, avidité sainte, prudent
et lucratif échange, bien digne de vierges sages, si
j'étais l'homme qui pût rendre pour une semence corporelle une semence spirituelle... »

Une crise violente le fait tomber sur son séant. Son
médecin est appelé : quelques cuillerées de vin de
Bourgogne le remettent ; c'était le traitement qu'on
opposait à ses douleurs de gravelle. La crise passée,
sa figure redevient calme et riante ; il reprend :

— « Votre époux, saintes filles, se glorifie de tous
ses saints, mais principalement des martyrs et des
vierges. Ce sont là les parures dont s'enorgueillit le
plus l'église du Christ, laquelle ne tire sa gloire que
de son époux ; mille vertus l'environnent comme des
pierreries ; mille fleurs le décorent, mais celles qu'il
aime par-dessus toutes, ce sont les roses des martyrs
et les lis des vierges. »

Suit un éloge de la virginité dans ce style un peu
fade. Quelle pitié que la gloire ! Il faut rire d'une
bouche contractée par la souffrance, et développer
des lieux communs prétentieux aux heures où l'on
aurait besoin de sommeil. Il faut dicter, d'une voix

[1] 778. D. E.

dolente, des dragées épistolaires en réponse à des dragées de nonnes; il faut mêler les fleurs de rhétorique aux potions calmantes, et se livrer au médecin entre deux jolies phrases! Mais ce n'est pas tout.

Un messager est arrivé la veille de Breslau [1]. Il a apporté, de la part de l'évêque Jean Turzon, docte prélat, admirateur passionné d'Érasme, quatre clepsydres de verre d'une nouvelle invention, dont le sable, en tombant insensiblement, mesure les heures; quatre petits lingots d'or vierge, extrait des mines du diocèse de l'évêque, symbole de l'immortalité qui attend Érasme; plus un bonnet d'hermine, dont la douce chaleur et le poil soyeux, dit le bon Jean Turzon, rappelleront à Érasme l'amour qu'il a pour lui. Les cadeaux sont là étalés sur le buffet, attendant un remerciement littéraire, travaillé, précieux. Érasme les regarde d'un œil résigné, et dicte :

« Si tu veux me permettre de faire quelque peu de philosophie sur tes petits présents, je félicite ton diocèse d'avoir des mines d'où l'on tire un or si brillant et si pur; mais je t'estime bien plus heureux, toi qui tires des veines bien autrement précieuses des saintes Écritures l'or de la sagesse évangélique, cet or dont tu enrichis le troupeau qui t'est confié... »

Froben entre en ce moment, Froben, son imprimeur et son ami. Il vient lui soumettre des doutes sur un passage de la dissertation sur le *choix des mets*, et le prier de relire, et au besoin de corriger, un manus-

[1] 522. F.

crit de Vivès, qu'il a quelque répugnance à imprimer. Érasme lui demande son bras pour faire quelques tours de chambre, et quelques minutes pour achever sa lettre à Jean Turzon. Soutenu d'un côté par un serviteur, de l'autre appuyé sur le bras de Froben, il descend de son lit et se traîne dans sa chambre, le corps plié par la souffrance; puis il continue sa lettre :

« Tes deux clepsydres portent cette inscription : *Hâte-toi lentement.* C'est un ordre qu'entend la poussière qui tombe lentement par le petit trou; mais notre vie s'envole avec une grande vitesse, et la mort n'accourt pas moins vite, même après que cette poussière a cessé de tomber. Sous cette inscription : *Hâte-toi lentement*, je vois une image de la mort. Puisse-t-elle, ô Turzon, te frapper le plus tard possible, toi qui es digne, non d'une vie longue, mais d'une vie immortelle! »

Comme tout cela est tiré, affecté, puéril! Quel triste emploi d'un temps dont l'habitude de souffrir lui faisait compter toutes les minutes! il en arrive au bonnet :

« Ton bonnet ne pourra me servir que chez moi. Il est trop riche pour un homme de si peu que moi, — à moins que tu ne croies qu'Érasme est quelque chose; — il est d'ailleurs d'une forme étrangère aux usages de ce pays. Autrefois, selon le proverbe, tout allait bien aux gens de bien; aujourd'hui rien ne sied qu'aux hommes puissants. Je le garderai pourtant comme un gage qui me rappellera Jean Turzon. »

Demain il faudra recommencer cette comédie pitoyable d'un moribond qui fait de l'esprit sur les cadeaux qu'on lui envoie. Demain il faudra remercier sur ce ton quelque autre grand personnage, soit pour le don d'un gobelet d'argent ciselé, soit pour un anneau, soit pour un cheval que lui enverront d'Angleterre des amis qui le croient encore ingambe, et auxquels il répondra qu'il est à peine assez bon cavalier pour se tenir en selle sur un âne.

S'il y eut jamais un martyr du travail, certes ce fut Érasme. Esclave de sa réputation, de ses amitiés, de ses adversaires, des curieux, des indifférents, le jour que tous les hommes éclairés de l'Europe occidentale l'eurent proclamé le chef du parti modéré, il vit qu'il fallait mourir à la tâche et aller jusqu'au bout sans reprendre haleine; et il n'eut de loisir que les heures trop fréquentes où l'excès de la maladie lui liait les mains, la parole et la pensée. Chose singulière! quoiqu'il ne fît les affaires de personne, et qu'il fût l'organe d'une opinion intermédiaire dont le principe était de s'abstenir, sa tâche fut plus lourde que celle d'un homme de parti gouvernant une multitude avide d'événements. Rien de plus simple. Avec un seul mot d'ordre, un parti passionné va plusieurs jours; mais les hommes expectants et spéculatifs sont insatiables de réflexions, de considérations, d'analyses de situation. Il fallait donc qu'Érasme, en sa qualité de guide et de *précepteur* de ces hommes, comme on l'appelait, fît l'histoire presque quotidienne de faits où il n'avait aucune part active. Ce fut même un triomphe pour Luther d'avoir Érasme pour son historiographe de chaque jour.

Mais quelle vie, mon Dieu! que celle-là! Quelle

glèbe à retourner, quelle pierre de Sisyphe à pousser! N'avoir pas un jour dont on puisse dire : il est à moi! voir passer tous les printemps et tous les étés sans avoir goûté ce que nous appelons le plaisir de renaître, et ce qui n'est que l'oubli de vieillir; ne savoir la différence d'un beau jour et d'un jour de pluie que par les intermittences ou les redoublements de sa gravelle; se lever tous les matins avec le même poids à soulever, avec la même pierre à rouler, et se coucher avec le regret de ce qu'on laisse en arrière, et de ce que les visites d'amis, le temps des repas, vous ont dérobé de minutes; se sentir, toute la nuit, dans des rêves pénibles, la poitrine oppressée par ce vampire qu'on appelle la réputation, et qui dévore jusqu'au germe de vos pensées ; ne pouvoir s'échapper de ses travaux, mais y être parqué comme l'ouvrier à sa pièce, toute sa vie ; avoir perdu le sentiment de la solitude, du silence, du recueillement, exquises jouissances dont le goût s'émousse faute d'usage; vivre toujours avec les hommes, par les hommes, pour les hommes, soit dans le passé, soit dans le présent, au sein de leurs livres ou au fort de leurs querelles, et ne pas connaître un de ces moments où penser et sentir sont une même chose, où l'on ne vit plus de mémoire et d'imitation, mais d'instinct, et où l'on rêve un Dieu qui n'est ni celui des sectes ni celui des philosophes, ni le Dieu des formulaires, ni le Dieu des systèmes, mais le Dieu tout bienfaisant qui remplit de vie la terre et le ciel, fait parler tous les êtres et rouler toutes les sphères; enfin se donner, par le travail, une fièvre lente et continue, qui vous rend incapable du repos : voilà quelle fut la vie d'Érasme, voilà quelle fut sa gloire!

Ce fut aussi la vie et la gloire de son époque! Il n'y eut pas de saisons, pas de printemps, pas de loisirs, pas une heure perdue, pas une pensée sans but, pas un caprice, pour cette époque de révolution et de conquête! Jamais tâche plus effrayante ne pesa sur les générations des hommes! Retrouver le passé, se tenir quelque temps dans un certain équilibre sur un présent mouvant comme le sable, préparer l'avenir, telle fut cette triple tâche. Dans ce temps-là, le même homme était érudit, conseiller d'empire et réformateur; touchant, par ces trois ordres de travaux, au passé, au présent et à l'avenir : le même homme maniait la plume et l'épée, montait dans la chaire, faisait des traités, exhumait les vieux livres; le même homme vivait dans trois mondes à la fois.

L'un des travers de notre époque, c'est qu'on y méprise la tradition, et que chacun s'y fait souche et principe de toutes choses, société, religion, art. Au temps d'Érasme on était plus humble; l'homme se trouvait à peine assuré en donnant la main à ses ancêtres, et en apprenant d'eux tout ce qu'ils avaient connu de la science de la vie. Le passé et le présent étaient solidaires; on croyait que l'arbre de la science était né le même jour que l'homme, et que c'était le même tronc qui poussait incessamment de nouvelles branches. Personne n'aurait pensé qu'il eût dans sa main la semence d'un nouvel arbre. Dans ce temps-là on ne connaissait pas le *poëte*, cet être tombé du ciel,

qui naît sans père et meurt sans enfants, et pour qui
le monde contemporain n'est qu'un piédéstal d'où il
s'élance dans un monde qui n'est qu'à lui et à Dieu, et
où il vient replier de temps en temps ses ailes fati-
guées; mais on connaissait et on étudiait les poëtes,
ces chantres ingénieux de la sagesse humaine, hommes
ainsi que nous, si ce n'est qu'ils en savent un peu plus
que nous sur nous-mêmes. Dans ce temps-là, les vieillards se faisaient enseigner, sur le bord de la tombe,
la langue d'Homère et de Platon. Des professeurs en
cheveux blancs, qui ne prenaient pas quatre jours de
repos dans toute une année [1], avaient des élèves sep-
tuagénaires qui ne voulaient pas mourir sans avoir
rajeuni leur intelligence par quelques souvenirs de la
sagesse antique. Mais ces vieillards étaient rares à
une époque où l'on comptait tant de jeunes gens en-
levés par des morts prématurées à de prodigieux travaux, et qui exhalaient leur âme sur les belles pages
où Platon leur promettait une vie immortelle. Érasme
parle quelque part de ce petit nombre auquel il était
donné d'atteindre à la vieillesse. « Faut-il l'attribuer,
dit-il, à un monde qui penche vers son déclin, ou bien
à ce qu'il en coûte plus d'efforts aujourd'hui pour savoir ? »

[1] 788. B. C.

VIII.

Le séjour à Bâle.

C'est à Bâle qu'Érasme trouva une solitude relative, la seule qui fût possible à son époque. Après de longues hésitations, il s'était fixé dans cette ville, d'où il inondait l'Allemagne et la France de ses écrits. Ce choix n'était pas le résultat d'un caprice; Bâle était une ville intermédiaire, paisible, bien gouvernée, où les théologiens avaient de la modération, et où la lutte des choses anciennes et des choses nouvelles n'avait amené aucune violence. Érasme y vivait tranquille, respecté, dans la société intime de Jean Froben et de quelques amis. Appuyé sur la formidable imprimerie fondée par cet homme célèbre, il dominait tout le mouvement religieux et littéraire de l'Allemagne, et représentait assez bien la presse du temps dans sa plus grande fécondité et dans sa plus grande influence.

De toutes parts lui venaient des offres d'hospitalité; de l'Angleterre, dont le roi, Henri VIII, était son confrère en polémique; de la France, où l'appelait le fastueux, mais sincère ami des lettres, François Ier, lequel lui offrait des *monts d'or* [1]; de Charles-Quint, son roi et son maître, qui lui faisait retenir ses pensions, pour le prendre par la famine, et l'attirer de force dans ses états du Brabant; de trois ou quatre princes régnants de l'Allemagne, qui avaient avec lui une docte et familière correspondance; de plusieurs villes particulières,

[1] Rex Gallus montibus aureis invitat ad se. — Lettres 787.

entre autres de Besançon, dont le sénat lui demandait ses conditions, voulant à tout prix devenir la patrie de choix d'un hôte si illustre ; d'un grand nombre d'archevêques, qui lui offraient une aile de leur palais épiscopal, une place d'honneur à leur table et une pension. Érasme avait pesé une à une toutes ces propositions, et par mille considérations d'indépendance personnelle, de sûreté, de santé, surtout par une noble et immuable répugnance pour les chaînes du patronage, il y avait répondu par des refus ingénieusement tournés, dont ses maladies et sa vieillesse faisaient d'ordinaire tout le fonds.

Ces politesses cachaient ses vrais motifs. Pour l'Angleterre, c'était un motif de sûreté personnelle ; il fallait traverser la mer, cette mer où il avait déjà fait naufrage, et où la guerre entretenait toujours une espèce d'écumeurs tolérés par le gouvernement, soit qu'il eût une part dans les prises, soit qu'il ne fût pas de force à faire la police dans sa propre marine. Henri VIII n'avait pas encore fait de l'Angleterre une Chersonèse Tauride en y tuant les plus illustres amis d'Érasme. Pour la France, il y avait danger de la vie à y écrire des propositions mal sonnantes et à n'y être pas bien avec la Sorbonne. On y brûlait ou menaçait de brûler les gens pour avoir, en maladie, mangé de la viande en carême. On y faisait un procès capital à un homme pour avoir dit que l'argent dépensé à la construction d'un immense monastère aurait été mieux employé à fonder un asile d'orphelins. François Ier avait bien le pouvoir et peut-être la bonne volonté de tirer une première fois l'accusé des mains de la Sor-

bonne, comme cela se vit pour Clément Marot, et pour
Berquin, l'ami d'Érasme ; mais, à la récidive, il l'abandonnait au bras spirituel, avec cet égoïsme royal qui
ne peut pas s'intéresser deux fois à la vie du même
homme. Pour le Brabant, c'étaient toujours les théologiens, race furieuse, qui aurait fait lapider Érasme
par la populace ; pour l'Allemagne, c'étaient les violents du parti de la réforme qui seraient venus briser
ses vitres et déchirer ses livres, comme ils faisaient
des bulles papales. D'ailleurs, c'étaient des offres de
princes, offres dont se méfiait Érasme, parce qu'il y
voyait, dans l'avenir, ou d'insupportables obligations
de flatterie, ou l'abandon.

Chez les prélats, sa vanité d'*astre de la Germanie*
eût souffert d'une commensalité au-dessous de lui,
et sans doute de complaisances dans le genre de
celles de Gil Blas pour l'archevêque de Grenade. Une
seule hospitalité l'aurait tenté : c'était celle de Besançon. Cette fois, la chose se faisait de pair à pair ;
c'était le peuple offrant sa ville à un homme du peuple. Érasme ne trouvait pas le bienfait lourd, ni la
reconnaissance désagréable, ni la rupture, si elle avait
lieu, d'une grave conséquence ; outre l'attrait du voi-
sinage de la Bourgogne, dont le vin calmait sa gravelle.
Il résista pourtant. Il aimait Bâle ; il y était entouré de
la considération publique ; il y payait l'hospitalité de la
ville par le produit de ses travaux et par sa gloire ; il y
avait des liens de cœur, entre autres un filleul, un fils
en Dieu, comme disent les Anglais, l'un des enfants de
Froben, qu'il avait appelé *Erasmius*, nom qu'il regrettait de n'avoir pas pris lui-même, dès l'enfance, comme

étant plus conforme à l'étymologie grecque qu'*Éras-
mus*. Il faisait de petits traités d'éducation pour cet
enfant, de grande espérance, dit-il. Il s'était attaché à
Bâle comme l'huître et l'éponge au rocher, lui qui répondait jadis au reproche d'insouciance que lui faisaient les moines, qu'il n'était ni une huître ni une
éponge, et que le reproche lui venait mal de gens
« changeant tous les jours de pâtis, et émigrant là où
ils voyaient la fumée de la cuisine plus grasse et le foyer
plus luisant [1]. »

C'est dans l'année 1531 qu'Érasme vint s'établir à
Bâle. Froben lui avait offert une maison et une pension. Il ne voulut ni de l'une ni de l'autre, et aima
mieux être l'ami que le salarié de Froben. Il fit acheter une maison où, sauf quelques voyages commen-
cés que sa mauvaise santé le forçait d'interrompre,
il vécut dans l'amitié de Froben et de sa famille,
et au milieu de travaux qu'il appelait avec quelque
raison *herculéens*. A cette maison attenait un jardin
assez grand, avec un petit pavillon au milieu, dans
lequel Érasme venait dans les beaux jours, non pour
y prendre du repos, mais pour y traduire quelques
pages de saint Bazile ou de saint Chrysostôme [2].

Le premier chagrin de cœur qu'il eut à Bâle, ce
fut la mort inopinée de son ami. Il avait eu une
douleur modérée de la perte de son frère [3], mais il fut
accablé de la perte de Froben. Il l'aimait pour la douceur de leurs relations ; il l'aimait pour tout le bien qu'il

[1] 370. F.
[2] 955. D. E.
[3] 1053. F. P

avait fait aux études libérales ; il l'aimait pour son noble caractère, pour la pureté de ses mœurs, pour la sûreté de son commerce, pour son dévouement à ses amis.

Il y aurait un beau portrait à faire de ce Froben. C'était un homme sans fiel et sans méfiance, aimant mieux être volé que de faire aux gens l'affront de les surveiller. Il ne pouvait se souvenir des injures les plus graves, ni oublier les moindres services. Doux, affable, facile au delà même de ce qui convient à un chef de maison et à un père de famille, il n'aurait pas su se montrer poli pour ceux qu'il suspectait, ni cacher sous un visage ouvert des arrière-pensées de défiance, et il eût tenté l'honnêteté chancelante de certaines personnes, par la facilité qu'on avait à le tromper. Érasme lui en faisait des reproches. Froben souriait, et donnait le lendemain dans les mêmes piéges.

Une seule chose où il montrât de l'adresse et de l'esprit de combinaison, c'était dans l'art de faire accepter quelque présent à Érasme. Il n'était jamais plus gai que le jour où, soit par ruse, soit à force de prières, il avait obtenu que son ami se laissât faire cette douce violence. Toute la rhétorique d'Érasme échouait contre ses importunes délicatesses. Érasme envoyait-il acheter par ses domestiques quelque pièce de drap pour se faire faire un vêtement neuf? Froben, qui en avait eu vent [1], payait d'avance l'étoffe à l'insu d'Érasme. Il n'y avait ni prières ni gronderies qui lui fissent reprendre son argent. Ce furent là leurs seules querelles; querelles d'une espèce peu commune,

____

[1] *Subodoratus.* 1054. A. F.

dit Érasme, dans un monde où l'on cherche à tirer le plus qu'on peut des gens et à leur donner le moins qu'on peut.

Sa profession lui donnait des joies naïves. Quand il avait tiré les premières épreuves de quelque auteur célèbre, dont il préparait une édition, il venait triomphant, le visage radieux, montrer son essai à Érasme et à ses autres amis, comme si c'eût été le seul prix qu'il attendît de tous les soins donnés à l'impression. Les éditions de Froben étaient vantées pour leur correction. Il n'imprimait d'ailleurs que des livres sérieux, et refusait ses presses aux libelles, quoique ce fût une branche de commerce lucrative ; il ne voulait pas ternir sa réputation par de l'argent mal gagné. Il tomba comme foudroyé, un jour qu'il était monté sur une échelle pour prendre quelque livre sur un rayon élevé, et on le porta dans son lit, sans connaissance, le cerveau brisé ; il mourut après une léthargie de deux jours. Érasme lui fit deux épitaphes, en grec et en latin ; toutes deux ingénieuses et touchantes ; rare exemple d'estime et d'amitié réciproques entre un auteur et son libraire [1].

Un événement d'une nature plus grave devait l'éloigner de Bâle. La réforme, longtemps contenue par la sagesse du sénat, et réduite à des discussions spéculatives, y avait acquis assez de force pour exiger qu'on la reconnût publiquement. Érasme y était vu d'un mauvais œil : on n'osait rien entreprendre contre un homme qui s'était placé sous la garantie de la

[1] 1855. D. E.

13

foi publique ; mais on murmurait contre lui dans les conciliabules, et déjà les plus ardents demandaient s'il n'y avait pas quelque autre ville neutre où il pût aller cacher son impartialité si équivoque. Au dehors, ses amis les catholiques se plaignaient qu'il restât dans une ville infectée d'hérésie ; et, quoiqu'il fît de prodigieux efforts de travail pour donner des gages aux plus exigeants, quoiqu'on l'eût vu, en moins de douze jours, lire une première partie d'un traité de Luther non encore publié, écrire une *diatribe* en réponse, la faire imprimer, la revoir, la mettre sous presse, afin que la riposte parût en même temps que l'attaque, et que les amis de Luther ne pussent triompher, pendant l'intervalle de deux foires, de l'absence d'un contradicteur [1], ses ennemis répandaient qu'il jouait un jeu double, et qu'il désavouait à Bâle, dans de secrètes intrigues avec les professeurs, les doctrines de ses réponses à Luther.

Œcolampade, l'un des principaux du parti à Bâle, qui était resté jusque-là dans de bons termes avec Érasme, avait donné le signal de la brouille en se plaignant de petits griefs, prétextes ordinaires des grands. Dans le colloque du *Cyclope*, Érasme représentait son personnage avec une brebis sur la tête, un renard dans le cœur, et un long nez ; Œcolampade avait cru s'y reconnaître, la nature lui ayant donné en effet un long nez, un caractère mi-parti de renard et de brebis. — « C'est mon domestique Nicolas, disait Érasme, qui m'a demandé à figurer dans

[1] 1056. A. C.

un colloque, avec son long nez, son bonnet de laine et son teint jaune. — Mais je porte aussi un bonnet de laine, disait Œcolampade. — Je l'ignorais, répondait Érasme. — Mais un jour que je venais au-devant de toi dans la rue, reprenait Œcolampade, n'as-tu pas rebroussé chemin et pris une autre rue pour éviter de me saluer ? — Je ne t'avais pas vu venir, disait Érasme. J'ai pris la rue par où je vais d'ordinaire au jardin de Froben, comme le plus court chemin et le moins infecté de mauvaises odeurs. Mon domestique m'ayant dit que tu passais, j'ai fait un mouvement pour te rejoindre, mais des amis que j'avais là m'ont retenu. » Sous ces puériles explications se cachaient des dissentiments profonds. Œcolampade était trop à Luther pour rester l'ami d'Érasme ; et derrière cet homme il y avait tout un peuple prêt à faire cause commune avec lui. Érasme vit venir l'orage, et pensa dès lors à plier sa tente et à recommencer, à plus de soixante ans, sa vie de pèlerin.

Avant qu'il eût fait toutes ses dispositions, la révolution éclata à Bâle. Il s'y tenait depuis plusieurs jours des conventicules, malgré un décret récent du sénat, et les hommes violents parlaient d'un coup de main sur les églises catholiques et d'un auto-da-fé des statues papistes. La bourgeoisie catholique prit les armes, pour que force restât au décret du sénat. Le peuple des conventicules s'arma de son côté, et les partis descendirent sur la place pour engager la bataille. Le sénat intervint à propos : la bourgeoisie déposa les armes ; le peuple en fit autant, mais ce

fut pour les reprendre quelque temps après. Le parti
avait décidé la destruction des statues et simulacres
du culte catholique. Ils s'amassent sur la place, avec
du canon, et là, pendant plusieurs nuits, ils élèvent
un immense bûcher, au milieu de la terreur universelle. Cependant ils respectèrent les maisons et les
personnes, et on n'eut à leur reprocher que la fuite
précipitée du consul, lequel se sauva dans une barque et échappa ainsi à la mort qui l'attendait s'il fût
demeuré dans la ville. D'autres personnages s'enfui-
rent aussi de Bâle ; mais le sénat, épuré en une nuit
de tous ses membres catholiques, les invita à rester,
sous peine de perdre leurs droits de citoyens ; ce que
plusieurs firent. L'autorité nouvelle, sortie du peuple, parvint à empêcher le désordre, et fit enlever
par des ouvriers, sans tumulte, avec la régularité
d'une manœuvre, tout ce qui pouvait être conservé
dans l'ameublement des églises. Le reste fut abandonné au peuple, qui put assouvir enfin sa haine contre les images. Tout ce qui était bois fut brûlé ; tout
ce qui était marbre, pierre ou métal fut mis en morceaux. « Et tout cela se fit au milieu de telles risées,
que je m'étonne, dit Érasme, que les saints n'aient
pas fait un miracle, eux qui jadis en firent de si grands
pour de si petites offenses[1]. » Parole à double sens,
comme la plupart de celles de ce sceptique prudent,
et qui pouvait être à la fois l'ironique réflexion d'un
ennemi des saints, et le pieux cri d'étonnement d'un
adorateur des images.

[1] 1188 et 1189.

Bientôt la messe fut abolie à Bâle et dans toute la campagne, et défense fut faite à tous les citoyens de la célébrer clandestinement dans leurs maisons. La réaction s'arrêta là. OEcolampade usa de son crédit sur le peuple et le sénat pour conseiller des mesures de modération et prévenir des violences. Il ne fut fait injure à aucun citoyen ou étranger, ni dans sa personne, ni dans ses biens. Mais tous les jours, des motions violentes étaient faites, et des nouveautés décrétées dans le sénat. Érasme eut peur ; il envoya demander secrètement au roi Ferdinand un ordre qui l'appelât vers ce prince et un permis de libre passage dans ses États et ceux de l'empereur. En même temps il fit partir devant lui, et par petits envois, afin de moins tenter les voleurs, son argent, ses anneaux, ses vases, et toutes les choses précieuses qu'il devait à la munificence de ses illustres amis. Peu après, il fit charger ouvertement deux chariots de ses livres et de ses bagages. Lui-même enfin allait se mettre en route, mais il fut pris la nuit d'un violent accès de pituite qui le retint à Bâle, fort inquiet des suites d'un départ préparé en cachette, et dont le sénat pouvait avec raison se tenir offensé.

Le bruit s'en était répandu, et déjà OEcolampade en avait exprimé du dépit. Érasme le fit prier de venir le voir. Celui-ci en usa généreusement ; il vint, et quoiqu'il fût théologien et victorieux, il permit à Érasme de n'être point de son avis sur quelques points de l'entretien, qui roula sur la théologie. Il promit d'ailleurs à Érasme protection et sûreté au nom de la ville, et même il essaya, par mille raisons sincères, de le dissuader de partir. — « Mais, dit Érasme, tous mes bagages sont à Fribourg. — Eh bien! partez, mais promettez-moi de revenir. — Je resterai quelques mois à Fribourg, pour aller ensuite où Dieu m'appellera. » Après un serrement de mains, ils se séparèrent.

Sa pituite passée, Érasme fréta une barque et fixa le jour de son départ. Devait-il quitter Bâle furtivement ou au grand jour? Le second parti était plus noble, le premier plus sûr. Il s'était décidé pour le second, nous dit-il ; mais il eut des amis qui sans doute ne crurent pas lui déplaire en lui conseillant une sorte de moyen terme entre la fuite clandestine et le départ au grand jour. Il y avait sur le quai de Bâle deux ports d'où l'on s'embarquait à volonté pour descendre ou remonter le Rhin; l'un, tout près du grand pont, à l'endroit le plus fréquenté de la ville; l'autre en face de l'église Saint-Antoine; c'était le petit port, où relâchaient d'ordinaire les barques de pêche, et les radeaux de petits chargements. C'est de ce port que les amis d'Érasme lui conseillèrent de s'embarquer.

Tout était prêt. Les matelots étaient à leurs rames; il ne manquait que le laissez-passer du sénat ; mais ce laissez-passer ne venait pas. On fit d'abord des difficultés sur les bagages d'une servante d'Érasme ; ces difficultés levées, ce fut le patron de la barque qu'on manda au sénat. On l'interrogea une première fois, puis une seconde; sur quoi? Érasme n'en savait rien, et n'en était que plus inquiet. Debout sur le pont, enveloppé d'un manteau fourré, dernier présent du bon Froben, le regard inquiet, on pouvait croire qu'il

était en proie à toutes les angoisses de la peur. Aussi
bien, il n'ignorait pas les dispositions d'une bonne
partie du sénat à son égard : des paroles menaçantes
avaient été prononcées ; pourquoi retenait-on le patron de la barque ? Allait-il être livré aux iconoclas-
tes de Bâle ? On était au mois d'avril, et le fleuve ex-
halait une brume piquante. Érasme tremblait de tous
ses membres. Était-ce de crainte ? il eût pu dire que
c'était de froid. Le sort de toutes ses actions et de
toutes ses paroles était de laisser quelques doutes.

Enfin le patron revint du sénat. Quel ordre appor-
tait-il ? celui de s'embarquer du grand port, tout près
du pont. Était-ce une mesure de police des nouvelles autorités ? Était-ce pour contrarier Érasme ?
Quoi qu'il en soit, il n'y avait pas à hésiter ; la barque
remonta donc le fleuve jusqu'au pont, et Érasme se
vit forcé d'affronter l'honneur d'un départ au grand
jour, honneur auquel ses amis, d'accord avec un de
ces sentiments secrets qu'on ne dit pas, même à ses
amis, avaient cru devoir le soustraire. Il parut devant
le peuple, qui le regarda partir sans l'accompagner
ni d'un geste ni d'un cri. Érasme s'en félicitait, comme
un homme qui s'était attendu à pis. Il avait cette
vanité des esprits inquiets qui leur fait croire qu'ils
n'inspirent pas de sentiments médiocres, et qu'on ne
peut pas moins faire que les haïr. Il n'inspirait en réalité que de l'indifférence ; on ne lui voulait ni assez
de bien pour le saluer par des regrets, ni assez de
mal pour violer dans sa personne les lois de l'hospitalité.

Arrivé à Fribourg, il fit deux quatrains qui peignent

admirablement son caractère, mélange d'enjouement **et** de sensibilité douce; pourquoi le cacherai-je? caractère moyen en toutes choses, aussi loin des passions furieuses que des affections trop vives, et n'ayant guère de regrets que de quoi en remplir une épitaphe ou un quatrain.

Le premier de ces quatrains est une allusion aux pluies continuelles qui le reçurent à Fribourg :

> Que signifie cette tempête qui, du haut des airs,
>> Fond sur nous nuit et jour?
> Puisque les habitants de la terre ne veulent pas pleurer leurs crimes,
>> Le ciel, à leur défaut, se fond en larmes [1].

Le second est un adieu à Bâle qu'il avait adoptée pour patrie. S'il faut l'en croire, il aurait fait ces vers en montant dans la barque, au moment où nous le croyions fort inquiet des sentiments du peuple qui assistait à son départ.

> Adieu Bâle! adieu, de toutes les villes
> Celle qui m'a offert, pendant plusieurs années, la plus douce hospitalité.
> De cette barque qui va m'emporter, je te souhaite tous les bonheurs, et surtout
> Qu'il ne t'arrive jamais d'hôte plus incommode qu'Érasme.

C'est un adieu doux ; ce n'est pas un adieu triste. L'ombre de Froben demandait mieux que ce quatrain.

[1] Tout cela est fort mauvais en français et n'est pas bon en latin. Je le donne comme trait de caractère, non comme modèle du genre.

IX.

Mort d'Érasme. — Les portraits.

Après avoir quitté Bâle, Érasme rejoignit ses bagages qui l'attendaient dans une petite ville des bords
du Rhin, d'où il partit, par la route de terre, pour
Fribourg en Brisgaw. Les magistrats de cette ville le
reçurent avec de grands honneurs, et lui offrirent, au
nom de l'archiduc Ferdinand, une maison où il passa
les premiers temps de son séjour. Le climat lui plut
d'abord; Fribourg lui sembla plus tempéré que Bâle,
où les brumes du Rhin le faisaient souvent grelotter,
et le pénétraient de part en part, comme il dit en
quelque endroit de ses lettres. Ce fut sans doute une
illusion; il se crut sous un ciel meilleur, parce qu'il
venait d'échapper aux séditions de Bâle, et que le
voyage, en le forçant d'interrompre ses travaux, avait
rendu quelque ressort à sa frêle machine. Après quelques mois de séjour, l'illusion avait cessé; le ciel
était redevenu rude; avec les travaux, repris plus ac-
tivement que jamais, était revenue la langueur du
corps, l'abattement, les défaillances, et toutes ces in-
commodités qui mettent des nuages dans le plus
beau ciel. La santé n'était plus pour lui que la cessa-
tion des souffrances aiguës; c'était, après une douloureuse opération chirurgicale, un peu de sommeil, et
ce doux affaiblissement qui suit les grandes douleurs.
« Je suis rentré en grâce avec le sommeil [1]», écrit-il

---

[1] 1296. E. F.

à un ami dans un latin charmant ; « cependant je me traîne encore languissamment. » C'étaient là ses meilleurs jours ; c'est dans ces rares et courtes trêves qu'il achevait, commençait ou révisait des travaux pour lesquels deux santés d'hommes valides suffiraient à peine aujourd'hui, outre d'immenses lettres, sur des points de doctrine ou autres sujets, qui le faisaient retomber de sa langueur sans souffrances dans de nouvelles crises. Il le savait, il le disait, il s'en plaignait à ses amis, et pourtant il ne s'en épargnait pas une phrase. La gloire est un rude tyran, elle obtient plus des hommes que l'honneur même ; on lui donne sciemment sa vie, qui est le plus que puisse donner l'homme ; on se suicide lentement pour elle.

Érasme, presque septuagénaire, épuisé, éteint, mettait une sorte de vanité à précipiter ce suicide. Il savait que ses ennemis le faisaient mourir toutes les semaines, les uns d'une chute de cheval qui lui aurait fracassé la tête, les autres d'une maladie sans remède ; que les plus pressés le disaient déjà mort et enterré, ajoutant le lieu, l'année, le mois, l'heure ; jurant qu'ils y avaient assisté, et qu'ils avaient heurté du pied son tombeau. Il savait tous ces bruits, et il répondait en fatiguant toutes les presses de Fribourg et de Bâle, et il semblait multiplier sa vie, afin de faire désirer plus impatiemment sa mort.

Ce n'est pas tout ; s'il ne plantait pas, il bâtissait. Moitié par indépendance, moitié pour échapper à l'insalubrité du palais délabré où Ferdinand l'avait hébergé, il achetait une maison et y faisait des changements, comme pour un long séjour. « Si on t'annonçait, écrit-il à Jean Rinckius [1], qu'Érasme le septuagénaire vient de prendre femme, ne ferais-tu pas trois ou quatre signes de croix? Oui, Rinckius, et tu aurais grand'raison. Eh bien! j'ai fait une chose qui n'est ni moins difficile, ni moins ennuyeuse, ni moins incompatible avec mon caractère et mes goûts. J'ai acheté une maison d'assez belle apparence, mais d'un prix raisonnable. Qui désespérera que les fleuves remontent vers leurs sources, lorsqu'on voit le pauvre Érasme, l'homme qui a toujours préféré à toutes choses l'oisiveté littéraire, devenir plaideur, acheteur, stipulateur, constructeur, et n'avoir plus affaire avec les Muses, mais avec les charpentiers, les serruriers, les maçons, les vitriers? » Hélas! dans cette belle maison, « il n'y a pas même un nid où il puisse mettre en sûreté son *petit corps*. » Il y a fait construire à la hâte une chambre avec cheminée et plancher; mais l'odeur de la chaux la rend encore inhabitable. Le voilà donc, placé entre deux maisons où il ne peut rester sans danger, l'une offerte par un prince, mais délabrée et insalubre, comme sont ces maisons d'honneur, l'autre inachevée, ou trop fraîche pour être habitée en sûreté! Et déjà il se plaint de ce flux de ventre qui doit l'emporter!

Dans le même temps que ses dépenses augmentent, ses revenus diminuent. De deux pensions qu'il recevait d'Angleterre, un quart à peine lui arrive, tous prélèvements faits par les banquiers; et encore ce quart est-il quelquefois enlevé sur la grande route.

[1] 1418. D. F.

Sa pension de Flandre lui est volée par un ancien ami, auquel il avait tout confié, auquel il eût confié sa vie. Quant à la pension que lui fait Charles-Quint, il n'en reçoit pas un florin. « Érasme reviendrait-il donc, se demandait-il, à la pauvreté évangélique [1] ? »

Le moment est bon pour lui faire des offres. Tant de princes, fatigués du verbiage pesant de leurs théologiens ordinaires, seraient charmés d'être désennuyés par la fine et piquante conversation de l'illustre vieillard ! Tant de hauts prélats, pauvres d'esprit, seraient flattés de se servir de celui d'Érasme ! Mais les promesses ne tentent plus Érasme ; voilà tantôt un demi-siècle qu'il sait que les promesses lient celui qui les reçoit, mais point celui qui les fait. Bernard, cardinal, évêque de Trente, le prie d'user de son crédit auprès de Ferdinand ; veut-il une place, une pension ? — « Que serait pour moi une dignité ecclésiastique ? répond Érasme. Un surcroît de charge pour un cheval qui chancelle. Et quant à amasser de l'argent, à la fin de ma carrière, ne serait-ce pas aussi absurde que d'augmenter les provisions de route au terme du voyage ? Tout ce que je souhaite, c'est une vieillesse tranquille, sinon joyeuse et florissante, comme j'en vois beaucoup qui l'ont. »

Le pape Paul III voulait faire entrer quelque érudit dans le collége des cardinaux ; on parla d'Érasme. Mais il y avait des objections : d'abord, sa santé qui le rendait peu propre aux devoirs du cardinalat ; ensuite son peu de fortune ; on ne pouvait être

[1] 1292. E. F.

cardinal qu'à la condition de posséder un revenu de trois mille ducats. Les amis d'Érasme demandaient qu'on lui donnât quelques commissions ecclésiastiques dont les produits l'aidassent à former le cens voulu pour le chapeau. Il savait leurs démarches et les blâmait vivement. Que pensaient-ils à conférer des sacerdoces à un homme qui attendait la mort tous les jours, qui souvent la désirait, tant ses douleurs étaient cruelles! « A peine, dit-il, puis-je risquer de mettre le pied hors de ma chambre, et la perspective d'aller même à dos d'âne m'effraye. Ce corps maigre et transparent ne peut plus respirer qu'un *air cuit*, et c'est à un homme affligé de tant de maux qu'on veut faire briguer des commissions et des chapeaux! »

Ces refus étaient sincères. Sa conscience, ses goûts, le repos de ses derniers jours, tout lui défendait cette ambition tardive. Quel démenti ne donnerait-il pas à toute sa vie, si on le voyait affublé de la pourpre romaine, lui qui avait vanté la simplicité de la primitive Église, attaquant indirectement, sous ces éloges d'un autre temps, l'opulence des prélats et le faste de leurs mœurs? Quelle figure ferait-il dans les processions ou dans les conclaves, à la suite de ces hauts cardinaux, taillés comme des barons en guerre, et gouvernant leurs chevaux fougueux comme des pages de l'empereur, lui, vieillard cassé, planté sur une mule, entre deux valets, ou porté en litière comme une femme?

Faudrait-il donc apprendre le langage hypocrite ou violent des prélats de l'Église romaine, et faire du zèle apostolique contre la réforme, lui qui avait toujours eu le parler libre, et s'était tant moqué du faux zèle, de la violence et de l'hypocrisie? L'argent ne le tentait pas plus que les places. Qu'il en eût assez pour payer ses domestiques, pour chauffer sa chambre sans poêle, pour boire de temps en temps sa cuillerée de vieux vin de Bourgogne mêlé de jus de réglisse, pour envoyer querir à toute heure le meilleur médecin du lieu, pour pouvoir renouveler sa robe et ses fourrures sans le secours de Froben, pour entretenir quelques messagers sur les grandes routes de l'Allemagne et de la Flandre, que lui fallait-il de plus?

Il passa sept années à Fribourg, au milieu de souffrances presque sans interruption, de travaux sans relâche, — il avait à la fois sur les bras les cicéroniens et les luthériens, la grande querelle religieuse et la grande querelle littéraire du temps, Luther et Budé, — et de deux ou trois pestes qui enlevèrent autour de lui ses amis et ses domestiques. Ses maux devenaient intolérables. Une tristesse pleine de pressentiments avait remplacé peu à peu cette humeur douce et ces habitudes de raillerie aimable qu'il conservait jusque dans ses souffrances. Il était las de Fribourg et de sa belle maison. Il voulait revoir sa vraie patrie, Bâle, le petit jardin de Froben, et le pavillon où il avait traduit quelques ouvrages de saint Chrysostôme; il voulait surveiller l'impression de son *Ecclésiaste*, qu'il avait confié aux presses de Froben, comme son dernier titre auprès de Dieu et des hommes.

Il avait souffert, tout le mois de mai 1525, des douleurs si vives, que les médecins, ne sachant plus comment le soulager, lui avaient conseillé de changer d'air. On l'amena donc sur un brancard à Bâle, la seule ville qu'il eût aimée, parce qu'il y avait trouvé la liberté et des amis. Il l'avait laissée, sept ans auparavant, inquiète, menacée de troubles; il la revit calme, tranquille, rentrée dans des mœurs sérieuses, et tout son peuple dans la première ferveur d'une croyance nouvelle. Ses amis lui avaient préparé une chambre telle qu'on savait qu'il l'aimerait, petite et commode, sans poêle et au levant. Il se sentit d'abord soulagé; ces déplacements lui étaient bons; et puis, on était alors au mois d'août, l'un des mois de l'année où il meurt le moins de monde, et où les mourants espèrent. « Ici, écrit-il, je me trouve un peu moins mal; car, pour me trouver tout à fait bien, je n'en ai plus l'espoir, du moins dans cette vie. »

Pourtant il faisait encore des projets. Dans une lettre du 17 mai 1536, il prie un certain Bonvalot, trésorier, de tirer d'un mauvais procès Gilbert Cognat, autrefois son domestique, dont il aura, dit-il, grand besoin dans son voyage à Besançon, cet homme sachant parler français. Beatus Rhenanus, le biographe d'Érasme, lui prête à tort l'intention d'aller dans le Brabant, où l'appelait Marie, reine de Hongrie. Le Brabant était trop près de Louvain et de ses théologiens. Érasme voulait finir son *Ecclésiaste* à Bâle, puis s'en aller à Besançon, où l'on sait qu'il avait depuis longtemps un commerce de lettres avec le sénat, et qui faisait partie des États de l'empereur. Bâle lui laissait quelque inquiétude; il y avait de meilleurs amis, mais, en retour, plus d'ennemis qu'à Fribourg. D'ailleurs, la mort pouvait le surprendre dans une ville hérétique, et il ne

voulait pas qu'on opposât sa mort à sa vie. Homme
de milieu jusqu'à la fin, il avait fait choix d'une ville
sans couleur prononcée, où le catholicisme romain,
n'ayant pas d'ennemis sérieux, n'avait aucune des
exagérations de la lutte. Dieu en décida autrement.
Cette petite chambre que lui avaient préparée ses
amis de Bâle devait être sa chambre funéraire. C'est
la réforme, dont il avait combattu les emportements
pendant douze années, qui devait lui rendre les derniers devoirs, et se faire une arme contre les catholiques, soit du mystère de ses derniers soupirs, soit
de sa tombe déposée dans la cathédrale de Bâle, devenue une église protestante.

La crise mortelle le surprit au milieu de toutes
ces pensées. Il ne vit pas d'abord qu'elle était mortelle ; car, pour lui, toute maladie, depuis quelques
années, avait dû paraître la dernière, et l'habitude de
l'extrême danger lui en avait donné l'insouciance. Il
continua donc d'écrire malgré d'horribles souffrances,
et dans les courts moments où le mal semblait céder,
il fit un commentaire sur la *pureté de l'Église*, et un
travail de révision sur Origène. Mais les forces l'ayant
quitté tout à fait, il fallut bien qu'il se laissât arracher sa plume, et qu'il s'avouât vaincu. Il le fit, si
cela se peut dire, avec une grâce touchante, conser-
vant jusqu'à la fin cette douce et bienveillante ironie
qui était le tour naturel de ses pensées. Peu de jours
avant sa mort, ses amis étant venus le voir : « Eh
bien ! leur dit-il en souriant, où sont donc vos habits
déchirés, où sont les cendres dont vous deviez couvrir
vos têtes ? » Sur le soir du 15 juillet 1536, l'agonie com-

mença. Pendant cette lutte, la dernière de toutes les luttes de l'homme, on l'entendit, à plusieurs reprises, prononcer en latin et en allemand ces paroles où le philosophe chrétien continuait à se séparer du catholique dogmatique : *Mon Dieu, délivrez-moi ! mon Dieu, mettez fin à mes maux ! mon Dieu, ayez pitié de moi !* Ce furent ses derniers gémissements. Il rendit l'âme vers minuit.

Toute la ville, le consul, le sénat, les professeurs de l'académie assistèrent à ses funérailles. Son corps fut porté par les étudiants et déposé dans la cathédrale, près du chœur, dans une chapelle anciennement consacrée à la Vierge. Bâle a conservé pour Érasme le souvenir d'une mère pour un enfant d'adoption. On y montre la maison où mourut Érasme, son anneau, son cachet, son épée, son couteau, son testament, écrit de sa propre main, et dans lequel il lègue ses biens aux pauvres vieux et infirmes, aux jeunes filles en âge d'être mariées, et dont la pauvreté pourrait mettre en danger la pudeur, aux adolescents de belle espérance ; testament qui n'est ni d'un catholique dogmatique (celui-là eût donné son bien aux couvents), ni d'un réformiste, qui eût consacré son héritage à la propagation de la foi nouvelle, mais d'un homme aimant le bien et sachant le faire, et, si nous regardons à la foi, d'un homme de milieu en toutes choses.

Ce serait ici le lieu de tracer un portrait complet et définitif d'Érasme. Peu d'historiens résistent à la tentation de résumer le caractère et la vie des hommes supérieurs en quelques phrases expressives, et de peser dans leurs mains, comme dit le poëte, la gloire d'Annibal. Ces sortes de portraits peuvent faire honneur à l'esprit du peintre, mais la vérité n'y gagne rien, si même elle n'y perd pas.

Toutefois, pour les hommes célèbres qui ont agi sous l'influence d'une passion, et qui se sont illustrés à vouloir uniquement et fortement une grande chose, un portrait général peut avoir plus de parties vraies, et n'être plus seulement un ingénieux exercice de style.

Mais pour les hommes supérieurs, dont la gloire a été de beaucoup comprendre et d'affirmer peu, et qui ont plus agi par la spéculation que par la passion, les traits en sont trop nombreux et trop divers pour qu'on les puisse réunir dans un cadre proportionné. Qui est-ce qui oserait se flatter de réduire Érasme à quelques traits principaux, sans mentir à l'histoire et à la nature humaine? C'est un portrait qui n'est pas faisable, et que je n'ai pas dû faire, même à l'endroit où l'usage m'y obligeait.

Tel critique qui le regarderait dans l'ombre à peine transparente à travers laquelle nous entrevoyons son époque, et qui le jugerait sans le lire, par l'opinion confuse qui est restée de lui dans la mémoire des hommes, aurait beaucoup moins de scrupule, et se ferait peut-être de l'honneur par un croquis mensonger de ce grand homme. Mais celui qui l'a cherché dans ses livres, celui qui a étudié cette grande vie, tout entière écrite dans le sens rigoureux du mot, c'est-à-dire dont toutes les pensées et toutes les actions ont été consignées sur le papier, celui-là n'est point tenté par ce facile honneur, et aime mieux s'avouer accablé par la diversité du personnage, que de le mutiler pour le faire entrer de force dans un cadre trop étroit.

Dans un ordre d'idées fort différent, et toute distance gardée, Rétif de la Bretonne, fécond romancier de la fin du dernier siècle, représente assez bien cette sorte de simultanéité de la conception et de la publication dans la laborieuse vie d'Érasme. Cet homme, à la fois auteur et compositeur d'imprimerie, imprimait ses livres sans les écrire, et faisait sa phrase sur la *forme* même. Ainsi faisait Érasme. Seulement Froben imprimait au fur et à mesure qu'Érasme pensait. Sa phrase, à peine jetée sur le papier, ne lui appartenait plus; un ouvrier de Froben la lui venait prendre, et la portait tout humide sous la presse. Une publicité dévorante forçait l'écrivain polémique à une incroyable rapidité de travail, et lançait dans le monde ses impressions informes, que les amis et les ennemis jugeaient ensuite comme des opinions réfléchies. Érasme se liait ainsi, dans le présent et dans l'avenir, par des idées du moment, par des chaleurs de tête que la réflexion aurait calmées, que sais-je? par des malaises d'esprit et des exagérations de composition, dont l'écriture, qui ne périt point, faisait, malgré lui, des jugements inédits et invariables. Et comme il touchait à tout, qu'il croyait un peu à tout avant de douter de tout, qu'il variait dans les détails, selon les variations des événements qui font flotter les plus fermes, on ne manquait pas de crier à la contradiction, quoique cette contradiction fût dans les mots et non dans les choses, et plus souvent dans les faits au milieu desquels vivait Érasme que dans Érasme lui-même.

A ce compte, quel homme public ne s'est pas contredit? Supposez que l'homme le plus constant avec lui-même, le plus conséquent dans sa vie publique, eût sans cesse à côté de lui un témoin invisible qui épiât toutes ses pensées, et que ce témoin en trahît le secret et en fît l'histoire, croyez-vous qu'il ne s'y trouverait pas bien des contradictions, et que l'unité extérieure de cet homme ne ferait pas ressortir plus vivement l'incertitude et l'inconséquence attachée à notre nature? Supposez maintenant ce même homme doué d'une intelligence supérieure et impartiale autant que notre intelligence peut l'être, c'est-à-dire avec des abaissements et des défaillances incroyables; et au lieu du témoin invisible de tout à l'heure, mettez à côté de lui une publicité qui s'empare de ses pensées à peine écloses et qui ne lui laisse ni la veille pour les mûrir, ni le lendemain pour les contrôler. Eh bien! le jugerez-vous par des inconséquences de détail, ou par l'unité qui lie entre elles ses principales actions, et direz-vous qu'il s'est contredit parce qu'il s'est corrigé? Non. A l'entendre dans le vrai sens, il n'y a de contradictions coupables que celles qui sont intéressées et qui peuvent s'évaluer à prix d'argent. Les autres ne sont que le flux et le reflux naturels de cet être *ondoyant* et *divers*, dont l'âme oscille longtemps à tous les points du faux et du vrai, avant de se fixer dans cette certitude relative et dans cette immuabilité fragile où il est donné à l'homme d'arriver.

Montaigne, que je cite, et qui se contredit d'une

page à l'autre, au sens étroit que nous combattons, vous fait-il l'effet d'un homme sans consistance morale et sans arrêt? Non. Peu de raisons d'hommes plus flottantes ont été plus fermes, peu de douteurs plus sincères ont approché de plus près de la certitude humaine. C'est un homme qui a tout pesé et tout rejeté, sauf pourtant quelques points capitaux, placés de distance en distance dans la vie, où nous le retrouvons un et invariable. C'est à ces jalons qu'il faut suivre et reconnaître les caractères; l'intervalle est une poussière qui voltige et se renouvelle sans cesse à tous les vents de la nature humaine.

On ferait un beau portrait d'Érasme en ne le représentant que dans les actions décisives de sa vie, alors que, sortant de la spéculation ou des impressions variables qu'il recevait des événements, il marquait nettement ce qu'on pouvait attendre de lui, et jusqu'où sa conscience lui permettait d'aller. On ferait encore un beau portrait de ses qualités morales, en ne montrant que les actions où il fut le plus constant, et en le déchargeant de certaines faiblesses qui étaient dans les mœurs de son temps, comme ces demandes d'argent, honorables à une époque où il était reçu qu'un homme manquant de pain en demandât, et où il n'était pas reçu qu'il se jetât par la fenêtre ou se noyât. Mais, ce portrait, vrai par certains côtés, serait incomplet. L'étendre aux actions secondaires, aux détails, y faire entrer la lumière et les ombres, les vertus et les faiblesses, les opinions arrêtées et les impressions mobiles, le caractère et le tempérament, ce serait sortir du portrait et faire une histoire. Une histoire, c'est en effet le seul portrait possible de ces hommes immenses en étendue, dont la pensée a touché à tout, et qui ont agi sur leur siècle par la négation plus que par l'affirmation ; c'est le seul portrait d'un Érasme, d'un Montaigne, d'un Voltaire.

L'histoire de tels hommes, la simple chronologie de leur intelligence en apprendrait plus sur l'humanité que l'histoire même de tout un peuple. Mais où trouver un écrivain pour une telle tâche ? Moi qui ai mesuré, autant que ma faible vue me l'a permis, tout le terrain que couvrent de tels hommes, j'ai du moins senti quel sujet ce serait dans les mains d'un écrivain capable à la fois de l'analyse la plus délicate et de la synthèse la plus élevée, et qui saurait échapper au plus grand péril de ce travail, c'est-à-dire à cette curiosité douloureuse qui ne peut pas se satisfaire et qui ne sait pas choisir. Au reste, nous vivons dans un temps où ces sortes de tâches tentent peu de gens. Le temps manque aux fils pour connaître leurs pères ; nous marchons vers un avenir incertain avec les trois quarts du passé inconnus.

X.

Influence littéraire d'Érasme. — Ses principaux écrits. —
Les Cicéroniens. — Pensée de ce travail.

Il ne faudrait pas juger les travaux littéraires d'Érasme sous le point de vue de l'art. Il n'y a pas d'art, à proprement parler, dans les ouvrages d'Érasme ; il y a de l'esprit, de l'imagination, de l'ordre, des expressions vives, colorées ; mais tout cela n'est pas encore l'art. Fruit délicat de mille convenances, dont les unes dépendent de la nature heureuse de l'écrivain, les autres de son époque et de sa langue, l'art, au sens spécial du mot, ne peut pas se trouver chez un auteur qui n'écrit pas dans la langue de sa mère, ni à une époque qui a tout au plus un grossier instinct littéraire, et qui amasse les matériaux d'où doit sortir, à des époques plus favorisées, le noble et durable édifice de l'art. Érasme lui-même, et tous les hommes distingués qui se formèrent ou se développèrent par la lecture de ses ouvrages, n'ont été que des philologues, quelques-uns doués des qualités de l'imagination, et à force de ferveur et d'enthousiasme, créant dans une langue érudite une sorte d'éloquence naturelle. Mais leurs meilleurs livres ne résisteraient pas à l'examen d'une critique qui aurait pris ses principes et ses délicatesses dans les chefs-d'œuvre de ces époques vraiment littéraires, où une langue indigène, née du sol et de la nation, a revêtu de formes mûres et définitives ce fonds commun d'idées supérieures qui défraye successivement toutes les littératures. Il faut donc les juger, ces hommes, et le plus illustre de tous, Érasme, au point de vue purement historique ; il faut leur tenir compte de ce qu'ils ont préparé encore plus que de ce qu'ils ont fait, et de leurs exhumations bien plus que de leurs créations.

Jusqu'à Luther, la plus grande partie des travaux d'Érasme avait été littéraire. Les querelles religieuses le vinrent surprendre au milieu d'études de philologie sacrée et profane ; car les lettres alors, et comme on les appelait, les bonnes lettres, c'était l'étude simultanée de l'antiquité profane et de l'antiquité chrétienne. Érasme, à l'âge de quarante ans, en avait employé vingt-cinq à des travaux de grammaire, de lexicologie, d'organisation des études, et, çà et là, de polémique littéraire anti-barbare [1], comme il la qualifiait, contre l'ignorance et l'esprit de jalousie des moines. Quand il fut envoyé à l'école de Deventer, fondée par le célèbre Rodolphe Agricola, c'était encore de l'hérésie que de toucher aux lettres grecques. De mauvais traités, écrits dans un patois latin, avec des divisions et des subtilités à la manière de Thomas et de Scot ; une rhétorique qui préparait les jeunes gens à déraisonner avec tous les appareils du raisonnement ; et pour surcroît de mal, nul auteur ancien qui pût leur redresser le sens ; c'était là toute l'instruction publique en Allemagne et en Hollande, en France et en Angleterre.

L'Italie, alors échappée à la barbarie, méprisait toute l'Europe occidentale, et, comme au temps de l'ancienne Rome, qualifiait de barbare tout ce qui vivait au delà des Alpes. Elle gardait ses richesses pour elle, et comme il arrive, les corrompait déjà par cette prétention à les comprendre toute seule et par le ridicule orgueil de l'initiateur qui perd le sens de ses propres mystères. Cependant des Allemands avaient pénétré dans le sanctuaire, et avaient rapporté quelques livres grecs et latins. L'Allemagne était déjà le pays de la philologie ingénieuse et patiente ; en peu de temps elle put opposer des savants aux savants d'Italie, et

---

[1] Antibarbarorum liber primus.

des éditions à leurs éditions. L'Italie en fut blessée, et elle montrait naïvement son dépit en faisant soutenir aux candidats pour les grades universitaires des thèses où l'on prouvait à des contradicteurs bénévoles la supériorité de l'Italie sur l'Allemagne, des Romains sur les Barbares.

Érasme, élève d'Hegius, qui l'était lui-même de Rodolphe Agricola, continua la tâche de ses deux illustres maîtres. Mais doué d'un génie plus actif, plus entreprenant, plus impatient des obstacles, au lieu d'enfermer son savoir et son zèle dans l'enceinte d'une école, il s'adressa par la presse du temps à tout ce public d'Allemagne, d'Angleterre et de France, qui ouvrait des yeux avides aux rayons de cette douce lumière venue d'Italie, malgré la prétention de ses savants de la tenir sous le boisseau. Tandis que par quelques écrits satiriques, par des allusions, par des lettres, il couvrait de ridicule les moines et tous les ignorants privilégiés qui vivaient des ténèbres, par des traductions d'auteurs grecs et latins[1], par des grammaires et des dictionnaires[2], par des traités généraux et spéciaux[3], par des plans d'étude[4], il touchait à la fois à tous les points de l'enseignement élémentaire et de l'enseignement supérieur. Il sor-

---

[1] Traduction de deux pièces d'Euripide, *Hécube* et *Iphigénie*, — des *Dialogues de Lucien*.

[2] Traité sur les parties du discours. — Traduction de la Grammaire grecque de Théodore Gaza. — Dictionnaire grec.

[3] Dialogues sur la bonne prononciation du grec et du latin. — *De duplici rerum ac verborum copia*. — *De ratione conscribendi epistolas*.

[4] *De ratione studii*.

tait même du cercle des lettres, et soit en traduisant des traités de Galien, soit en écrivant des *déclamations* sur la médecine, il tâchait de tirer cet art de ce mélange d'empirisme et d'astrologie qui blessait tout au moins la raison, s'il ne tuait pas plus de gens que la médecine rationnelle. La plupart de ces ouvrages ou traités, écrits tantôt en forme de dialogues, tantôt avec l'appareil grave et orné d'une *déclamation* à la manière ancienne, ici coupés par petits chapitres clairs et substantiels, là semés d'exemples qui servent à faire comprendre et retenir le précepte, intéressaient l'imagination des jeunes gens en formant leur raison. Érasme avait le secret de la propagation des œuvres de l'esprit; il savait faire des livres à la fois agréables et utiles. Il avait, pour ne pas le mettre trop haut, l'instinct d'une chose dont Voltaire eut le génie.

Par une autre vue non moins élevée, et qui encore aujourd'hui pourrait bien n'être pas sans à-propos, en même temps qu'il écrivait des traités pour l'instruction des jeunes gens, il traçait des plans d'éducation[1] et traduisait pour eux les beaux ouvrages de la morale antique[2]. Ce n'est pas un mérite que je prête gratuitement à Érasme. Dans une sorte de préface écrite en 1524, où il donne la classification de ses œuvres pour une édition générale, il divise ses écrits littéraires en deux catégories : l'une comprend les ouvrages d'enseignement, l'autre les ouvrages d'édu-

---

[1] *Pueros ad virtutem et litteras liberaliter instituendo, idque protinus a nativitate, declamatio.*

[2] Traduction des traités de morale de Plutarque.

cation. Son petit traité de la *Civilité des mœurs des enfants*, qui fut composé pour Henri de Bourgogne, fils du prince de Wère, est un livre plein de grâce et de raison, où ceux qui font des spéculations sur ces matières seraient bien surpris de trouver des vues qu'on croit d'hier, et qui dorment là depuis trois siècles, parce qu'une langue morte tue les idées qu'on la force d'exprimer.

L'ouvrage capital d'Érasme, pour sa gloire et pour l'influence qu'il eut sur la direction des études, ce furent les *Adages*. Beaucoup ignorent ce qu'est ce livre, et n'ont peut-être pas tort ; car quelle idée actuelle, vivante, forte, remonte visiblement aux *Adages* ? Qui peut nous attirer vers cet ouvrage oublié d'un esprit supérieur qui n'est plus qu'un nom ? Moi-même, je n'ai lu les *Adages* que comme l'avocat fait d'un dossier, c'est-à-dire pour le besoin de la cause. C'est pourtant un livre qui illumina un moment (le mot n'est point figuré) la fin du quinzième siècle et le commencement du seizième. Figurez-vous tous les proverbes de la sagesse antique, du bon sens populaire, tirés des livres grecs, latins, hébreux, et expliqués, commentés par Érasme, avec un mélange piquant de ses propres pensées, de ses expériences, de ses jugements et de tout ce qu'il y avait de sagesse pratique dans son époque. Ce fut un livre décisif pour l'avenir des littératures modernes. Ce fut la première révélation de ce double fait, que l'esprit humain est un, et l'homme moderne fils de l'homme ancien, et que les littératures ne sont que le dépôt de la sagesse humaine.

Qu'on y pense un moment ; l'époque qui précéda celle d'Érasme n'avait retenu de l'antiquité que quelques formules stériles pour lesquelles on s'était battu à coups de poing dans les écoles ; les mots avaient fait oublier les idées ; la lettre avait détruit l'esprit. Vient Érasme qui, dans un même livre, ressuscite à la fois les mœurs, les usages, la vie publique et privée, l'esprit, l'imagination, le bon sens des temps anciens ; qui montre que toute sagesse remonte à eux, que toute lumière vient d'eux ; qui, par de nombreux rapprochements entre les choses anciennes et les choses contemporaines, fait voir leur filiation, leur succession naturelle, et comment le bon sens des pères peut épargner des fautes et des erreurs aux enfants. Tel dut être l'effet de ce livre, si j'en crois les éloges significatifs qu'on en fit de toutes parts, et surtout le mot si expressif de notre Budé, lequel disait des *Adages :* « C'est le *magasin de Minerve* [1] ; on y recourt comme aux livres des Sibylles. » Appréciation à la fois pleine de justesse, en ce qu'elle indiquait nettement l'objet du livre, et essentiellement française, en ce qu'elle mesurait dès ce temps-là la valeur d'un livre à son utilité pratique. Cette idée de résumer en un livre l'esprit, et comme disait Budé, la *Minerve* des temps anciens, était si bien dans les besoins généraux de l'époque, que dans le temps même qu'Érasme préparait les matériaux des *Adages*, Polydore Virgile faisait un traité des Proverbes. Cette concurrence faillit d'abord en faire un ennemi d'Érasme ; mais après quelques explications, ils

[1] *Logothecam Minervæ.*

devinrent bons amis. L'idée de ce travail appartenait
donc à tous les esprits avancés; mais il n'y en avait
qu'un qui pût la réaliser et la rendre populaire ; c'é-
tait Érasme.

Des détails de mœurs intéressants, un dialogue spirituel, aimable, quoique gâté par une quantité de
pointes, un cadre heureux, une latinité naturelle, font
lire encore, même par des personnes qui n'ont aucune
prétention au titre d'érudits, les deux ouvrages les
plus littéraires d'Érasme, les *Colloques* et l'*Éloge de
la Folie*. Le dernier, écrit avec plus de recherche
que les *Colloques*, dans un latin plus savant, est une
galerie critique des différents états au temps d'É-
rasme.

La Folie, sous les traits d'une femme portant de longues oreilles qui se terminent par des grelots, monte en
chaire et renvoie à toutes les professions sa qualifica-
tion de Folie. Le clergé a la meilleure part du sermon.
Depuis le moine jusqu'au pape, toute la hiérarchie
sacerdotale reçoit de la Folie des leçons d'ailleurs assez prudentes, surtout quand elle arrive aux premiers
degrés, au peuple mitré et empourpré. Il faut lire ce
petit livre dans l'édition de Bâle, avec le commentaire
le plus piquant qui en ait été fait ; je veux parler des
dessins d'Holbein mêlés au texte, et qui mettent en
action les ingénieuses peintures de la Folie. Les personnages d'Érasme, un peu embarrassés dans les belles
périodes du texte, vivent et se remuent dans les dessins d'Holbein.

De temps en temps, Érasme ajoutait un Colloque à
son recueil. Soit qu'il eût été vivement frappé d'un

ridicule, soit qu'il voulût donner son sentiment sur quelque point de théologie, sous une forme plus légère que celle de la dissertation, soit qu'il eût quelque petite vengeance innocente à tirer d'un ennemi en lui donnant le vilain rôle dans un dialogue, il arrangeait un petit cadre et y mettait son opinion dans la bouche d'un personnage désigné par un nom grec, et qui naturellement avait le beau rôle. Plusieurs des Colloques d'Érasme datent du moment le plus chaud de ses querelles religieuses : ils sont plus longs, plus hérissés de citations, plus orthodoxes et plus ennuyeux. Le tour en est moins vif, et la latinité plus diffuse ; l'esprit d'Érasme avait baissé. Quant à l'influence, peu d'ouvrages en eurent plus et une plus féconde que les *Colloques*. Cette influence, moins spéciale que celle de ses livres d'instruction et d'éducation, fut étendue à un plus grand nombre d'esprits et toucha à un plus grand nombre d'idées. Les *Colloques* développèrent l'esprit libre penseur qui fit tant de merveilles dans le seizième siècle. Marot en traduisit un qui n'est pas des moins piquants[1]. La Sorbonne les censura ; il s'en vendit un peu plus qu'auparavant.

Une seule fois Érasme fit de la polémique littéraire, et ce fut au plus fort de sa polémique religieuse. Dans cette querelle comme dans l'autre, il resta

---

[1] C'est le colloque intitulé : *Abbatis et eruditæ*. Voici le préambule de Marot.

Qui le sçavoir d'Érasme vouldra veoir,
Et de Marot la rythme ensemble avoir,
Lise cestuy collocque tant bien faict.
Car c'est d'Érasme et de Marot le faict.

l'homme de la vérité, le défenseur de l'idée la plus
juste et la plus féconde : c'est à savoir la liberté et
l'originalité dans l'imitation des modèles.

C'était la thèse opposée à celle des cicéroniens,
lesquels faisaient consister l'originalité à n'employer
aucun mot, aucun tour qui ne se trouvât dans Cicéron. Érasme en trace un portrait plaisant. Le cicéronien a dans sa maison un cabinet, aux murs épais,
aux fenêtres et portes doubles, dont toutes les fentes
sont bouchées avec du plâtre et de la poix, pour qu'il
n'y pénètre ni jour ni bruit. Pour être cicéronien, il
faut être pur de tout vice, exempt de tout souci, et
passer par une préparation particulière, comme pour
être magicien et astrologue. Le cicéronien ne se marie
pas, de peur que sa femme ne vienne troubler son
sanctuaire; il ne veut ni charge ni place, — il y avait
des exceptions, —pour n'avoir pas à y donner de son
temps, qui appartient tout entier à Cicéron. Il dîne
avec dix grains de raisin sec et trois grains de corian-
dre confits dans du sucre. Veut-on savoir quel est
son procédé épistolaire? Tatius lui a emprunté des
manuscrits dont il a grand besoin : il s'agit de les rede-
mander à Tatius par une lettre. Pour faire cette lettre,
il en parcourt le plus qu'il peut de Cicéron; il con-
sulte toutes les tables; il note les expressions vraiment
cicéroniennes, les tournures, les tropes, les coupes
de phrases; puis il cherche à placer certaines fleurs
épistolaires qu'il a rencontrées. Dans une nuit d'hiver,
il fera une période, et comme sa lettre à Tatius ne
pourra guère avoir moins de six périodes, Tatius peut
garder encore les manuscrits pendant six jours et six

nuits. Le cicéronien a des formules cicéroniennes pour saluer un ami, pour le féliciter de sa santé, pour le remercier d'un petit service, pour le complimenter de son mariage, ou le plaindre de son veuvage.

Il a fait un énorme lexique de tous les mots contenus dans Cicéron; un autre de toutes les locutions; un autre des quantités prosodiques des mots qui commencent et terminent chaque période; un autre des tropes, figures, épiphonèmes; un autre des pensées générales et des sentences; un autre des plaisanteries délicates, et, comme dit Érasme, de toutes les délices de sa diction. Ces différents lexiques réunis sont quatre fois plus gros que tout Cicéron.

Il y avait des orateurs sacrés, prêtres et ministres de l'Évangile, engagés dans la secte des cicéroniens, et beaucoup plus fidèles à ses règles qu'à celles de leur ordre. Érasme étant à Rome, un de ces orateurs avait été chargé de faire le discours sur la mort de Jésus-Christ, le jour de Pâques. On pressa vivement Érasme de venir à ce discours. Gardez-vous bien d'y manquer, lui dit-on: vous allez entendre la langue vraiment romaine dans une bouche romaine. Il y vint, et se mit le plus près qu'il put de la chaire, pour ne pas perdre un mot. Jules II était présent. Il y avait grand concours de cardinaux, d'évêques, de prêtres et de peuple. Dans un exorde et une péroraison plus longue que ce discours, le cicéronien s'étendit sur l'éloge de Jules II, qu'il qualifiait de Jupiter tonnant, lançant de sa main toute-puissante la foudre triangulaire, et remuant le monde du froncement de son sourcil. Pour faire valoir le sacrifice de Jésus mourant pour les hommes, il rappela les Décius, les Curtius, Cécrops, Régulus, et tous ceux à qui le salut de leur patrie et l'honneur avaient été plus chers que la vie. Puis il compara les récompenses accordées à ces hommes illustres, et celles dont on avait payé le sacrifice de Jésus; aux uns, les honneurs divins, les statues d'or; à l'autre, la croix. Il en fit un Socrate, un Phocion, un Épaminondas, un Scipion, un Aristide, le tout sans le nommer, le mot *Jésus* n'étant pas dans Cicéron.

Obligés de parler des matières religieuses dans la langue de leur modèle, ils disaient *Jupiter Optimus Maximus* pour Dieu, la *sainte assemblée* pour l'Église, *la faction* pour l'hérésie, *la sédition* pour le schisme, *la persuasion chrétienne* pour la foi chrétienne, *la proscription* pour l'excommunication, *interdire l'eau et le feu* pour excommunier, *les présides des provinces* pour les évêques, *les pères conscrits* pour l'assemblée des cardinaux, *la munificence de la divinité* pour la grâce de Dieu, *la société des dieux immortels* pour la vie éternelle.

Les cicéroniens de Rome s'étaient arrogé le droit de conférer le titre de citoyen romain aux érudits qu'ils avaient jugés dignes de celui de cicéronien. Christophe Longueil, philologue français, le seul barbare d'au delà des Alpes qui eût trouvé grâce devant eux, fut invité à venir au Capitole recevoir le titre de citoyen romain. On avait préparé cette fête pour la plus grande gloire de Cicéron et de l'Italie. Un jeune cicéronien, beau parleur, fut chargé de contester les droits de Longueil pour fournir à celui-ci l'occasion d'une plus belle réponse. Les chefs de l'accusation étaient que Longueil avait osé, dans ses écrits, égaler la France à l'Italie, et dire quelques mots favorables d'Érasme et de Budé, en barbare qui louait des barbares; qu'à l'instigation de ces deux hommes il avait enlevé d'Italie les meilleurs livres d'érudition pour les porter chez les barbares; qu'enfin un barbare comme lui, de naissance obscure, ne pouvait pas prétendre à un titre si glorieux. Longueil répondit comme eût fait Cicéron dans Rome. Il parla du péril qu'avait couru sa tête, des cohortes armées, d'une troupe de gladiateurs qui avaient détruit toute liberté de discussion dans le très-auguste sénat. Il parla de cette Rome, l'ancienne reine du monde, et de son fondateur Romulus, escorté de ses quirites; il rêva les pères conscrits, le sénat maître des rois, les tribus, le droit du préteur, les provinces, les colonies, les municipes, les alliés. «Que sais-je? dit plaisamment Érasme : comment ne se souvint-il pas des clepsydres? »

Le même Longueil, réfutant Luther, osait à peine prononcer le nom de chrétien qui ne se trouve pas dans Cicéron, et au lieu de foi il employait le mot persuasion.

Il y avait des fanatiques de l'antiquité latine qui faisaient prédire à Protée la venue de Jésus-Christ, qui appelaient la Vierge *Espoir des hommes et des dieux*, qui faisaient le récit de la passion de Jésus-Christ avec des centons d'Homère et de Virgile : plus cicéroniens que Cicéron, plus païens qu'Homère et Virgile, de l'espèce de ce pauvre homme qui, malade d'une autre imitation, ayant vu Érasme se servir d'une plume attachée à un petit bâton, attacha des petits bâtons à toutes ses plumes, dans la pensée que la plume faisait l'écrivain.

Cette folie des cicéroniens, née de cet orgueil de l'Italie dont j'ai parlé plus haut, Érasme l'attaqua dans un dialogue intitulé : *Dialogue cicéronien* [1], petit ouvrage plein de sens et de critique, où Cicéron est jugé avec profondeur, et où ses copistes sont raillés finement, et leur ridicule touché d'une main à laquelle la vieillesse et l'habitude des dissertations religieuses n'avaient pas ôté de sa légèreté. *Boulophore* (l'homme de bon conseil), défend la liberté de l'écrivain et la nécessité d'un style nouveau pour des idées nouvelles, chrétien pour des idées chrétiennes. Son contradicteur, *Nosoponus* (l'ennemi du travail), se corrige à la fin de l'entretien.

Dans ce dialogue, comme dans tous ses écrits, Érasme était plus près de Cicéron que ses absurdes imitateurs. C'est qu'au lieu de calquer ses formes de style, il l'imitait par la pensée, par la suite, par le lien des idées, par les procédés de composition que les écrivains illustres se transmettent, mais ne se volent point. Érasme pensait en latin, s'échauffait en latin, aimait et haïssait en latin. Jamais il n'avait eu une idée littéraire en hollandais ou en allemand. La langue de sa nourrice lui fournissait de quoi communiquer avec son domestique; mais au delà de cet ordre de besoins, sa pensée ne pouvait se former qu'au moyen de signes latins, et son esprit, en

---

[1] *Dialogus Ciceronianus, seu de optimo dicendi genere.*

s'élevant au-dessus de la sphère des idées exprimées par les langues vulgaires, s'était fait naturellement latin, et avait communiqué sa vie propre à cet idiome éteint. De là ce naturel, cette simplicité, cette force, cette grâce qu'on admire dans les écrits d'Érasme, au milieu de fautes que n'auraient pas faites les cicéroniens et d'un franc néologisme de vulgate nécessaire pour rendre les idées de la théologie chrétienne.

Les cicéroniens ne faisaient pas de fautes, mais ils n'avaient pas les grâces naturelles d'Érasme; outre le ridicule d'être chrétiens dans les choses et de n'oser l'être dans les mots. Érasme était donc l'homme de la tradition et de la liberté. En sa qualité de latin venu après l'âge de la langue latine, forcé, d'une part, de rester fidèle au génie de cette langue sous peine d'être inintelligible, et, d'autre part, d'y faire entrer toutes les idées nouvelles, sous peine d'être sans action et sans rôle, il défendait ce que nous défendons en notre qualité de Français, venus après deux grands siècles, et forcés, sous les mêmes peines, de rester fidèles à la langue de ces grands siècles en exprimant toutes les idées du nôtre. Liberté et tradition, c'était la thèse d'Érasme sous d'autres formules, et à propos d'une langue et d'innovations différentes.

De toutes les idées d'Érasme, de toute cette œuvre, plus volumineuse que celle de Voltaire, une moitié a péri à tout jamais, l'autre a été transformée, ce qui est encore une manière de périr, l'esprit humain ne reconnaissant les idées que sous leur dernière forme. De la partie religieuse de ses œuvres, il n'est resté qu'un mot, *la philosophie chrétienne*, mot sublime,

mais qu'il n'aurait peut-être pas entendu comme
nous. De ses ouvrages littéraires, ceux qui traitent
des matières de l'enseignement ont été surpassés;
ceux de polémique sont refroidis; les plus littéraires,
aucune nation ne les réclame parmi ses titres, aucune
langue vivante ne les reconnaît; ils ne sont lus que
par quelques savants obligés d'en chercher le vo-
cabulaire à dix-huit siècles d'ici. Érasme est donc
mort pour ne plus ressusciter; aussi n'est-ce point
pour en provoquer la réhabilitation, que j'ai tâché
d'apprécier et ce qu'il a été et ce qu'il a fait. J'ai
voulu appeler un peu de reconnaissance passagère
sur cet illustre martyr du travail et de la science,
qui a semé ce que d'autres devaient recueillir, et dé-
grossi ce que d'autres devaient perfectionner, toujours
chargé de la plus rude et de la moins glorieuse tâche, toujours travaillant pour autrui ; mais esprit vi-
vace, libre, ingénieux, quoique sous le faix d'idées
qui devaient mourir et d'une langue qui avait vécu;
homme unique, dans lequel l'antiquité se rejoint aux
temps modernes, et qui a été, dans l'Europe occidentale, l'acteur le plus intelligent dans cette magnifique
scène de reconnaissance des fils et des pères, du
passé et de l'avenir, que nous appelons la *Renaissance*.

L'ÉLOGE

DE LA FOLIE.

L'ÉLOGE

DE LA FOLIE.

I. Qu'on dise ce qu'on voudra : je sais qu'on en dit beaucoup, et que les plus fous sont ceux qui crient le plus fort contre la Folie. Il n'en est pas moins vrai que je suis la divinité qui réjouit les dieux et les hommes. Vous en êtes la preuve vivante. Lorsque je me suis présentée pour haranguer cette nombreuse assemblée, je vous ai vus tous tristes, mornes, lugubres ; on eût dit que vous sortiez de l'antre de Trophonius [1]. Vous m'avez vue, et vous êtes devenus d'autres hommes. La gaieté s'est peinte dans vos yeux ; vos fronts se sont déridés ; vous m'avez accueillie avec un sourire caressant. Je crois voir en vous les dieux d'Homère, enluminés par le nectar qu'ils ont *sablé*. Comme la nature change de face, se colore et rajeunit lorsque le soleil montre son visage radieux et sa chevelure dorée, ou lorsque, après les frimas, le prin-

[1] Cet antre était dans la Lébadie. Il fallait y descendre pour entendre les réponses de l'oracle. On y contractait une tristesse dont on ne guérissait jamais.

16.

temps revient porté sur les ailes du zéphyr ; de même ma présence vous a tous changés. Ce que les plus habiles orateurs ne font que difficilement avec leurs discours étudiés, je l'ai fait en me montrant : j'ai chassé les noirs soucis.

II. Je commencerai par vous dire le *pourquoi* de l'équipage singulier dans lequel vous me voyez. Dressez vos oreilles, s'il vous plaît ; celles que vous prêtez, je ne dis pas aux prédicateurs, mais aux bouffons, aux farceurs, aux marchands d'orviétan ; celles que Midas, votre con frère, dressa pour écouter la musique de Pan. Je veux un peu vous endoctriner ; non pas comme font ceux qui remplissent la tête des enfants de fatras obscurs, et ne leur apprennent qu'à chicaner, comme des femmes acariâtres. Mais j'imiterai ces anciens qui prirent le nom de sophistes, parce qu'ils eurent honte de celui de sages. C'étaient les panégyristes en titre d'office des dieux et des héros. Je vais aussi vous faire un panégyrique, non pas d'Hercule ni de Solon, mais de moi-même, celui de la Folie.

III. Les pauvres gens que ces prétendus sages, qui vont criant qu'il n'y a rien de plus ridicule et de plus impertinent que de se louer soi-même ! Ridicule, je le leur passe ; mais qu'ils m'accordent que c'est pertinent, car assurément il appartient à la Folie de publier ses louanges, et d'être la trompette de sa renommée. Qui parlera mieux de moi que moi ? Un autre me connaît-il mieux ? Je trouve plus de modestie dans mon fait, que dans le petit manége des grands et des sages vulgaires, qui n'ont pas honte de soudoyer ou un orateur patelin, ou un poëte hâbleur, pour leur débiter en face un éloge mensonger de leurs personnes. Cependant notre homme si modeste se rengorge, se déploie comme le paon, et écoute l'impudent harangueur, qui fait un dieu d'un chétif mortel, et un modèle de toutes les vertus, d'un homme qui n'en a aucune ; qui orne la corneille d'un plumage emprunté, blanchit un Éthiopien, et change une mouche en éléphant. Enfin, j'en suis pour ce vieux proverbe : *Celui que personne ne loue a droit de se louer lui-même.*

Ici j'admire, dirai-je, l'inconséquence ou l'ingratitude des hommes ! tous me font la cour, tous s'applaudissent de mes faveurs, et jamais aucun n'a daigné me témoigner sa reconnaissance, en chantant mes louanges ; tandis que les Busiris, les Phalaris, la fièvre, les mouches, les têtes pelées, et mille autres choses qui ne valaient pas mieux, ont eu des apologistes qui ont sué sang et eau pour en faire de beaux portraits. Je vais donc vous prononcer un discours d'abondance de cœur. Il n'en sera que plus vrai, étant sans apprêt.

IV. N'imaginez pas que ce que je dis soit pour faire étalage d'esprit ; je laisse cela au vulgaire des orateurs. Un discours qui leur a coûté des années de travail, et qui n'est peut-être qu'un plagiat, ils le donnent pour un ouvrage de trois jours, qu'ils ont écrit ou dicté pour s'amuser. Pour moi, je me pique de dire tout ce qui me vient à la bouche. N'attendez pas qu'à l'exemple des orateurs

banaux , je fasse la définition de moi-même, et encore
moins la division de mon sujet. Il n'y aurait pas de bon
sens à limiter ce qui n'a pas de limites, à diviser ce qui
embrasse tout : d'ailleurs, la définition n'est qu'une ombre
de la chose ; et vous voyez la chose même , car me voici.
Je suis, et je vous en fais juges , cette distributrice du
bonheur, que les Grecs et les Latins ont honorée, sous
deux dénominations différentes.

V. Pourquoi me nommer ? mon nom est écrit sur mon
front, et mon visage annonce ce que je suis. Si quelqu'un
me prenait pour Minerve ou pour la Sagesse, il n'aurait
qu'à me regarder pour sortir d'erreur. Je ne sais pas me
déguiser ; ma physionomie est l'image fidèle de mon âme ;
je suis toujours la même, et l'on me reconnaît au cachet
que je grave sur le front de ceux qui, affectant l'air et
prenant les livrées de la Sagesse, ne sont pourtant que des
fous ; comme le singe n'est qu'un singe sous un accoutre-
ment de pourpre, et l'âne qu'un âne sous la peau du lion :
ils ont beau faire, leurs oreilles percent et les décèlent.
Les plus ingrats de tous mes sujets sont ceux qui rou-
gissent du nom qui les distingue , jusqu'à le regarder
comme la plus grande injure qu'on puisse dire à un homme.
Archifous , dans toute la force du mot, et empruntant
les dehors de la Sagesse , en sont-ils autre chose que les
singes ?

VI. Je veux m'amuser, et faire comme les rhéteurs
d'aujourd'hui, qui affectent d'avoir deux langues, et se
croient de vrais Apollons lorsqu'ils font un discours en

mosaïque, mi-parti de grec et de latin ; le tout sans rime ni raison. S'ils n'ont pas de mots étrangers à y fourrer, ils vont prendre dans de vieux bouquins des expressions surannées qui dépaysent le lecteur. Ils ont leurs petites raisons; ceux qui les comprendront se croiront d'habiles gens, et ceux pour qui ce ne sera que du grimoire admireront d'autant plus qu'ils n'y entendront rien. C'est un plaisir piquant pour nos connaisseurs, d'admirer ce qui vient de loin; et les ignorants, qui veulent passer pour habiles, font mine d'applaudir à ce qu'ils n'entendent pas, afin d'avoir l'air d'y entendre. Ils remuent leurs oreilles de Midas, en signe d'approbation, comme pour dire, *c'est cela précisément*. Maintenant je reviens à mon propos.

VII. Vous savez mon nom, messieurs…, messieurs les fous par excellence ; car quel plus beau titre la Folie peut-elle donner à ses dévots? mais mon origine ne vous est pas connue : avec l'aide des Muses, je vais vous la dire. Je n'eus pour père, ni le Chaos, ni l'Enfer, ni Saturne, ni Japet, ni aucune de ces vieilles et rances divinités ; je suis fille de Plutus, qui, n'en déplaise à Homère, à Hésiode et à Jupiter lui-même, est le père des dieux et des hommes : c'est lui vraiment qui meut à son gré le ciel et la terre ; qui est l'arbitre suprême de la paix, de la guerre, des empires, des délibérations, des jugements, des assemblées publiques, des mariages, des conventions, des alliances, des lois, des arts, des affaires, des plaisirs (la respiration me manque), en un mot, de tous les intérêts publics et particuliers ; sans lui, tous ces petits dieux qu'ont créés les poëtes, ou n'existeraient pas, ou, réduits à leur cuisine, ne feraient que maigre chère ; Pallas elle-même ne sauverait pas celui qui l'aurait pour ennemi. Au contraire, l'homme qu'il favorise peut envoyer le cordon à Jupiter même, tout armé qu'il est de la foudre. Voilà mon père, et je m'en vante. Je ne sortis pas de son cerveau, comme la farouche et sanguinaire Pallas de celui de Jupiter ; j'eus une mère ; ce fut Néotêté [1], la plus belle et la plus aimable des nymphes. Le triste Hymen ne présida pas à ma conception, comme à celle du vilain dieu boiteux ; l'amour en fit les frais, ce qui vaut beaucoup mieux. Quand je dis Plutus, je n'entends pas celui d'Aristophane, qui est aujourd'hui vieux et aveugle ; je parle de Plutus dans la force de l'âge, pétillant du feu de la jeunesse, et plus encore de celui du nectar, dont il avait vidé plusieurs coupes à la table des dieux.

VIII. Voulez-vous savoir où je naquis ? car c'est comme une preuve de noblesse, que le public sache où l'enfant a poussé les premiers cris ! Je ne suis née ni dans l'île flottante de Délos, ni au milieu des écumes de la mer, ni dans un antre profond ; mais dans une des îles Fortunées, où la terre prodigue ses richesses d'elle-même, d'où sont bannis le travail, la vieillesse et la maladie ; ce sont les vrais jardins d'Adonis. Au lieu de plantes vulgaires, on n'y voit que celles qui enchantent l'œil et l'odorat, le moly, la panacée,

---

[1] Néotêté, ou la Jeunesse.

la rose, la violette, l'hyacinthe. Née au milieu de ces délices, je n'annonçai pas mon existence par des pleurs ; mes lèvres ne s'ouvrirent que pour sourire tendrement à ma mère. Je n'envie point au fils de Saturne la chèvre qui l'allaita, j'ai eu deux meilleures nourrices. Ce sont les deux aimables nymphes que vous voyez à ma suite, Methé et Apédie [1] que je vous présente, l'une fille de Bacchus, et l'autre de Pan. Si vous êtes curieux de savoir les noms de leurs compagnes, je vais vous satisfaire.

IX. Voyez-vous cette nymphe au regard fier, c'est Philautie ou l'Amour-Propre ; sa voisine, qui vous fait les yeux doux et vous bat des mains, se nomme l'Adulation ; celle qui a les paupières à demi closes et semble dormir, s'appelle Léthé ou l'Oubli ; l'autre, qui est appuyée sur ses coudes et a les bras croisés, se nomme la Paresse ; la suivante, qui est couronnée de fleurs et parfumée de la tête aux pieds, est la Volupté ; voici l'Étourderie, qui regarde tout sans rien voir ; cette belle bien nourrie et au teint fleuri, c'est la Mollesse. Parmi ces nymphes, sont deux jeunes dieux, le premier est le dieu de la Bonne Chère, et l'autre celui du profond Sommeil. Voilà mon cortége et ma force, avec laquelle je soumets à mon empire les puissances mêmes.

X. Mon origine, mon éducation, ma suite vous sont connues. Pour justifier mon titre de déesse, je vais maintenant vous exposer les services infinis que je rends aux

[1] L'Ivresse et l'Ignorance.

dieux et aux hommes, et l'étendue de mon pouvoir. S'il est vrai, ce qu'a dit un certain auteur, que le bienfaiteur des hommes est un dieu, si les inventeurs du blé, du vin et des autres choses qui contribuent au bonheur de l'humanité, ont acquis le droit d'assister au conseil des dieux, ne dois-je pas y présider, moi qui suis la source de tous les biens dont vous jouissez ?

XI. La vie n'est-elle pas le premier de tous ? A qui la devez-vous ? ce n'est ni à la lance de Pallas, ni à l'égide de son père qui amoncelle les nuages. Ce dieu lui-même, ce père des dieux et des hommes, qui d'un regard ébranle l'Olympe, est forcé de déposer sa foudre, et ce regard menaçant dont il fait peur aux autres dieux quand bon lui semble, et de jouer la comédie, de changer de forme et de visage, quand il veut... ce qu'il veut souvent, c'est-à-dire, devenir père.

Les stoïciens se mettent à côté des dieux : eh bien, donnez-moi le plus renforcé, le plus cuirassé de tous ; si je ne lui fais quitter sa barbe qui est son symbole de sagesse, comme aussi le partage des boucs, je le ferai renoncer au moins à son air sévère et à sa morale de fer ; il faudra qu'il déraisonne et qu'il fasse l'enfant, pour devenir père. Pourquoi ne pas dire les mots et les choses ? C'est pourtant ma manière. Est-ce la tête, le visage, la poitrine, la main, l'oreille, ni aucune des parties qu'on appelle honnêtes, qui soit la source de la vie ? Non, c'est celle qu'on n'ose montrer, et qu'on ne peut nommer sans rire, qui est cette source sacrée et le principe de toute existence, plutôt que les quatre éléments de Pythagore.

Dites-moi, je vous prie, quel homme voudrait se soumettre au joug du mariage, s'il s'avisait d'être assez sage pour réfléchir sur les inconvénients de cet état? Quelle femme consentirait aux désirs de l'homme, si elle songeait sérieusement aux douleurs et aux dangers de l'enfantement, à ce qu'il en coûte de peines et de soins pour nourrir et élever un enfant? Si vous devez la vie au mariage, et le mariage à l'Étourderie, qui est à mes ordres, que ne me devez-vous pas à moi! Une femme qui a passé par ces épreuves, y voudrait-elle revenir, si l'Oubli ne s'en mêlait? Vénus elle-même serait forcée d'avouer, en dépit de Lucrèce [1], que sans moi sa puissance dégénérerait en faiblesse. Vous devez donc à mes badinages, où je fais entrer les ris et l'ivresse, les graves philosophes que vous eûtes, les moines que vous avez, les rois caparaçonnés de pourpre, vos saints prêtres, vos très-saints pontifes ; sans compter tous les dieux de la fable, dont la foule est si grande, qu'ils sont à la presse dans l'Olympe, tout vaste qu'il est.

XII. Comptez pour rien, si vous voulez, de me devoir le principe de la vie, si je ne vous prouve que vous m'en devez aussi le bonheur. En effet, que serait-ce que la vie, en mériterait-elle le nom, si on en détachait la volupté? Ce mot vous ragaillardit. Je savais bien qu'aucun de vous n'était ni trop sage, ni assez fou pour dire non, ou plutôt

[1] Poëte latin qui fait de Vénus le principe de toute génération.

que tous étaient trop sages pour ne pas être de mon avis.
Laissez dire les stoïciens : ce sont des hypocrites qui ne déclament contre la volupté que pour en dégoûter les autres,
afin d'en jouir eux-mêmes plus à leur aise. Mais, au nom
des dieux, qu'ils me disent si, sans le sel de la volupté,
c'est-à-dire sans la folie, toute la vie ne serait pas em-
poisonnée par le chagrin, l'ennui, l'inquiétude, la mélancolie. *Le bonheur consiste à ne songer à rien.*
Ce mot de l'inimitable Sophocle, qui fait mon éloge
complet, devrait me suffire ; cependant je vais entrer dans
les détails.

XIII. L'enfance est l'âge le plus heureux et le plus
attrayant, tout le monde le sait. D'où vient que nous ai-
mons à caresser les enfants, à les presser entre nos bras,
et qu'ils attendrissent jusqu'au soldat ennemi ? C'est que
la bienfaisante nature leur a donné le charme de la folie,
afin qu'il fasse oublier à leurs maîtres les peines de leur
éducation, et qu'il leur gagne d'avance les cœurs. A l'enfance succède la jeunesse. Ah ! qu'elle est aimable ! comme
elle plaît ! comme elle intéresse ! comme on court au-devant d'elle, en lui tendant des mains protectrices ! A qui
doit-elle tant de faveur ? à moi, qui repousse loin d'elle
les nuages de la sagesse. Dites que j'en ai menti, si vous
ne voyez vous-mêmes qu'à mesure que l'instruction et les
affaires la rapprochent de l'âge viril, son teint se fane,
sa vivacité s'amortit, ses grâces se flétrissent, sa vigueur
décline ; plus elle s'éloigne de moi, plus elle perd, et va
toujours en dépérissant jusqu'à ce que l'homme retombe

dans l'enfance, c'est-à-dire arrive à la vieillesse qui lui est à charge, et qui l'est à tout ce qui l'environne. L'homme alors succomberait sous le poids, si par pitié pour ses maux je ne venais à son secours. Les dieux des poëtes sauvaient ceux qui allaient périr, en les métamorphosant ; je métamorphose aussi les vieillards, en les ramenant à l'enfance autant qu'il est possible, lorsqu'ils approchent du tombeau ; aussi appelle-t-on cela seconde enfance.

Voulez-vous savoir comment je m'y prends? je les envoie au fleuve Léthé, qui a sa source dans les îles Fortunées, d'où se détache le canal qui arrose les Champs-Élysées ; afin qu'après y avoir bu à longs traits l'oubli du passé, et dégagé leurs âmes de tout souci, ils rentrent dans l'enfance. Vous me direz que ce n'est alors que délire et radotage : j'en conviens ; mais c'est redevenir enfant. L'enfant est-il autre chose qu'un petit être qui radote et qui délire? Celui qui aurait la raison de l'homme serait un monstre dans la nature : le proverbe le dit : *Je n'aime pas un enfant qui est homme.* De même, le vieillard qui joindrait à sa longue expérience, même force d'âme, égale pénétration de jugement, ne serait-il pas insupportable dans le commerce habituel de la vie [1]? Ainsi son délire est un de mes bienfaits ; il le délivre de mille soucis qui sont le supplice du sage. Il sait boire et noyer dans le

---

[1] Érasme fait parler la Folie. Cicéron, qui fait parler la Raison, dans son livre de la *Vieillesse*, y dit tout le contraire du vieillard, qui joint un grand sens à une longue expérience.

vin les ennuis de la vie, qu'on ne supporte qu'avec peine dans l'âge de la force ; il songe quelquefois aux trois lettres [1], comme le vieillard de Plaute, et malheur à lui s'il s'y arrête. En attendant, grâce à moi, il amuse ses amis et ne se tire pas mal de la conversation. Homère fait couler le miel de la bouche de Nestor, et il ne sort que du fiel de celle d'Achille. Le poëte nous représente d'autres vieillards assis sur les murs de Troie, qui parlent avec grâce et avec bon sens. La parole est un avantage que la vieillesse a sur l'enfance muette. Elle est toujours aimable, mais il lui manque le babil, qui est un charme de la vie. Observez encore qu'il y a sympathie et amour mutuel entre les vieillards et les enfants. Dieu rassemble ce qui se ressemble. En effet, le vieillard diffère-t-il de l'enfant autrement que par les rides du front et le nombre des années? d'ailleurs, de part et d'autre, même couleur de cheveux, bouches qui n'ont pas de dents, taille raccourcie, goût pour le lait, bégaiement, bavardage, radotage, oubli, inconsidération; tout en un mot se ressemble. Plus l'homme vieillit, plus il s'assimile à l'enfant; jusqu'à ce qu'il sorte de la vie, libre des soucis du présent et des craintes de l'avenir.

XIV. Qu'on parle maintenant, et qu'on ose comparer à mes bienfaisantes métamorphoses celles qu'opèrent les autres dieux! Je ne parlerai pas de leurs vengeances ;

---

[1] A. M. O. On voit le sens de ces trois lettres, formant un mot. Certainement le vieillard est malheureux s'il s'y arrête. Elles lui rappellent ses désirs qu'il ne peut satisfaire.

mais toute la grâce qu'ils font à ceux qu'ils aiment, c'est de les changer en arbres, en oiseaux, en cigales, et quelquefois en serpents ; comme si ce n'était pas périr que de cesser d'être ce qu'on était. Je fais mieux, je rends l'homme à l'âge du bonheur. Ah ! s'il rompait avec la sagesse, il ne vieillirait pas, il jouirait toujours du printemps de la vie. Voyez ces hommes méditatifs, toujours enfoncés dans la philosophie, ou occupés d'affaires difficiles et compliquées, de spéculations ardues qui épuisent en eux le suc vital ; ils sont vieux avant d'avoir été jeunes. Au contraire, mes étourdis ont une belle carnation, un teint fleuri, un embonpoint digne des pourceaux d'Acarnanie. Sans le commerce contagieux des sages avec lesquels ils sont forcés de communiquer, ils seraient exempts de tous les maux de la vieillesse ; tant il est vrai qu'il n'y a pas de parfait bonheur dans la vie.

J'ajouterai ici une autorité qui a du poids ; c'est celle du proverbe, qui dit que la folie retarde la jeunesse dans sa fuite et la vieillesse dans ses approches. Que les Brabançons ne se fâchent donc pas si on dit d'eux, qu'au rebours des autres hommes, qui deviennent sages avec le temps, plus ils vieillissent, plus ils sont fous. Avec cela, il n'y a pas de peuple qui ait les mœurs plus douces, et dont la vieillesse soit plus heureuse. Mes Hollandais sont leurs voisins et leurs semblables. Je dis mes Hollandais : pourquoi pas? ils doivent au culte qu'ils me rendent le surnom qu'on leur a donné et dont ils s'honorent au lieu d'en rougir.

Allez maintenant, pauvres mortels ; cherchez une Circé,

une Vénus, une Médée, une Aurore, et je ne sais quelle fontaine de Jouvence, qui vous rajeunisse. Il n'y a que moi qui puisse le faire ; il n'y a que moi qui le fasse ; je suis la dépositaire de ce baume merveilleux dont se servit la fille de Memnon pour prolonger la jeunesse de Tithon ; je suis la Vénus qui rendit à Phaon la fleur des premières années, afin qu'il fût toujours aimé de Sapho ; c'est dans mon domaine que sont les herbes, s'il y en a, les enchantements, la fontaine qui rappelle, qui fait mieux, qui perpétue la jeunesse. Si vous convenez qu'il n'y a rien de plus aimable qu'elle, ni rien de plus insupportable que la vieillesse, vous avouerez par là que vous me devez infiniment, puisque je vous prolonge un si grand bien, et que je retarde un si grand mal.

XV. Laissons là les mortels : montons au ciel, et qu'on me déshonore, j'y consens, s'il y a un seul dieu qui vaille quelque chose sans moi. D'où vient que Bacchus est toujours frais, et sa chevelure toujours blonde? parce que toujours fou, toujours en goguette, dans les jeux et les plaisirs, il n'a aucun commerce avec Pallas. Loin d'aspirer au titre de sage, il ne veut qu'un culte insensé ; il ne s'offense pas du nom de Dieu Falot, que lui a donné le proverbe, parce que les gens de la campagne se divertissent à barbouiller de vin nouveau et de jus de figues sa statue qui est à la porte de ses temples. Comme l'ancienne comédie vous l'équipe! *Oh! le sot dieu! oh! le digne avorton de la cuisse de Jupiter!* Voilà les belles épithètes qu'on lui donne. Cependant, qui n'aimerait pas mieux être ce dieu, sot et falot tant qu'il

vous plaira, mais toujours aimable, toujours jeune, ame-
nant partout à sa suite le plaisir et les jeux ; plutôt qu'un
Jupiter formidable, un Pan dont la vieille tête n'enfante
que la peur, un Vulcain hérissé d'étincelles, et tout noir
du charbon de sa forge ; qu'une Pallas au regard menaçant, avec sa Gorgone et sa lance meurtrières ? Pourquoi
Cupidon est-il toujours enfant ? c'est qu'il est toujours
badin, toujours brise-raison ; jamais il ne dit ni ne fait
rien de sensé. Pourquoi la blonde Vénus a-t-elle éternellement un teint de lis et de roses ? parce que, ayant même
origine que moi, elle ressemble à mon père : c'est pour
cela qu'Homère l'appelle la déesse aux cheveux d'or ;
c'est pour cela qu'elle est toujours riante, s'il en faut
croire les poëtes et les statuaires, leur copistes. Flore, la
déesse des voluptés, ne fut-elle pas une des premières divinités de Rome ?

Et vos dieux graves et majestueux ? Lisez Homère et les
autres poëtes, et voyez leurs fredaines. Que de folies !
Ignorez-vous les galanteries et les passe-temps de Jupiter
le foudroyant ? La farouche Diane oublie son sexe, est
toujours à la chasse, et court par monts et par vaux ; mais
elle n'en est pas moins folle de son Endymion. J'aimerais mieux que Momus leur dît leurs vérités, comme il faisait autrefois. Il s'en trouva mal. Un beau jour, les dieux
irrités lui firent faire le saut du ciel en terre, de compagnie avec Athé [1], parce que ses réflexions à contre-temps

---

[1] La Malice, que Jupiter, dit la fable, précipita en terre, où elle
sème le trouble parmi les hommes.

troublaient leur repos. Le pauvre malheureux n'a ni feu ni lieu dans votre monde. A la cour des rois, Dieu sait! L'Adulation y tient ses assises; et elle sympathise avec lui, comme le loup avec l'agneau.

Depuis son exil, les dieux sont parfaitement heureux, parce qu'ils n'ont plus de censeur. Comme Priape les fait rire! comme Mercure les amuse avec ses espiégleries et ses escamotages! Vulcain leur donne aussi la comédie par ses bouffonneries, par son allure claudicante, par ses niaiseries, par ses balourdises. Silène, ce vieux barbon amoureux, fait le baladin avec sa danse de Polyphème, tandis que les nymphes donnent un ballet de leur façon. Les satyres au pied de chèvre exécutent aussi leur danse, et Pan chante des chansons de taverne, qui font pâmer de rire les convives, et qu'ils préfèrent au concert des Muses, surtout lorsque les fumées du nectar leur ont monté à la tête. Vous dirai-je ce qu'ils font après le repas, lorsqu'ils sont bien complets? C'est si fou, que quelquefois je ne puis m'empêcher d'en rire moi-même. Mais songeons au doigt d'Harpocrate; craignons que quelque espion des dieux ne nous entende dire ce que Momus n'a pas dit impunément.

XVI. Vous le voyez, la joie et le plaisir sont là, parce que je les y mets. Cependant faisons comme Homère, qui monte et descend comme bon lui semble; quittons le ciel pour revenir sur la terre. Vous voyez d'abord le soin qu'a pris la nature, cette bonne mère des hommes, d'assaisonner tout d'un d'un grain de folie. Comme la sagesse, selon la définition des stoïciens , consiste à prendre la raison pour guide, et la folie, à s'abandonner à ses passions, Jupiter, qui ne voulait pas que votre vie fût triste et langoureuse, vous a donné plus de passions que de raison : c'est là différence de vingt à un. Il a emprisonné la raison dans un petit coin de la tête, et livré le reste du corps aux secousses des passions ; il a opposé à la première deux ennemies impitoyables, la colère, qui a son siége dans le centre de la vie, et la concupiscence, qui domine les parties inférieures. Que peut la raison contre ces deux forces réunies? la conduite des hommes vous l'apprend. Elle ne peut que crier, et donner des leçons qu'on n'écoute pas. Les sujets révoltés crient plus fort que leur maître, jusqu'à ce que, épuisé lui-même, il leur lâche la bride.

XVII. L'homme né pour les affaires devrait avoir quelques grains de plus de bon sens ; mais il fallait aussi qu'il fût heureux. La nature fut embarrassée, et, pour s'en tirer, elle vint me consulter. Je lui donnai un conseil digne de moi, celui d'associer l'homme avec la femme, cet animal extravagant, impertinent, mais qui plaît et qui fait rire ; afin que, vivant avec lui, elle adoucît et modérât, par le charme de sa folie, l'austérité du caractère masculin. En mettant en question si la femme est ou n'est pas de l'espèce humaine, Platon n'a voulu que nous indiquer combien elle est loin de la raison. Celles qui affichent la sagesse n'y gagnent autre chose, que d'être doublement folles ; c'est comme si, en dépit de tout bon sens, vous vouliez faire d'un bœuf un coursier. Déguiser la nature sous le fard de la vertu, et vouloir lui faire changer de route, c'est ajouter le ridicule au ridicule. Le singe sous la pourpre n'est jamais qu'un singe, comme dit le proverbe; et la femme sous le masque est toujours femme, c'est-à-dire une folle. Je crois pourtant qu'elles ne le seront pas assez pour se fâcher de ce que la Folie, qui est femme aussi bien qu'elles, les reconnaît pour ses semblables. Tout bien pesé, elles me doivent des remerciements; elles m'ont l'obligation d'être, à beaucoup d'égards, plus heureuses que les hommes.

Elles ont la beauté, qu'elles préfèrent à toutes choses, et certes avec raison; c'est en elles une arme victorieuse, qui subjugue jusqu'aux tyrans. Vous voyez dans l'homme un air bourru, un teint plombé, une forêt de barbe, une vieillesse prématurée. D'où cela vient-il? de trop de sagesse. Au contraire, les femmes ont des joues unies, la voix douce, la peau tendre, et, toute leur vie, des restes de jeunesse. Enfin, quel est leur plus grand désir? celui de plaire aux hommes. N'est-ce pas là que tendent tant de soins pour la parure, tant de fards, de bains, de frisures, de parfums; tant d'artifice pour composer, peindre et arranger leur visage, leurs yeux et leur peau? Leur folie n'est-elle pas leur plus beau titre auprès des hommes? Que ne leur permettent-ils pas? D'où vient cet ascendant qu'elles ont? Elles le doivent à la volupté. Elles ne plaisent que par leur folie. En voulez-vous la preuve? Voyez celles que l'homme fait, que l'homme dit, toutes les fois qu'il veut leur plaire. Vous voilà donc instruits : vous connaissez la source du bonheur.

XVIII. Mais il y a des hommes, surtout parmi les vieillards, qui préfèrent Bacchus à Vénus ; la bouteille fait leur félicité. Je doute pourtant qu'on la vide joyeusement, si les femmes ne sont pas de la partie. Je sais seulement que tout repas est insipide, si la folie n'assaisonne les mets. Cela est si vrai que, s'il ne se trouve parmi les invités aucun de ces bons vivants, fous par nature ou par occasion, qui savent animer un repas, le patron appelle quelque Roger-Bon-temps, ou un parasite de profession, qui par ses quolibets, c'est-à-dire par ses folies, bannisse de sa table le silence et la tristesse. Quoi ! tant d'apprêts pour le palais et l'estomac, et il n'y aurait rien pour les yeux, pour les oreilles, pour l'esprit ? Point de jeux, point de ris, point de grâces ? Mais c'est mon affaire d'y pourvoir. Il y a d'autres plaisirs de la table, qui sont d'un usage général. On tire au sort à qui présidera ; on manie le cornet, on porte les santés ; on fait passer la coupe de main de main ; on fait circuler de même la branche de myrte [1]. On danse, on fait des gestes. Tout cela n'est pas de l'invention des sept sages de la Grèce. Ce sont des institutions que j'ai faites, pour la conservation du genre humain. Plus elles sont marquées à mon coin, plus elles répandent d'agrément dans la vie, qui cesse de mériter ce nom lorsqu'elle est triste. Elle le deviendra infailliblement si vous n'en bannissez l'ennui, qui est bien le frère de la tristesse.

---

[1] Celui qui chantait tenait une branche de myrte dans sa main. Quand il avait fini, il la donnait à son voisin, qui la faisait passer au suivant, et ainsi de suite.

XIX. Il se trouvera peut-être des hommes pour qui tout cela n'est rien, qui mettent tout leur bonheur dans le commerce de leurs amis. Ils vous diront que l'amitié est le premier des biens ; qu'elle est un besoin, comme l'eau, l'air, le feu ; qu'elle est le charme de la vie, et que la bannir du monde, ce serait en ôter le soleil ; que c'est un plaisir si honnête ; comme si nous comptions l'honnêteté pour quelque chose ; que les philosophes la mettent, sans balancer, au rang des premiers biens. Mais que direz-vous si je vous prouve que je suis, comme on dit, la proue et la poupe de ce grand bien ? C'est ce que je vais vous faire toucher au doigt, non par des *atqui* et des *ergo*, mais par le gros bon sens. Voyons.

S'aveugler sur les torts de ses amis, s'en rendre complice, les prôner, ériger leurs vices en vertus ; tout cela ne tient-il pas à la folie ? Quoi ! lorsqu'un amoureux applique délicieusement le baiser sur une dartre de sa maîtresse ; lorsque l'odeur fétide qu'exhale le nez d'Agnès charme l'odorat de son imbécile amant ; lorsqu'un père vous dit que son fils clignote, tandis que le pauvre enfant est complétement louche ; tout cela n'est-il pas fou ? Oui, c'est folie, et on peut le publier à son de trompe. Mais cette folie est le principe et le ciment de l'amitié. Je parle des hommes, dont aucun n'est exempt de défauts. Le meilleur est celui qui n'en a que de supportables. Quant à nos divinités impassibles [1], où l'amitié n'a pas de lien

---

[1] Érasme désigne sous ce nom les stoïciens.

pour eux, ou ce lien est si triste qu'on pourrait l'appeler une chaîne. Il n'en unit ensemble que bien peu ; car je me ferais scrupule de dire qu'il n'en unit aucun. Exceptons-les donc, et parlons des hommes. Comme presque tous sont fous, et qu'il n'y en a même aucun qui n'ait plus d'un grain de folie, l'amitié est chez eux un effet de l'analogie. Si elle s'établit par hasard dans le petit cercle des hommes graves, elle n'a que de faibles racines qui se dessèchent bientôt. Leur sérieux et leur réflexion la fait fuir : ils voient trop clair ; ils ont des yeux de lynx pour leurs amis, et sont taupes pour eux-mêmes ; jamais ils n'ont vu la poche de derrière. L'homme étant ainsi fait, n'y en ayant aucun qui ne soit sujet à de grandes fautes ; ajoutez encore la différence des caractères et des goûts, mille travers, mille écarts, mille événements dans la vie ; l'amitié conserverait-elle un instant son attrait, sans cette heureuse inconséquence, que je vous laisse maîtres d'appeler ou folie ou facilité de mœurs? Cupidon, premier principe de tout tendre sentiment, n'a-t-il pas un bandeau sur les yeux? Comme il prend quelquefois pour beauté ce qui ne l'est pas, il vous jette dans la même erreur. De là vient que chacun aime son semblable ; que le vieillard aime sa vieille, et le jeune coq sa jeune poulette. Nous le voyons et nous en rions. Mais ce qui nous fait rire, est le lien et l'agrément de la société.

XX. Ce que j'ai dit de l'amitié convient encore mieux au mariage, qui est l'union identique de deux époux. Grand Jupiter ! que de divorces, et peut-être quelque chose de pis, si l'association de l'homme et de la **femme** n'était consolidée par la flatterie, le badinage, la complaisance, l'oubli, la dissimulation, qui composent mon cortége! Qu'il se ferait peu de mariages, si l'homme s'avisait de s'informer des jeux qu'a joués son innocente! Que de ruptures, si l'insouciance ou la bêtise n'empêchait le bonhomme de mari de voir les faits et gestes de sa chère compagne! On jette tout cela sur le compte de la folie. Soit; mais il en résulte que le mari et la femme vivent bien ensemble, que la paix est dans la maison, que l'alliance subsiste. Cela vaut mieux. On donne au bon benêt de vilains noms. Que lui importe? Il suce tendrement les larmes de son infidèle. Sa bonhommie ne vaut-elle pas mieux que les tourments et les fureurs de la jalousie?

XXI. En un mot, sans moi, nulle société ne peut avoir ni stabilité ni douceur. Les sujets et le monarque, le valet et le maître, la servante et sa dame, l'élève et l'instituteur, le mari et la femme, le collègue et le collègue, le convive et le convive, ne sympathiseront pas long**temps**, sans un peu d'illusion de part et d'autre, sans un peu de flatterie, sans se passer beaucoup de choses réciproquement, sans se frotter tour à tour le bec de mon miel. Tout cela vous paraît bien fort; mais voici qui l'est davantage.

XXII. Un homme peut-il en aimer un autre, quand il se hait lui-même? s'accorder avec son voisin, quand il n'est pas d'accord avec lui-même? être agréable, quand son existence lui déplaît et lui pèse? Il faudrait être plus fou que la folie, pour dire oui. Eh bien! si vous renoncez à moi, il n'y aura pas d'homme qui, loin d'en pouvoir supporter un autre, ne soit dégoûté de lui-même, ne méprise ce qu'il a, en un mot ne se haïsse. La nature, à beaucoup d'égards plus marâtre que mère, a mis dans vos âmes, et particulièrement dans celles des moins fous, un mauvais germe qui produit pour fruits le mécontentement de soi-même, et l'admiration de ce qui leur est étranger. C'est ce qui enlaidit à leurs yeux et leur fait enfouir leurs talents, leurs avantages et leur mérite. Car que sert la beauté, ce don précieux du ciel, si vous la laissez rouiller? Que devient la jeunesse, si le levain de la mélancolie en corrompt les grâces? Enfin, si Philautie, que je puis bien appeler ma sœur, tant elle me sert bien, ne vous soutient dans toutes les fonctions de la vie, publiques ou particulières, y mettrez-vous de la grâce, ce qui est pourtant la première règle de l'art et des actions? Quoi! être tout à la fois amoureux, admirateur de soi-même, et mécontent de ce qu'on fait, quoique foncièrement cela soit bien, et que vous ayez observé les proportions et la méthode! Voilà où vous en serez. N'est-ce pas vraiment de la folie? Otez de la vie le charme de l'amour-propre, et le feu de l'orateur s'éteindra; le musicien ennuiera avec son art; on sifflera l'acteur avec son jeu; le poëte, avec sa verve, ne recueillera que du mépris; le peintre se morfondra avec son talent; le médecin mourra de faim avec ses drogues; Nirée ne sera qu'un Thersite [1];

---

[1] Nirée, le plus beau des Grecs qui allèrent au siége de Troie, et Thersite le plus laid.

on verra dans Phaon les rides de Nestor ; on prendra Minerve pour son hibou ; au lieu de parler en orateur, vous serez un enfant qui bégaye, et votre urbanité passera pour style de village. Tant il est vrai qu'il faut commencer par se flatter et s'applaudir soi-même, pour avoir des applaudissements. Enfin, comme le bonheur consiste principalement à être content de soi-même, l'amour-propre fait merveilles à cet égard. C'est à lui que l'homme doit d'être satisfait de sa figure, de son génie, de son origine, de son état, de ses habitudes, de sa patrie. L'Irlandais ne porte point envie à l'Italien, ni le Thrace à l'Athénien. Le Scythe ne changerait pas ses déserts pour les îles Fortunées. Oh ! admirable prévoyance de la nature qui a mis l'égalité au milieu de tant de différences ! Elle a été plus libérale d'amour-propre, là où elle avait été plus économe de bienfaits. De bienfaits ! Je suis folle de parler ainsi. L'amour-propre vaut lui seul tous les autres dons. Je pourrais dire qu'il n'y a point de faits héroïques que je n'aie inspirés, point de découvertes dont je ne sois le premier auteur. Entrons en matière.

XXIII. N'est-ce pas la guerre qui est le théâtre des hauts faits, et la guerre n'est-elle pas la plus haute des folies ? N'est-il pas souverainement fou d'engager, pour des raisons telles quelles, une querelle meurtrière qui finit toujours par être plus désastreuse qu'avantageuse aux deux partis ? Les hommes sont comptés pour rien ; tant pis pour ceux qui périssent. Mais lorsque les armées sont en présence, et que le son terrible des clairons fait retentir les airs, quel rôle joueraient là vos sages, épuisés par leurs méditations, qui n'ont qu'un souffle de vie, dont le sang n'a pas de chaleur? Il faut, pour ce métier, des hommes d'un gros embonpoint, qui aient d'autant moins de sens qu'ils ont plus de masse. Y voudriez-vous plutôt un Démosthène, aussi mauvais soldat que grand orateur, qui, docile au conseil d'Archiloque, vous jette là son bouclier et prend la fuite aussitôt qu'il aperçoit l'ennemi? Mais, me direz-vous, c'est la tête qui décide du succès de la guerre. Oui, la tête d'un général, et non celle d'un philosophe. D'ailleurs, quels sont les instruments de ce noble métier? Des hommes de cabinet? Non, mais des ivrognes, des brigands, des sots, des banqueroutiers, des rustres; en un mot, la lie des nations.

XXIV. Vos gens d'étude ne valent rien pour les affaires. Je n'en veux pour preuve que Socrate, que l'oracle d'Apollon, qui assurément se trompa, honora du titre de sage. Ayant hasardé de monter sur la tribune, il s'en tira si mal, qu'il n'en remporta que des risées; il ne radota pourtant pas toujours. Il eut assez de bon sens pour reconnaître que le nom de sage ne convenait qu'à Dieu, et que s'il y a un homme qui puisse y prétendre, il ne doit point aspirer aux fonctions publiques. Il aurait mieux fait de dire que, pour être homme, il faut courte mesure de sagesse. N'est-ce pas sa malheureuse sagesse qui le fit condamner à boire la ciguë? Le pauvre malheureux! il rêve philosophie, il mesure les pieds de la puce, admire le bourdonnement de la mouche, et n'étudie jamais l'art de vivre avec les hommes. Platon, son élève, entreprend sa défense. Le beau défenseur! Effrayé du bruit que fait la foule, il ne peut pas achever sa première période. Et Théophraste, qui ne monte sur la tribune que pour y rester muet, comme s'il avait vu subitement le loup! Comment aurait-il encouragé le soldat? Isocrate, toujours timide, n'osa jamais ouvrir la bouche en public. Le père de l'éloquence romaine, Cicéron, débuta toujours en tremblant : il avait l'air d'un enfant qui pleure. Quintilien explique cela à son avantage. Il dit que c'est la preuve du bon sens de l'orateur, qui craint le mauvais succès. Mais n'est-ce pas aussi la preuve que la sagesse nuit au courage? Que deviendra, au milieu des épées, celui que des mots font trembler?

Admire qui voudra cette belle sentence de Platon : « les républiques seraient heureuses si les philosophes gouvernaient, ou si ceux qui gouvernent philosophaient. » Fausse idée. Consultez l'histoire, elle vous apprendra que le plus grand malheur qui puisse arriver à un empire, c'est de tomber entre les mains d'un de ces pédants, d'un homme enterré dans les livres. Les deux Caton ne le prouvent que trop : l'un, par ses délations insensées, répandit la terreur dans Rome; l'autre, à force d'être républicain, devint le tison de la république. Ajoutez encore les Brutus, les Cassius, les Gracque, et Cicéron lui-même, qui fit autant de mal à Rome que Démosthènes en avait fait à sa patrie. Marc-Aurèle fut un bon empereur ; je le veux, quoique je puisse le contester ; mais il se fit haïr de son peuple, parce qu'il était trop philosophe. Encore une fois, il fut bon empereur, mais il fit cent fois plus de mal à l'empire, par le fils qu'il laissa, qu'il n'y avait fait de bien par lui-même. Vos sages sont ordinairement malheureux, surtout en progéniture ; c'est une précaution que la nature prend pour empêcher que cette mauvaise graine de sagesse ne se propage. Le fils de Cicéron ne ressembla pas à son père ; mais les enfants de Socrate ressemblèrent bien à leur mère, c'est-à-dire qu'ils furent fous.

XXV. Il n'y aurait pas grand mal que le sage ne valût pas mieux pour les affaires que l'âne pour jouer de la lyre, si en même temps il n'était pas gauche en tout et pour tout. A table, ou il vous attristera par son morne silence, ou il vous ennuiera par ses fades questions. Le ferez-vous danser? Ce sera l'ours qui danse. Au spectacle, son lugubre visage ne sera qu'un porteur de tristesse. Vénérable Caton, déguerpissez, ou humanisez-vous[1]. S'il arrive au milieu d'une conversation, c'est un loup qu'on voit[2]. Enfin, dans les ventes, les achats, et dans toutes les affaires courantes qui entrent dans le commerce journalier de la vie, c'est une bûche plutôt qu'un homme.

---

[1] C'est ce qu'on dit à Caton lorsqu'on le vit arriver au théâtre un jour qu'on devait y danser certaines danses un peu trop libres. Il sortit en effet.

[2] *Il a vu le loup.* Proverbe qui se dit d'un homme qui s'arrête brusquement au milieu de son discours.

Inepte pour toutes les choses de ce monde, étranger à tous les usages, n'ayant que des opinions qui ne sont qu'à lui, il n'est bon à rien, ni pour lui-même, ni pour sa patrie, ni pour ses amis. Ne ressemblant à personne, il s'ensuit qu'il déplaît à tous. Tout est folie dans le monde : il n'y a que des fous qui se démènent parmi les fous. Si un seul veut heurter tous les autres de front, ce qu'il a de mieux à faire, et je le lui conseille, c'est d'aller, comme Simon, s'enfoncer dans un désert pour y jouir tout à son aise de sa sagesse.

XXVI. Je reviens sur mes pas, et je vous demande quelle puissance rassembla dans les villes ces hommes sauvages, sortis du creux des chênes ou du sein des pierres, sinon celle de la flatterie? La lyre d'Amphion et d'Orphée en est l'emblème. Comment le peuple de Rome, prêt à se porter aux plus grands excès, fut-il ramené à la concorde? Est-ce par une harangue philosophique? point du tout; mais par un conte de bonne femme sur l'estomac et les autres parties du corps. Thémistocle tira le même parti d'un apologue semblable dont le renard et le hérisson sont les personnages[1]. Le plus grave discours aurait-il produit autant d'effet que la biche controuvée de Sertorius[2]? que la queue

---

[1] Les Athéniens se plaignaient des concussions de leurs magistrats; Thémistocle leur conta cet apologue : Un renard était couvert de mouches qui lui suçaient le sang ; un hérisson en eut pitié et voulut l'en délivrer. — Gardez-vous-en bien, lui dit le renard, celles-ci sont soûles ; il en viendrait d'autres qui auraient bon appétit.

[2] Sertorius disait qu'il avait une biche qui l'avertissait de tout.

du cheval dont il faut arracher les crins? que les deux chiens de Lycurgue [1]? Je ne parle pas de Minos et de Numa, qui menèrent les hommes par des fables. Ce sont les enfantillages qui agissent sur cette énorme bête qu'on appelle le peuple.

XXVII. Citez-moi une république qui ait adopté les lois de Platon, celles d'Aristote, les maximes de Socrate? Pourquoi les Décius se dévouèrent-ils aux dieux mânes? Pourquoi Curtius se précipita-t-il dans un gouffre? Quel fut leur motif? Point d'autre que la chimère de la gloire, cette sirène qui est l'idole des hommes, et contre laquelle déclament les sages. Quoi de plus fou, disent-ils, que de s'affubler d'une robe blanche pour aller cajoler le peuple, d'acheter chèrement sa faveur, de courir après les applaudissements d'un public insensé, de se repaître de ses acclamations, de se donner en spectacle, dans un char de triomphe, comme une statue qu'on promène, et de s'en faire ériger une dans la place publique? Ajoutez à tout cela cette profusion de titres pompeux; ces honneurs divins accordés à un misérable mortel; tant d'horribles tyrans solennellement placés au

Pour prouver que l'esprit est plus utile que la force, il ordonna à deux hommes d'arracher chacun les crins de la queue d'un cheval. Le premier, qui avait le bras vigoureux et l'intelligence bornée, voulut arracher les crins de son cheval tous à la fois : il n'en put pas venir à bout. Le second, qui n'avait qu'une force ordinaire, mais du bon sens, les arracha l'un après l'autre.

[1] Lycurgue, pour faire voir que l'éducation fait les hommes ce qu'ils sont, leur conta la fable de Laridon et de César, que La Fontaine a mise en vers.

rang des dieux. Voilà d'insignes folies et ample matière
pour mille Démocrites. Personne ne le conteste. Mais
reconnaissez aussi que c'est la source de ces faits héroïques qui ont été célébrés par les plumes savantes.
Cette folie est la mère des cités et la force des empires,
de l'autorité, de la religion et des lois. En un mot, la
vie humaine n'est qu'un jeu de la folie.

XXVIII. N'oublions pas les arts. Quel est l'aiguillon
qui a provoqué les génies pour faire et pour vous trans-
mettre ces découvertes que vous admirez? N'est-ce pas
la soif de la gloire? Les hommes ont été assez fous
pour croire que ce rien, ce fantôme illusoire qu'on
nomme renommée, méritait d'être acheté par des veilles
et des travaux. Vous en recueillez au moins les fruits;
vous jouissez de mille commodités et du plaisir de les devoir à la folie d'autrui, ce qui est une autre satisfaction.

XXIX. Après avoir prouvé mes droits sur le courage
et l'industrie, vous serez bien surpris si je les prouve de
même sur la prudence. Vous direz qu'à ce compte je
puis marier l'eau et le feu. Je me flatte pourtant de réussir, pourvu que vous m'accordiez la même attention et
la même faveur. Si la prudence naît des affaires, de qui
sera-t-elle le lot? Du sage, qui, toujours trop modeste ou
trop timide, n'ose rien entreprendre, ou du fou qui n'est
arrêté ni par la modestie qu'il ne connaît pas, ni par le
péril qu'il ne voit pas? Le premier ne sait que lire les
anciens et subtiliser sur des mots; l'autre, à force d'entreprendre et de risquer, acquiert, si je ne me trompe,

la vraie prudence. C'est ce qu'Homère a vu, tout aveugle qu'il était, lorsqu'il a dit que le fou devient sage à ses dépens. Il y a deux obstacles pour acquérir l'expérience ; la timidité, qui vous met un bandeau devant les yeux, et la crainte, qui éteint le courage en exagérant le péril. Peu de mortels comprennent combien il est avantageux de ne rougir jamais et d'aller toujours en avant. La folie écarte ces deux grandes difficultés. Si vos sages font consister la prudence dans le juste discernement des choses, hélas! ceux qui en affichent le titre sont à mille lieues de la réalité.

Premièrement, il n'est que trop vrai que toutes les choses de la vie, semblables aux silènes d'Alcibiade [1], ont deux faces absolument différentes. Le front vous annonce la vie, et la mort est dans les entrailles ; ou ce qui vous paraît la mort cache la vie. La laideur est sous le masque de la beauté ; un air d'opulence déguise la misère ; l'infamie est en dehors et l'honneur en dedans ; le savoir est apparent, et l'ignorance réelle. Vous voyez la force, et vous trouvez la faiblesse. Ce qui est noble en apparence est bassesse dans le fond. Le front annonce la joie, et le chagrin dévore l'âme ; la faveur se change en disgrâce ; l'amitié n'est que haine dissimulée ; l'écorce est un remède, et le suc un poison. En un mot, ouvrez le

---

[1] Ces silènes étaient des espèces d'étuis grossièrement travaillés qui renfermaient des choses précieuses. Alcibiade comparait à ces ustensiles le philosophe Socrate, qui cachait un génie sublime sous un extérieur plus que simple.

silène, et tout est changé. Trouvez-vous qu'il y a trop de philosophie dans ce que je viens de dire? Je vais m'expliquer plus clairement, et aller, comme on dit, terre à terre.

Vous croyez tous qu'un roi est fort riche, et un maître des hommes. Mais il n'a aucun des biens de l'âme, et ses trésors ne suffisent pas à son avidité; il est donc pauvre. Il est maîtrisé par mille vices; il est donc un vil esclave. Je pourrais analyser de même tous les hommes, mais cet exemple suffit. Qu'est-ce que cela prouve, direz-vous? Patience; vous l'allez voir. Si, lorsque les acteurs sont en scène, un homme s'avisait de leur arracher leur costume et leur masque, pour les montrer au naturel, ne gâterait-il pas tout, et ne mériterait-il pas d'être chassé à coups de pierre, comme un furieux? Tout serait changé. On verrait un homme au lieu d'une femme; un vieux barbon au lieu d'un jeune amoureux. Le roi ne serait plus que Dama, et le dieu qu'un polisson. Otez l'illusion, et il n'y a plus de spectacle. Il n'y a que le déguisement qui le fasse. Or, qu'est-ce que le monde, sinon un vrai théâtre, où les hommes jouent des rôles divers sous différentes formes, jusqu'à ce que celui qui le dirige les en fasse descendre? En attendant, il les fait souvent changer de décoration, et passer de la pourpre royale aux haillons du malheureux esclave. Tout est déguisement; c'est ainsi que se joue la farce.

Si un sage, descendu subitement du ciel, apparaissait pour crier aux hommes que celui qu'ils révèrent comme un dieu et comme un maître n'est pas même un homme, puisqu'il n'a pour guides que les appétits des bêtes, et qu'asservi à ce joug honteux, il est le plus vil des esclaves; que ce fils qui pleure la mort de son père devrait s'en réjouir, parce qu'il vient de passer de la vraie mort à la vraie vie; que cet homme qui s'enorgueillit de ses vieux parchemins n'est qu'un faux noble, qui s'est abâtardi lui-même en renonçant à la vertu, source de toute noblesse; s'il apostrophait ainsi tous les autres hommes, y gagne-rait-il autre chose que d'être comparé à ce furieux dont j'ai parlé? Il n'y a rien de plus fou qu'une sagesse dépla-cée, rien de plus imprudent qu'une prudence hors de me-sure. On n'est pas en mesure quand on ne se prête pas aux usages généraux, quand on se fait des lois particu-lières, et qu'on veut que la comédie ne soit pas comédie. Il faut se souvenir au moins de cette formule bachique, *buvez, ou allez-vous-en.* Il est de la prudence d'un mortel de mesurer sa sagesse sur sa condition, de se faire aux mœurs du temps, et d'être fou avec tout le monde, ou naturellement, ou par complaisance. On me dira que c'est folie. J'en conviendrai volontiers; mais convenez, à votre tour, que c'est ainsi que la farce se joue.

XXX. Grands dieux! ici dois-je parler ou me taire? Mais pourquoi taire une vérité palpable? Je dois peut-être commencer par faire descendre les Muses de l'Hélicon. Les poëtes les invoquent si souvent pour des sottises! A moi donc, divines filles de Jupiter! inspirez-moi; je vais ap-prendre aux hommes qu'ils n'arrivent que sous mes aus-pices à cette sagesse dont ils font le palladium du bonheur.

Tout le monde s'accorde à dire que toutes les passions sont du ressort de la folie, et on ne distingue le sage du fou qu'en ce que l'un prend la raison pour guide, et que l'autre se laisse mener par les passions. Aussi les stoïciens veulent-ils les arracher de l'âme du sage. Cependant elles sont comme les instituteurs de ceux qui tendent à la sagesse, des stimulants qui hâtent leur marche dans la carrière de la vertu, et des orateurs qui la leur prêchent. Sénèque, ce stoïcien renforcé, qui veut faire du sage un être impassible, aura beau protester contre. Sa morale dénature l'homme, et en fait une espèce de dieu, qui ne fut et ne sera jamais; ou plutôt une statue inanimée. Laissons-les se repaître de leur fantôme de sage; qu'ils l'aiment tout à leur aise, ils n'auront jamais de rivaux; et qu'ils aillent avec lui vivre dans la république de Platon, ou dans la région des chimères, ou enfin dans les jardins de Tantale [1].

Qui pourrait voir sans effroi, et ne pas regarder comme un spectre et un monstre à faire fuir, un homme endurci contre tout sentiment de la nature; vraie statue de pierre ou de marbre, qui n'a point d'âme, ni pour aimer, ni pour sentir la compassion; qui saurait tout, ne se tromperait jamais, à l'œil perçant de qui rien n'échapperait; qui mesurerait tout à une règle de fer, ne pardonnerait aucune faute; qui croirait, et qui croirait seul, qu'à lui appartient

---

[1] C'est-à-dire dans les enfers, où les dieux l'avaient précipité pour le punir de ce qu'il avait voulu éprouver leur divinité en leur faisant servir à table le corps de son propre fils.

exclusivement d'être riche, d'être roi, d'être libre, en un mot d'être tout; qui ne dirait jamais *bonjour* à un ami, parce qu'il n'aima jamais personne; qui oserait narguer les dieux mêmes, et ne verrait dans la vie que des objets d'indignation ou de risée? Le sage parfait serait l'animal ainsi bâti. Faisons recueillir les suffrages. Où en aurait-il pour être magistrat? Quelle armée le demanderait pour général? Qui plus est, quelle femme le voudrait pour mari, ou quel homme pour convive? Quel esclave pourrait supporter un maître ainsi fait? Qui ne préférerait un homme pris au hasard, dans la foule des fous, bon pour obéir et pour commander à d'autres fous comme lui; qui saurait plaire à ceux dont il fait nombre; qui serait bon mari, bon ami, convive joyeux, commensal traitable, et satisfait d'être ce qu'est l'homme? Mais votre sage m'ennuie. Parlons d'autre chose.

XXXI. Voyons : plaçons un homme dans les airs, et qu'il fasse là ce que les poëtes font faire quelquefois à Jupiter. Qu'il observe les maux et les misères de la vie humaine. Qu'il voie l'homme naissant dans l'ordure, soumis à de rudes épreuves dans l'enfance, à de grands travaux dans la jeunesse, et finissant dans les horreurs de la mort. Qu'il le suive dans sa carrière; qu'il passe en revue ce cortége de maladies qui l'assaillent, de périls qui l'assiégent, d'inconvénients qui le traversent, d'amertumes qui se trouvent partout. Je pourrais ajouter les maux que l'homme fait à l'homme. Dans cette classe sont la pauvreté, la prison, l'infamie, les affronts, les tortures, les

piéges, les injures, les fraudes et les procès. Mais ce serait
vouloir compter les grains de sable. Il ne m'appartient
pas de vous dire par quels crimes les hommes ont mérité
ce triste sort, ou quel Dieu irrité les y a condamnés. Mais
celui qui en ferait l'objet de ses méditations ne serait-il
pas tenté d'excuser les filles de Milet, tout déplorable
qu'est leur exemple [1]? Cependant, quels sont ceux qui,
par ennui de la vie, en ont accéléré la fin? Ce sont ceux
qui ont eu la réputation d'hommes sages. Sans parler des
Diogène, des Xénocrate, des Caton, des Brutus et des
Cassius, je vous citerai l'exemple de Chiron. Il ne tenait
qu'à lui d'être immortel, et il n'en voulut pas accepter
l'offre. Que serait-ce donc si tous les hommes étaient
sages? Il faudrait bientôt un second Prométhée, pour en
faire d'autres avec un nouveau limon. Mais à l'aide de
l'ignorance, de l'étourderie, de l'oubli et de l'espérance,
en leur faisant quelquefois savourer la volupté, je les sou-
tiens contre les maux et les ennuis de la vie. Ils ne peuvent s'en détacher lorsqu'elle se détache d'eux, et ils
voudraient arrêter le ciseau de la Parque. Plus ils sont près
de la mort, moins ils sont ennuyés de vivre. Remerciez-
moi si vous voyez encore tant de vieux patriarches qui
ont à peine figure d'hommes, qui bégayent, qui radotent,
qui n'ont plus ni dents ni cheveux ; restes hideux, rechi-
gnés, maussades, grondeurs, écourtés, dont la triste machine est faite en demi-cercle. C'est le portrait qu'en fait

---

[1] L'ennui de la vie s'empara des filles de Milet, et elles se donnaient
la mort.

Aristophane. Tels qu'ils sont, ils aiment la vie; ils essayent de se rajeunir, en peignant les quatre poils qui leur restent, ou en les cachant sous une chevelure postiche. Ils empruntent les dents, peut-être, d'un cochon. Il en est même qui deviennent amoureux transis d'une jeune beauté, et qui font auprès d'elle plus de sottises qu'un jeune homme. Il est si commun aujourd'hui de voir de ces figures mortuaires acheter la main d'un enfant, au risque d'être ce que vous entendez bien, que ce sera bientôt un mérite. Mais tout cela n'est rien, en comparaison de ces vieux bouquins de femmes, si cadavéreuses qu'on les croirait échappées des enfers, qui ne cessent de répéter *rien de tel que de vivre;* qui brûlent, qui hennissent comme les cavales; qui payent cher un jeune Adonis, se barbouillent le visage de céruse et de plâtre, ne quittent pas le miroir, étalent une gorge à cent replis, et, par des cris lascifs, essayent de ranimer la nature épuisée. Elles boivent, elles dansent, elles écrivent des billets doux. On se moque d'elles; on les traite d'archifolles; on a raison. N'importe, elles sont contentes si elles jouissent du plaisir; elles s'abreuvent de nectar. C'est moi qui le leur verse. Vous qui trouvez cela si ridicule, réfléchissez un peu. Ne vaut-il pas mieux embellir ainsi sa vie, que de chercher une poutre pour se pendre? Peu importe à mes fous l'odieux qu'on jette sur cette conduite; ils ne savent ce que c'est, ou ils s'en moquent. Qu'une tuile nous tombe sur la tête; c'est vraiment du mal. Mais la honte, l'infamie, l'opprobre, le blâme, ne sont des maux qu'autant qu'on les sent. Ce n'est rien pour celui qui n'en est pas affecté. Que vous font les sifflets du peuple, si vous vous applaudissez vous-même ? Or, c'est ce que vous ne pouvez faire sans moi.

XXXII. Je crois entendre les philosophes s'écrier qu'il est malheureux d'être conduit par la folie, de vivre dans l'ignorance et dans l'erreur. Mais non ; c'est être homme. Pourquoi dire que c'est un malheur, puisque vous êtes nés, que vous avez été élevés et façonnés pour cela, et que c'est la condition de tous ? Un attribut de l'espèce n'est pas une misère ; à moins qu'on ne dise que l'homme est à plaindre parce qu'il n'a pas des ailes comme les oiseaux, quatre pieds comme les quadrupèdes, un front armé de cornes, comme le taureau. En raisonnant ainsi on pourrait dire qu'un superbe coursier est bien malheureux de ne pas savoir la grammaire, de ne pas manger du sucre ; et de même d'un taureau, parce qu'il n'est pas propre à disputer le prix de la course. L'homme n'est pas plus misérable pour être fou, que le cheval pour n'être pas grammairien. La folie est l'apanage de l'humanité. Mais nos sophistes ne se rebutent pas. La connaissance des choses, disent-ils, est le lot de l'homme. La nature le lui a donné pour le dédommager, par les spéculations du génie, des autres avantages qu'elle lui a refusés. Comme si la nature, qui veillait assurément en bonne mère lorsqu'elle fit les insectes et les plantes, s'était endormie en faisant l'homme, et lui avait laissé le besoin des sciences, que Theutus, génie ennemi de l'espèce humaine, inventa pour en être le tourment ; qui, loin de contribuer au bonheur, ne font que le contrarier ; qu'on accuse de n'avoir été découvertes que pour cela, comme le dit fort bien, dans Platon, un sage roi [1], en parlant de l'invention des lettres. Les sciences s'introduisirent sur la terre de compagnie avec les autres maux, et eurent les mêmes auteurs, c'est-à-dire des démons dont le nom signifie *savoir*.

Dans la simplicité du siècle d'or, l'homme, dégagé de toute armure scientifique, n'avait que la nature et l'instinct pour guides. Qu'aurait-il fait de la grammaire ? Il n'y avait qu'une langue commune à tous, et on ne parlait que pour se faire entendre. Avait-il besoin de la dialectique, lorsque toutes les opinions s'accordaient ? Que lui aurait servi la rhétorique ? la chicane était ignorée. Comment aurait-il étudié les lois ? il n'y en avait pas ; la corruption, qui les a rendues nécessaires, n'existait pas encore. Il était trop religieux pour oser lever d'une main impie le voile dont la nature a couvert ses mystères ; pour mesurer les distances, et calculer les mouvements et les effets des astres ; pour approfondir les causes de tout. Il regardait comme un crime qu'un mortel voulût élever ses connaissances au-dessus de sa condition. Le projet insensé de pénétrer jusque dans les secrets du ciel ne se présentait pas même à son esprit. Mais dans le déclin de ce siècle fortuné, ces mauvais génies dont j'ai parlé inventèrent

[1] Thamus, qui régnait à Thèbes, en Égypte.

les sciences et les arts, en petit nombre d'abord, et ne les répandirent qu'avec ménagement. Dans la suite, la superstition des Chaldéens et l'oiseuse frivolité des Grecs multiplièrent ces tortures de l'esprit, dont une seule, par exemple la grammaire, peut faire le supplice de toute la vie.

XXXIII. Parmi les sciences, celles qui se rapprochent le plus du sens commun, ce qui est la même chose que la folie, sont aussi les mieux récompensées. Les théologiens meurent de faim, les physiciens se morfondent; on se moque des astrologues; on méprise les dialecticiens. La médecine vaut mieux que tout cela. Et parmi les médecins, le plus ignare, le plus charlatan, le plus téméraire aura toujours la vogue parmi les gens du haut parage. La médecine, comme la plupart la font aujourd'hui, n'est, comme la rhétorique, que l'art de jeter de la poudre aux yeux. Après les médecins, et peut-être à côté d'eux, sont les légistes. Je n'en dis rien; mais tous les philosophes s'accordent à dire que leur science n'est qu'ânerie. Mais ces ânes sont les arbitres des affaires, grandes et petites. Ils deviennent de grands seigneurs, tandis que le théologien qui a compulsé la bibliothèque du ciel mange des fèves, et fait la guerre aux insectes, qui le tourmentent. Puisque les arts les mieux payés sont précisément ceux qui avoisinent le plus la folie, il s'ensuit que le plus grand bonheur de l'homme est de se passer de tous, et d'attendre tout de la nature, qui n'est jamais en défaut, et ne manque à l'homme que lorsqu'il sort lui-même de son enceinte. Elle n'aime pas à être falsifiée, et ce que l'art n'a pas contourné prospère davantage.

XXXIV. Écoutez-moi : n'est-il pas vrai que les animaux indisciplinables, qui n'obéissent qu'à la nature, sont les plus heureux ? En est-il qui le soient plus que les abeilles ? Quoiqu'il leur manque un sens, notre architecture a-t-elle rien de comparable à celle de leurs ruches ? La république de Platon vaut-elle la leur ? Au contraire, le cheval, qui a les mêmes sens à peu près que l'homme, et qui vit avec lui, en partage les calamités. Pour éviter la honte d'être vaincu à la course, il fait des efforts qui l'épuisent. Dans les combats, son ardeur pour la victoire lui coûte la vie, et il mord la poussière avec son cavalier. Je veux bien oublier les mors, l'éperon, l'étable où il est emprisonné, la chambrière, le fouet, les liens, un maître dont il supporte le poids, et tout l'appareil de la servitude à laquelle il se soumit, lorsqu'à l'exemple de nos braves il risqua tout pour se venger. Ah ! qu'il vaut bien mieux être mouche ou roitelet, et ne dépendre que du temps et de la nature, autant que nos lacets le permettent ! Que si l'oiseau renfermé dans sa cage apprend à imiter notre langage, ah ! qu'il perd de sa beauté naturelle ! Tant il est vrai que la simplicité de la nature est plus aimable que les raffinements de l'art. Aussi j'admire Pythagore qui, après avoir été tout, philosophe, homme, femme, roi, sujet, poisson, cheval, grenouille, et je crois même éponge [1], décida, quand il fut coq, que l'homme

---

[1] Il y a eu des anciens qui ont fait de l'éponge une espèce d'animal.

était le plus malheureux des animaux, parce que tous les autres se tenaient dans leurs bornes, et que lui seul se débattait pour en sortir.

XXXV. Entre les hommes, le même philosophe donne la préférence aux idiots sur les savants et les célèbres. En vérité, Gryllus fut plus sage que le sage Ulysse, lorsqu'il aima mieux grogner dans l'étable de Circé que d'affronter avec lui de nouveaux périls. Homère, le père des fables, paraît avoir pensé comme Pythagore. S'il donne aux hommes en général les épithètes d'infortunés, de malheureux, il en donne une plus forte à son Ulysse, dont il fait un modèle de sagesse; c'est toujours Ulysse poussant un profond soupir. Il ne parle pas de même de Pâris, d'Ajax, d'Achille. Pourquoi Ulysse soupire-t-il tant? C'est que toujours méditatif, toujours sur ses gardes, il n'avait de commerce qu'avec Pallas, et n'était jamais dans la nature. Puisque les hommes s'éloignent du bonheur à mesure qu'ils se rapprochent de la sagesse, d'autant plus fous en cela qu'oubliant la condition humaine dans laquelle ils sont nés, ils affectent celle des dieux, et qu'à l'exemple des géants, ils font de leur science des batteries contre l'ordre des choses, concluons que les moins malheureux sont ceux qui se contentent d'être hommes, comme les bêtes d'être bêtes.

Voyons si, sans faire usage des enthymèmes de l'école, je pourrai prouver cette vérité par un exemple sensible. De par les dieux immortels, est-il d'êtres plus heureux que cette espèce d'hommes à qui on donne des noms que

je trouve fort beaux, ceux de fous, d'imbéciles, d'inno-
cents, de bêtes? Vous allez prendre ceci pour un paradoxe;
mais ce paradoxe est une grande vérité. Premièrement, ils
sont affranchis de la crainte de la mort, qui certes n'est
pas un des moindres maux de la vie. Le remords n'a pas
prise sur eux. Les contes qu'on fait des dieux mânes ne
les inquiètent pas; ils n'ont peur ni des revenants, ni des
loups-garous; ils ne sont ni victimes de la crainte, ni
dupes de l'espérance; enfin ils ne sont pas rongés par les
soucis, qui sont le poison de la vie. La honte, la crainte,
l'ambition, l'envie, l'amour, sont des passions qu'ils ignorent. Ajoutez que, réduits à la stupidité, quoi qu'ils fassent, ils ne pèchent pas : tous les théologiens le disent.

Maintenant récapitulez, s'il vous plaît, messieurs les
sages sans sagesse, toutes les angoisses auxquelles vos âmes
sont éternellement en proie; faites comme un tas de toutes
les épines dont votre vie est semée, et vous verrez à combien de maux j'ai soustrait mes imbéciles. Non-seulement
ils sont toujours joyeux, toujours chantants, toujours
riants, mais encore ils portent partout la joie, le plaisir,
l'amusement; comme si les dieux, dans leur bonté, les
avaient fait naître pour égayer le sombre tableau de la
vie. Aussi, malgré la diversité des affections, ils réunis-
sent celles de tous les hommes, qui, comme attirés par l'attrait de la similitude, les recherchent, les nourrissent, les
flattent, les caressent, les préservent des accidents, et
leur pardonnent tout ce qu'ils font et tout ce qu'ils disent.
Personne ne songe à leur faire du mal, et la nature sem-

ble instruire même les bêtes féroces à respecter leur innocence. Ils sont sous la sauvegarde des dieux, et surtout
sous la mienne : c'est un privilége que tout le monde reconnaît.

XXXVI. Ce n'est pas tout : les fous amusent les rois;
ils font les délices de leurs tables et de leurs promenades;
ils sont nécessaires à leurs plaisirs. Oh! qu'ils les préfèrent à ces graves philosophes qu'ils alimentent quelquefois par vanité! La raison de cette préférence est simple et
naturelle. Les sages ne leur disent que des choses qui les
attristent, et se prévalent quelquefois de leur sagesse pour
oser blesser leurs oreilles délicates par des vérités amères.
Au contraire, leurs fous ne savent que rire, badiner, plaisanter. Ils ont encore un avantage qui n'est pas à dédaigner : ils sont les seuls qui soient simples et naïfs. Or,
qu'y a-t-il de plus beau que la vérité? Platon fait dire à
Alcibiade qu'elle appartient au vin et à l'enfance. Cela
n'est pas vrai : elle est mon lot. J'en ai pour preuve ce
mot d'Euripide : *le fou dit toujours des folies;* il dit
donc ce qu'il a dans l'âme; son visage et sa bouche sont
toujours d'accord avec sa pensée. Au contraire, selon le
même Euripide, le sage a deux langues, l'une pour dire la
vérité, l'autre pour parler selon le temps. Il sait changer
le noir en blanc, souffler le froid et le chaud, cacher ce
qu'il pense et dire ce qu'il ne croit pas.

On vante le bonheur des rois, et je ne puis m'empêcher de les plaindre de n'avoir personne qui leur dise la
vérité, et d'être réduits à prendre des flatteurs pour des

amis. On dira que c'est leur faute; qu'ils n'entendent pas
la vérité parce qu'ils ne l'aiment pas, et qu'ils fuient le
commerce des sages pour n'avoir pas auprès de leurs personnes des hommes qui leur diraient des choses plus utiles
qu'agréables. Oui, les rois n'aiment pas la vérité. Cependant mes fous réussissent merveilleusement bien à la leur
faire avaler, quelquefois même avec toute son amertume.
Tel mot qui aurait coûté la vie à un sage, s'il avait osé le
dire, est bien reçu venant de la part d'un fou. La vérité
a par elle-même un charme qui subjugue, lorsqu'elle n'est
accompagnée d'aucun accessoire qui la rende amère. Le
don de la dire ainsi sans blesser est l'apanage exclusif des
fous. C'est pour cela que cette espèce d'hommes réjouit
davantage les femmes, qui sont naturellement plus fri-
voles et plus amies du plaisir. Quelque liberté qu'ils se
permettent avec elles, quand même ce serait plus que raillerie, elles ne feraient qu'en rire : ils savent si bien dorer
la pilule!

XXXVII. Je reviens au bonheur des fous. Après une vie
heureuse, exempts des horreurs et du sentiment même de la
mort, ils vont droit dans les Champs-Élysées pour y amuser
encore le loisir des âmes pieuses. Voyons maintenant, prenons un sage, celui qu'il vous plaira, et mettons en parallèle
son sort avec celui d'un fou. Créez, au gré de votre imagination, un homme qui serve d'objet de comparaison ; un
philosophe qui ait passé son enfance et sa jeunesse au milieu des livres ; qui ait perdu ses belles années à rêver
creux, à se morfondre dans des spéculations abstraites ;

qui ait fourni le reste de sa carrière sans goûter un instant
le plaisir; toujours sobre, pauvre, triste, sombre, dur envers lui-même, à charge aux autres, faisant peur par son
teint livide, ses joues creuses, ses infirmités, sa chassie;
vieilli avant le temps et mourant avant son heure, si tant
est qu'on puisse dire qu'un homme meurt quand il n'a jamais vécu. Voilà une belle figure de sage.

XXXVIII. Mais j'entends coasser les grenouilles du
portique. « Il n'y a pas, disent-ils, de plus grand mal que
la folie. Or, l'extrême bêtise en est si voisine qu'on peut
dire que c'est même chose. Car qu'est-ce que la folie, sinon une erreur perpétuelle? Vos imbéciles en sont là. »
Avec l'aide des Muses, je vais encore pulvériser ce syllo-
gisme, tout artificieux qu'il est. Socrate fit deux Vénus
d'une Vénus, et deux Cupidons d'un Cupidon. Nos rai-
sonneurs devaient distinguer deux folies, s'ils ne voulaient
pas passer pour être fous eux-mêmes. Si toute folie était
un malheur, Horace aurait-il dit :

Suis-je donc le jouet d'une aimable folie ?

Platon n'aurait pas compté parmi les plus grands biens
de la vie les transports des poëtes, des prêtres inspirés et
des amants. La Sibylle n'aurait pas dit à Énée *vos travaux fous*. Il y a donc deux sortes de folie ; l'une, que
les furies vengeresses font sortir de l'enfer avec leurs serpents pour allumer en vous la fureur meurtrière des combats, la soif insatiable de l'or et des amours qui outragent
la nature ; pour inspirer le parricide, l'inceste, le sacri-

lége, ou quelque autre horreur de cette espèce ; ou enfin pour enfoncer dans l'âme du scélérat les pointes du remords et les charbons de la terreur. Il y a un autre genre de folie qui vient de moi, et qui est un grand bien. C'est un heureux délire qui dégage vos âmes des noirs soucis et l'enivre des enchantements de la volupté. C'est le bonheur que Cicéron se désire à lui-même dans une de ses lettres à Atticus, comme un topique envoyé du ciel pour amortir la douleur que lui causaient les maux dont il était témoin. Non, non, ce n'était pas un sot que ce Grec dont toute la folie consistait à passer les jours entiers seul au théâtre, riant, battant des mains, parce qu'il croyait assister à des pièces merveilleuses. D'ailleurs, il remplissait les devoirs de la vie : il était bon ami, bon mari, bon maître. Il ne s'emportait pas pour une bouteille décachetée. Sa famille le fit guérir ; il ne l'en remercia pas ; au contraire, il s'en plaignit. « Oh ! mes amis, vous ne m'avez point guéri, vous m'avez tué. Vous m'avez arraché violemment la plus douce des erreurs. » Il avait raison, et sa famille avait eu tort de dissiper, à force d'art, une illusion qui le rendait heureux. Ses parents avaient plus besoin d'ellébore que lui-même.

D'ailleurs, il n'est pas décidé que toute erreur des sens ou de l'esprit mérite le nom de folie. Qu'un homme qui a de mauvais yeux prenne un mulet pour un âne, ou qu'il trouve beaux des vers pitoyables, on ne dira pas pour cela que c'est un fou. Mais si son erreur est dans les sens et dans l'esprit ; si elle est constante et d'une espèce

singulière; par exemple, si toutes les fois qu'un âne se
met à braire, il croit entendre une musique délicieuse; si,
né dans la pauvreté, il se croit roi et riche comme Cré-
sus; on dira que le pauvre homme en tient. Mais quand
cette folie est gaie comme elle l'est ordinairement, elle
amuse et son fou et d'autres d'une autre espèce, qui en
sont les spectateurs. Ce genre de folie est plus commun
qu'on ne pense. Quoi qu'il en soit, un fou fait rire l'autre,
et tous les deux se donnent réciproquement la comédie:
Vous verrez souvent que celui qui l'est le plus rit plus
fort de celui qui l'est le moins.

XXXIX. En vérité, plus l'homme a de coins de folie,
plus il est heureux; c'est moi qui vous le dis; pourvu que
ce soit de celle qui vient de moi, dont tous les hommes
ont leur part, en sorte qu'il n'en est aucun qui soit raisonnable du matin au soir, et qui n'ait pas ses moments
d'extravagance. Il y a des différences qui sont sensibles.
Un homme prend une citrouille pour une femme : tout le
monde dit qu'il est fou, parce qu'il est à peu près seul
dans son espèce. Mais qu'un mari jure ses grands dieux
que sa femme, qui lui fait tous les jours des infidélités, est
plus fidèle que Pénélope, et qu'heureux dans son erreur,
il s'applaudisse d'être si bien partagé; on ne dira pas qu'il
est fou, parce que sa folie est celle de tous les époux.

On peut ranger dans la même classe ces chasseurs effré-
nés qui ne savent que courir après des bêtes, pour qui
le rauque son des cors et les aboiements des chiens sont
une musique ravissante. Je crois qu'ils prennent pour du

parfum les excréments de leur meute. Ah ! qu'ils sont
heureux, lorsqu'il faut dépecer la proie ! Il appartient au
vil peuple de démembrer des bœufs et des moutons ; mais
le cerf ! le sanglier ! c'est le privilége de la noblesse. Le
sacrificateur, à genoux, tête nue, armé du coutelas destiné à cet usage, car tout fer n'est pas bon pour cela,
coupe religieusement les membres prescrits par les rits de
chasse, en observant la méthode et les gestes consacrés.
Toute la troupe l'environne, et admire, en silence, cette
belle cérémonie qu'elle a vue mille fois. Goûter de la victime ! C'est un nouveau titre de noblesse. En passant leur
vie à courir après les bêtes, tout ce qu'ils gagnent, est de
le devenir eux-mêmes un peu ; et cependant ils prennent
cela pour un exercice royal.

Ceux qui ont la fureur de bâtir, qui changent aujour-
d'hui le rond en carré, et demain le carré en rond, ressemblent parfaitement aux chasseurs. Ils ne connaissent
ni mesure ni terme, et vont toujours leur train, jusqu'à
ce qu'ils aboutissent à l'hôpital. N'importe, ils ont eu
quelques années de jouissance. Ils me font souvenir des
souffleurs, qui usent leur vie dans la pratique de l'art
obscur de changer la nature des choses, et parcourent la
terre et la mer pour trouver je ne sais quelle quintessence.
Amorcés par le charme de l'espérance, rien ne les rebute,
ni peines ni dépenses. Ils ne cessent de se créer des fantômes pour s'éblouir, pour nourrir l'illusion qui les flatte,
jusqu'à ce que leurs ressources soient épuisées, et qu'ils
ne puissent plus faire aller leurs fourneaux. Encore ne

sont-ils pas guéris de leurs rêveries : ils les prêchent à qui veut les entendre. Quand enfin ils sont déchus de toute espérance, il leur reste le plaisir de dire, comme le poëte :

> Il est beau de monter au ciel ;
> Il est beau même d'en descendre.

Ils s'en prennent à la brièveté de la vie, qui n'a pas suffi à la grandeur de leur entreprise.

Quant aux joueurs, j'ai quelque répugnance à les reconnaître pour mes sujets. Cependant il n'y a rien de plus risible, parce qu'il n'y a rien de plus fou que de voir ces forcenés devenir des convulsionnaires aussitôt qu'ils entendent rouler les dés. Lorsque, après avoir été longtemps dupes de l'espérance, ils ont vu leur vaisseau se briser contre l'écueil du jeu, plus redoutable que celui de Malée [1], et qu'ils ont échappé nus au naufrage, ils reviennent à la charge, et, pour soutenir leur réputation de beaux joueurs, ils trompent tout le monde, excepté celui qui gagne leur argent. La plaisante chose que ces vieillards plus qu'à demi aveugles, qui arment leur nez de lunettes pour jouer ! Lorsque la goutte, qu'ils ont bien méritée, a racorni leurs doigts, ils payent une main étrangère qui fasse aller les dés pour leur compte. C'est leur plaisir ; mais ce plaisir devient quelquefois rage. Il est de l'invention des furies, et je m'en lave les mains.

XL. Mais en voici d'autres qui sont à moi. Ce sont les

[1] Promontoire de la Laconie fort dangereux pour les navigateurs.

conteurs et les curieux de prodiges et de fables merveilleuses. Ces historiettes de spectres, de loups-garous, de
revenants, et de mille autres absurdités, ne lassent jamais.
Plus elles sont incroyables, mieux on les croit, plus elles
chatouillent l'oreille. Cela sert non-seulement à tuer le
temps, mais encore à chauffer la cuisine des prêtres et des
prédicateurs. Il faut mettre dans la même catégorie ceux
qui sont dans la fausse mais douce persuasion qu'ils n'ont
rien à craindre de toute la journée, s'ils ont vu par hasard
une statue ou une image du gigantesque saint Christophe ;
que moyennant une prière à sainte Barbe, ils échapperont
sûrement au naufrage; que pour devenir bientôt riche,
il ne faut que faire allumer certaine bougie devant l'autel de saint Érasme, et lui réciter certaine oraison; le tout
à certains jours marqués. Ils font de saint George leur
Hercule et leur Hippolyte, et achètent sa protection par
quelques petites offrandes. Il ne leur manque que d'adorer son cheval. Mais ils ont soin de le parer. Jurer par le
casque du saint, c'est faire le plus sacré des serments.

Que dire de ceux dont la conscience s'endort, sur la
foi des indulgences et des pardons ; qui mesurent, comme
avec une horloge, la durée du purgatoire; qui en calculent
arithmétiquement, et sans craindre de se tromper, les
siècles, les années, les mois, les jours et les heures? Que
dire encore de ces imbéciles qui, dupes d'un pieux im-
posteur qui a voulu se divertir, ou leur escroquer de l'argent, imaginent qu'il n'y a qu'à porter certains amu-
lettes, et à marmotter certaine oraison, pour tout obtenir,

richesses, honneurs, plaisirs, bonne chère, santé constante, longue vie, saine vieillesse, et enfin la première place dans le ciel, après Jésus-Christ? Bien entendu que ce sera le plus tard possible. Ils ne désirent les jouissances éternelles que pour le temps où ils seront arrachés à celles de la terre, qu'ils quitteront à leur grand regret.

Il n'y a pas de négociant, de militaire, de juge qui ne croie qu'en faisant une offrande d'un écu, après en avoir volé des milliers, il lave toutes les ordures de sa vie; que tant de parjures, d'impuretés, d'excès, de querelles, de meurtres, de perfidies, de trahisons, sont rachetés, traité fait avec le Ciel, et si bien rachetés, qu'il peut recommencer de plus belle. Quelle folie plus grande, et en même temps plus consolante, que celle de ces bonnes gens qui se promettent l'éternelle félicité, pourvu qu'ils récitent tous les jours sept versets du psautier? On dit que c'est un diable qui découvrit ce merveilleux secret à saint Bernard. Mais c'était un pauvre diable, car il fut pris dans ses filets [1]. Ces extravagances, si pitoyables que j'en ai honte moi-même, ont pourtant l'approbation non-seulement du peuple, mais encore de nos docteurs. N'oublions pas ici que chaque pays a son saint, et chaque saint son culte et sa vertu. L'un guérit du mal de dents, l'autre

---

[1] Le diable dit bien à saint Bernard qu'il y avait sept versets du psautier qu'il suffisait de réciter tous les jours pour aller droit au ciel; mais il refusa de lui dire quels étaient ces versets. « Hé bien! dit le saint, je réciterai le psautier tout entier et j'aurai encore plus de mérite. » C'est ainsi que le diable fut attrapé. On peut juger par cet endroit du mérite de la légende.

délivre les femmes en couches. Celui-ci fait restituer ce qui a été volé; celui-là sauve les naufragés. Il y a un saint pour les troupeaux; il y en a encore pour autre chose : il y en a pour tout. Les détails seraient infinis. Il en est aussi qui ont plusieurs vertus; par exemple la mère de Dieu, en qui le peuple a plus de confiance qu'en son fils.

XLI. Mais que demandent-ils à leurs saints, sinon ce que je donne moi-même? Parcourez tous ces *ex voto* dont les temples sont tapissés jusqu'à la voûte. En verrez-vous un seul qu'un homme ait offert en action de grâces pour avoir été guéri de la folie? pour avoir obtenu un grain de raison de plus? Vous y verrez un naufragé qui se sauve à la nage; un soldat qui n'est pas mort de ses blessures; un autre qui a su bravement, et surtout heureusement, se dérober au péril d'être blessé, en laissant à ses camarades le soin de battre les ennemis. Ici c'est un pendu dont la corde se rompt, grâce à un saint, patron des voleurs, qui le rend à la charitable fonction de soulager ceux à qui leur argent pèse. Là vous voyez un prisonnier qui brise les portes du cachot. Plus loin c'est un malade qui a été débarrassé de la fièvre plus vite que ne voulait son médecin. Un autre a trouvé un remède salutaire dans un poison qu'on lui avait donné, et il se porte bien, en dépit de sa femme qui pleure la perte de ses soins et de son argent. Ailleurs c'est un char qui a versé, et dont le maître sort sans être blessé, et ramène ses chevaux sains et saufs dans l'écurie. A côté, c'est un homme qu'on retire vivant de dessous les ruines d'un édifice, ou un vert galant qui a été surpris impunément en flagrant délit. Mais point d'*ex voto* pour être devenu raisonnable. Il est si doux de ne l'être pas, qu'on demandera toujours à Dieu tout autre chose. Laissons toutes ces superstitions. Pourquoi s'aller noyer dans cette mer?

> Un organe de fer, cent bouches et cent langues
> Ne pourraient pas suffire à dire devant vous
> Les espèces, les noms et le nombre des fous.

Le christianisme est infecté de ces rêveries, que les prêtres autorisent et entretiennent, parce qu'ils savent ce qu'elles leur valent. Si au milieu de ces momeries la voix d'un sage venait faire entendre aux hommes ces dures vérités : Vous serez sauvé si vous vivez bien ; — Vous rachèterez vos péchés si vous ajoutez à l'aumône le repentir, les œuvres de pénitence, la prière, le jeûne et la réforme des mœurs ; — Ce saint vous protégera, si vous devenez son imitateur ; — que deviendrait l'heureuse sécurité des auditeurs ? Quel trouble succéderait au sommeil de leurs consciences !

On peut comparer à ces fous dont je viens de parler ceux qui se font d'avance une affaire de leurs funérailles ; qui en règlent la pompe, qui prescrivent le nombre des luminaires, des habits de deuil, des chantres, des pleureurs à gages ; comme s'ils devaient jouir du spectacle, ou que l'honneur des morts dépendît d'un bel enterrement. Jamais édile ne s'occupa davantage des jeux et du festin qu'il devait donner au peuple de Rome.

XLII. Quoique je sois pressée de finir, je ne puis passer sous silence cette petite engeance bouffie d'orgueil, parce qu'elle a de vieux titres. L'un se fait descendre d'Énée, l'autre de Brutus, un troisième de l'étoile polaire. Ils vous font le dénombrement de leurs ancêtres ; ils n'oublient aucun de leurs titres ; ils vous en montrent les statues et les portraits, qui valent encore mieux qu'eux. Ce petit orgueil fait leur bonheur ; et il se trouve d'autres fous qui admirent ces automates.

Mais faut-il parcourir les espèces, lorsqu'il est visible que l'amour-propre a la vertu magique de rendre heureux tous les hommes en général ? L'un est plus laid qu'un singe, et se croit un Adonis. L'autre, pour avoir tracé un quart de cercle, se compare à Euclide. Un troisième, qui est véritablement l'âne dans un concert, dont la voix est plus aigre que le chant du coq, s'imagine qu'il est un autre Hermogène. Mais la plus originale des folies est celle de certains hommes qui s'enorgueillissent des talents de leurs valets. Tel était ce fortuné mortel qui contait des histoires à l'aide de son domestique qui lui soufflait les mots à l'oreille. Le pauvre homme n'avait qu'un souffle de vie, et il était toujours prêt à faire le coup de poing, parce que ses gens avaient des bras vigoureux. Que dirons-nous des professeurs et des maîtres ? L'amour-propre est leur sort. Ils renonceraient plutôt à leur patrimoine qu'à la bonne opinion qu'ils ont d'eux-mêmes. Les comédiens, les musiciens, les orateurs et les poëtes valent tous les autres en ce point. Le dernier de tous est toujours le plus content de lui-même et le plus orgueilleux. Et ils trouvent, comme on dit, chaussure à leur pied. Ils se font des admirateurs par leur ignorance même. Ce qui est mauvais doit plaire au grand nombre, parce que le grand nombre est celui des fous. Si l'ignorant s'applaudit davantage, s'il a plus d'admirateurs, qu'a-t-il besoin du vrai savoir, qui coûte à acquérir, qui rabat l'amour-propre, rend l'homme timide, et n'a que peu de suffrages?

XLIII. En observant la nature, je vois qu'elle a caractérisé les nations, comme les individus, par un amour-propre qui les distingue. Les Anglais se flattent d'être les plus beaux des hommes, d'avoir table exquise, et la meilleure musique du monde. Les Écossais se vantent d'être issus du sang des rois, et les plus subtils dialecticiens de de la terre. Les Français s'arrogent la politesse, et les Parisiens la possession exclusive de la science théologique. Les Italiens s'enorgueillissent de leur littérature, de leur éloquence, et d'être le seul peuple qui ne soit pas barbare. Cette opinion fait leur bonheur, surtout celui des Romains, qui rêvent toujours délicieusement à leur ancienne Rome. Les Vénitiens se repaissent de leur noblesse; les Grecs, de la gloire de leurs anciens héros, et de l'honneur d'avoir été les pères des lettres. Les Turcs, qui sont assurément la lie de l'humanité, s'honorent de leur religion, et nous accusent de superstition. Pour les Juifs, ils sont incomparables, avec leur attente du Messie, et leur opiniâtre fidélité aux lois de Moïse. Les Espagnols n'accordent qu'à eux seuls la gloire des armes. Les Allemands s'applaudissent de leur taille gigantesque et de leur science dans la magie.

XLIV. Vous voyez, sans aller plus loin, tout ce que les hommes, en particulier et en général, doivent à ma philautie et à sa sœur la flatterie. Elles se ressemblent en tout, excepté dans un point ; c'est que la première se chatouille elle-même, et que la seconde chatouille les autres. Celle-ci est décriée par ceux qui font plus d'attention aux mots qu'aux choses. Ils disent qu'elle est incompatible avec la bonne foi. L'exemple des bêtes devrait leur apprendre le contraire. Qu'y a-t-il de plus flatteur, et tout ensemble de plus fidèle que le chien ? De plus caressant et de plus ami de l'homme que l'écureuil ? Aimerez-vous mieux la cruauté du lion, la férocité du tigre, la fureur du léopard ? A la vérité, il y a une flatterie hypocrite, qui est une peste dans le monde. Mais la mienne n'est que douceur et bonté. Elle est plus près de la vertu que l'austérité qui est son contraste, que l'humeur bourrue et rebutante. Elle relève les âmes abattues, console les affligés, ranime la langueur, réveille les léthargiques, soulage les malades, apaise les furieux, fait naître et cultive l'amitié. Elle donne de l'émulation aux enfants, et aux rois des leçons utiles, déguisées sous l'enveloppe de la louange. Enfin elle rend l'homme plus cher et plus agréable à lui-même ; ce qui est beaucoup pour le bonheur. Un mulet gratte l'autre, et ils sont contents tous les deux. Je pourrais ajouter qu'elle sert très-bien l'éloquence, mieux encore la médecine, parfaitement la poésie ; enfin qu'elle fait la douceur et le charme de la vie.

XLV. Il est malheureux, dit-on, d'être dans l'erreur. Non, non ; il est malheureux de n'y être pas. On se trompe, si on croit que le bonheur est dans les choses. Il réside dans l'opinion. Les choses humaines ont tant de faces et d'apparences, que tout est problème pour nous. C'est une vérité que reconnut l'école de Platon, la moins orgueilleuse de toutes. Si on peut avoir quelque vraie connaissance, c'est toujours aux dépens du bonheur. Enfin, l'âme humaine est faite de façon que l'illusion a plus de prise sur elle que la vérité. En voulez-vous un exemple frappant ? Allez au sermon. Si c'est une pièce solide, l'auditoire s'ennuie, bâille et s'endort. Si au contraire le crieur, ou plutôt le brailleur fait, comme ils font tous, des contes de bonne femme, on ne dort pas, on écoute, on admire. Vous verrez, dans les temples, le peuple s'agenouiller devant quelque saint apocryphe, comme qui dirait, George, Christophe ou Barbe, plus dévotement que devant saint Pierre, saint Paul et même Jésus-Christ. Mais il s'agit ici d'autre chose.

Ces jouissances d'opinion coûtent-elles autant que les choses, dont la moindre, par exemple la grammaire, ne s'acquiert souvent qu'à grands frais ? L'opinion vient d'elle-même, et contribue au moins autant à la félicité. Que vous importe que ce poisson salé que vous mangez pue au nez de votre voisin, si vous y trouvez un goût d'ambroisie ? Au contraire, êtes-vous bien ragoûté quand vous mangez d'un esturgeon qui vous fait soulever le cœur? Une femme laide à faire peur est une Vénus aux yeux de son mari. N'est-ce pas la même chose pour lui que si elle était réellement belle? Un homme a une peinture barbouillée, et il la regarde comme un chef-d'œuvre digne d'Apelles ou de Zeuxis. N'est-il pas plus heureux que l'amateur qui achète bien cher les tableaux de ces grands maîtres, peut-être sans goûter le même plaisir? Je connais un homme de mon nom, qui donna des perles factices à sa nouvelle épouse. Comme il savait en conter, il lui fit croire qu'elles étaient fines, et même que tout le monde n'en avait pas de pareilles. Quel mal cela faisait-il à cette femme? Ces morceaux de verre la contentaient, la rendaient heureuse. Elle les mettait dans leur boîte comme des bijoux de prix. Cependant son mari avait ménagé sa bourse; il jouissait de la crédulité de sa femme, qui ne l'en aimait pas moins que s'il lui eût fait un riche présent. Quelle différence faites-vous entre ceux qui, toujours clos dans l'antre de Pluton, y admirent des fantômes sans corps, et le sage qui, en étant sorti, a vu des objets réels? Pourvu que les premiers, contents d'admirer, n'aillent pas jusqu'à désirer, tout n'est-il pas égal de part et d'autre? Si le Mycille de Lucien avait pu jouir éternellement du songe délicieux qu'il faisait, il n'aurait eu rien à désirer. La balance est en équilibre ; ou si elle penche d'un côté, c'est à l'avantage des fous, parce qu'ils sont heureux à moins de frais, car il ne leur en coûte que de croire qu'ils le sont; et parce qu'ils jouissent du bonheur commun.

XLVI. On ne jouit pas quand on jouit seul. Qui ne sait combien est petit le nombre des sages, si même il y en a? Les Grecs, dans le cours de plusieurs siècles, n'en ont pu compter que sept. Encore, que je meure si en les analysant on en tire une demi-once de vraie sagesse. Le premier mérite qu'on donne à Bacchus est de faire oublier les soucis de la vie. Et ce n'est pas pour longtemps; car dès que le sommeil a dissipé les fumées du vin, les soucis reviennent, comme on dit, au galop. J'ai un remède bien plus sûr et plus efficace. Je tiens l'âme dans une ivresse perpétuelle, qui la transporte dans **la région des songes aimables**, de la joie, de l'enchantement; et tout cela sans effort. Les autres divinités sont partiales, et font acception de personnes. Tout le monde participe à mes bienfaits. Tout pays ne produit pas ce vin fort et mielleux,

> Qui chasse les soucis et verse l'espérance.

Vénus est ménagère de la beauté, Mercure encore plus de l'éloquence. Hercule fait rarement trouver un trésor. Jupiter ne donne le diadème qu'à qui lui plaît. Souvent Mars reste indécis dans les combats. Plusieurs sortent en pleurant du temple où Apollon rend ses oracles. Saturne est toujours armé de la foudre. Apollon lance quelquefois des traits empestés. Neptune fait périr plus d'hommes qu'il n'en sauve. Je ne dis rien des mauvais génies, des Pluton, des Atta, des Vengeances, de la Fièvre, et de toute cette séquelle de bourreaux plutôt que de dieux. Il n'y a que la Folie qui répande ses bienfaits sur tous les hommes indistinctement.

XLVII. Je n'exige pas de vœux ; je ne demande ni vengeance ni victimes expiatoires, pour quelque omission dans le formulaire de mon culte. Je ne fais pas vacarme parce qu'on m'a oubliée, et que je n'ai pas été invitée avec la troupe céleste à venir prendre ma part de la fumée d'un sacrifice. Les autres divinités prennent si facilement de l'humeur pour ces bagatelles, qu'il est plus sage et plus sûr de les laisser là que de leur rendre un culte. Elles ressemblent à certains hommes, qui sont si épineux et si susceptibles, qu'il vaut mieux en être haï que de les fréquenter. Mais, dira-t-on, la Folie n'a ni temples ni sacrifices. Cela est vrai, et je m'en étonne. Les hommes sont ingrats. Mais je ne m'en soucie guère. Je suis bonne, et je ne désire rien de tout cela. Qu'ai-je besoin d'encens, de gâteaux salés, et de quelques misérables victimes ? Tous les hommes sans exception ne me payent-ils pas un tribut d'hommages que les théologiens mêmes autorisent ? Dois-je envier à Diane ses autels arrosés de sang humain ? Je jouis des honneurs vraiment divins, puisque je règne dans les âmes, et que la vie, que les mœurs de tous les hommes me représentent au naturel.

C'est une espèce de culte que les chrétiens ne connaissent guère. Vous en verrez mille faire brûler en l'honneur de la Vierge une bougie en plein midi, ce qui est assez ridicule ; mais en trouverez-vous beaucoup qui prennent pour règles de leur conduite sa chasteté, sa modestie,

sa ferveur pour les choses célestes? Voilà pourtant le vrai
culte, et le seul qui soit agréable aux habitants du ciel.
Pourquoi désirerais-je d'avoir des temples? N'ai-je pas
celui de l'univers, qui est le plus magnifique de tous ? J'ai
des adorateurs partout où il y a des hommes. Je ne suis
pas assez folle pour demander des statues et des images.
J'y perdrais. La plupart des hommes sont assez stupides,
assez enfoncés dans la matière pour oublier le saint et ne
voir que sa représentation. Il arrive quelquefois aux dieux
ce qui arrive aux hommes : ils sont supplantés par leurs
représentants. Mes statues, ce sont les mortels. Qu'ils le
veuillent ou ne le veuillent pas, ils sont mes images vi-
vantes. Je consens volontiers que les autres divinités aient
des fêtes marquées et un culte spécial, les uns ici, les
autres là; comme Apollon à Rhodes, Vénus en Chypre,
Junon à Argos, Minerve à Athènes, Jupiter sur le mont
Olympe, Neptune à Larente, Priape à Tampsaque. L'u-
nivers est mon temple, et l'on m'y offre des victimes plus
précieuses.

XLVIII. Croyez-vous que je me flatte, et que j'en dis
plus qu'il n'y en a? Pour voir de vos propres yeux les
obligations que m'ont les hommes, depuis le monarque
jusqu'au berger, et le culte qu'ils me rendent, fixez un
instant avec moi vos regards sur leur conduite. Nous ne
parcourrons pas toutes les conditions, ce serait infini; il
suffira de considérer les principaux personnages. Nous
n'avons que faire de parler du petit peuple; il est tout à
moi, sans contestation. Sa folie a tant de formes, et il en

imagine tant de nouvelles tous les jours, qu'en vérité mille Démocrites n'y suffiraient pas. Il est encore vrai qu'il en faudrait un de plus pour rire des autres.

Vous ne sauriez croire combien la pauvre humanité donne de scènes divertissantes aux dieux. Le matin, lorsqu'ils sont à jeun, ils emploient le temps à discuter les affaires et à écouter vos vœux. L'après-midi, lorsque le nectar les a mis en gaieté et qu'ils veulent prendre leurs ébats, ils vont s'asseoir au donjon du ciel, d'où ils regardent d'un œil attentif le tableau mouvant de la vie. Ils n'ont pas de spectacle plus amusant. Ciel! quel théâtre! quel tapage parmi ces fous! je m'en divertis moi-même; car il m'arrive quelquefois d'aller prendre place parmi les dieux d'Homère. Nous voyons un amoureux transi, d'autant plus chaud pour sa belle que sa belle est plus froide pour lui; un avare qui épouse non une fille, mais sa dot; un mari qui fait commerce de sa femme; un jaloux aux yeux d'Argus; un héritier, et c'est ici le plus beau, qui suit le convoi du défunt en pleurant; qui paye des pleureurs pour jouer la pièce larmoyante, qui fait et dit mille folies. Hélas! c'est bien celui qui pleure sur le tombeau de sa marâtre. Nous voyons un goinfre qui, sans songer au lendemain, se débarrasse bien vite du casuel de la journée pour faire ripaille aussitôt; un fainéant qui met son bonheur à dormir et à ne rien faire; des hommes toujours affairés pour les autres, qui négligent leurs propres affaires; des étourdis qui se croient riches, parce qu'avec leur crédit ils éteignent une dette par un emprunt, et qui jouent ce jeu jusqu'à ce qu'ils fassent banqueroute ; des fesse-mathieu qui mettent leur bonheur à vivre mesquinement, pour faire un riche héritier ; des hommes insatiables qui, pour un bénéfice aussi mince qu'incertain, courent les mers et abandonnent au caprice des vents et des flots une vie qu'aucun trésor ne peut racheter ; des militaires qui cherchent la fortune dans les périls, au lieu de jouir d'un sort tranquille dans leurs maisons ; des intrigants qui croient qu'il n'y a rien de mieux, pour devenir riches, que de circonvenir de vieux célibataires, ou de cajoler de vieilles folles. Mais les dieux rient bien quand ils sont dupes de ceux qu'ils ont voulu duper.

Les plus grands et les plus misérables fous sont les marchands [1]. S'il y a quelque chose de plus vil que leur profession, c'est la manière dont ils l'exercent : le mensonge, le parjure, le vol, l'astuce, la mauvaise foi, sont leurs moyens ; et cependant ils se croient des personnages, parce qu'ils ont des doigts chargés d'anneaux d'or. Cela n'empêche pas qu'ils n'aient des flatteurs. Il y a de petits moines qui leur rendent hommage public pour avoir quelque part à leurs voleries. Vous verrez ailleurs des disciples de Pythagore tellement persuadés que tous les biens sont communs, qu'ils s'approprient sans façon tout ce qu'on n'a pas soin de garantir de leurs mains. Il y a des

---

[1] Ce que dit Érasme est bien digne de la Folie. La profession des marchands est honnête par elle-même, et il faut croire que tous l'exercent honnêtement.

hommes qui sont riches en espérance, qui s'y endorment agréablement, et cela leur suffit. D'autres, afin d'avoir le plaisir de passer pour être riches, aiment mieux mourir de faim que de travailler. L'un jette son bien par la fenêtre; l'autre n'épargne ni le sacré ni le profane pour en acquérir. L'ambitieux court après les honneurs; l'indifférent se complaît dans son indifférence. Une foule d'hommes se jettent dans le labyrinthe de la chicane, et font procès sur procès pour enrichir un juge qui ne finit pas, et un avocat prévaricateur. L'un médite une révolution; l'autre arrange un grand projet dans sa tête. Un troisième quitte sa maison, sa femme et ses enfants pour aller à Jérusalem, à Rome, à Saint-Jacques, où il n'a que faire.

Pour abréger, si un nouveau Ménippe contemplait du haut de la lune les tracas infinis des hommes, il croirait voir des tourbillons de mouches et de moucherons qui se disputent, se bataillent, se pillent, se tendent des piéges, jouent, folâtrent, naissent, vieillissent et meurent. Que d'agitation! que de catastrophes de la part d'un animal si petit et si peu durable! Car il ne faut que quelques jours de guerre ou de peste pour en faire disparaître des milliers.

XLIX. Mais, en vérité, je serais moi-même trop folle, et vraiment digne des risées de cent Démocrites, si je continuais à parcourir tous les genres de folie. Je passe maintenant aux hommes qu'on appelle sages, et qui courent, comme on dit, après le rameau d'or. Commençons par les grammairiens. Ce serait sans contredit l'espèce la plus malheureuse, la plus souffrante, la plus disgraciée, si je ne corrigeais les maux de leur état par une agréable folie. Les pauvres gens ! ils ont à leurs trousses, non pas cinq, mais mille furies. Toujours misérables, dégoûtants, condamnés à vieillir au milieu d'une cohue d'enfants, dans des écoles, ou plutôt dans des cachots, lieux de tristesse et de tourment, où ils sont assourdis par des cris, infectés par la mauvaise odeur, grâce à moi, cepen-pendant, ils s'estiment les premiers des hommes. Revê-tus de la peau du lion, comme l'âne de Cumes, ils sont heureux quand d'un regard menaçant et d'une voix ter-rible ils effrayent leur timide troupe ; qu'ils font aller le fouet et la férule et qu'ils exercent les châtiments de toute espèce. Avec cela, ils prennent leur saleté pour de l'élégance, la puanteur pour odeur de rose, et leur es-clavage pour un empire. Ils ne voudraient pas changer ni avec Phalaris, ni avec Denis de Syracuse. Qu'ils sont contents d'eux-mêmes quand ils croient avoir fait quelque belle découverte ! Ils farcissent la tête des enfants d'im-pertinences, et ils se croient… Grands dieux ! que ne se croient-ils pas ? Les Palemon et les Donat ne sont rien auprès d'eux. Ils ont l'art d'ensorceler les parents de leurs élèves, qui ont la simplicité de croire à leur savoir, sur leur parole. Quel plaisir, encore, lorsqu'ils peuvent dire le nom de la mère d'Anchise, ou expliquer un mot suranné qu'ils ont trouvé dans quelque vieux bouquin ! Et lorsqu'ils ont déterré quelque débris d'un marbre anti-

que qui conserve quelques lettres à demi-rongées! Oh!
pour le coup, ils sont au comble de la gloire et de la joie;
c'est plus beau que la conquête de l'Afrique et la prise
de Babylone.

Comptez-vous pour peu le plaisir qu'ils ont à lire leurs
vers? Tout pitoyables qu'ils sont, il se trouve encore des
sots qui les admirent, et qui croient que l'auteur a hérité du
génie de Virgile. Mais il n'y a rien de plus plaisant que de les
voir s'escrimer ensemble de compliments et d'éloges et se
chatouiller réciproquement. Si pourtant il échappe à l'un
d'eux une faute contre la langue, et qu'un plus habile
clerc la relève, oh! grand Hercule, tout est perdu. Quels
cris! quel chamaillis! que d'injures! que d'invectives! Je
me soumets à la vengeance de tous les grammairiens, si
je mens d'un seul mot. J'en connais un qui est parfaitement heureux, car il sait tout : le grec, le latin, les mathématiques, la philosophie, la médecine, etc.; mais il
ne songe plus à tout cela; il est sexagénaire, et depuis
vingt ans il se casse la tête à étudier la grammaire. Il ne
demande à Dieu, pour toute grâce, que de lui donner le
temps de fixer au juste la distinction des huit parties de
l'oraison, ce que, dit-il, ni Grec ni Latin n'a pu faire
encore. Comme s'il importait au genre humain qu'on ne
confondît pas une conjonction avec un adverbe. Dans ce
noble dessein, quoiqu'il y ait autant de grammaires que de
grammairiens, et même davantage, car Alde, mon fidèle,
en a donné lui seul plus de cinq; il n'en est aucune, quelque gothique et fastidieuse qu'elle soit, qu'il ne parcoure,

qu'il ne discute ; toujours jaloux de quiconque travaille dans le même genre, quelque mal qu'il s'y prenne, parce qu'il craint sans cesse de se voir enlever la gloire à laquelle il aspire, et de perdre ainsi le fruit de tant de travaux. Appellerez-vous cela radotage, ou folie ? je vous donne à choisir. Mais convenez que sans moi ce pauvre homme serait la plus malheureuse des créatures, et qu'il me doit la jouissance d'un bonheur qu'il ne voudrait pas troquer contre la couronne de Perse.

L. Les poëtes, en qualité de peuple libre, dépendent moins de moi, quoiqu'ils soient pourtant à mon service, puisqu'ils n'ont d'autre fonction que de chatouiller les oreilles des fous par des fables et des contes bleus. Avec cela, Dieu sait comme ils se promettent et comme ils promettent à leurs héros le ciel et l'immortalité ! Cet ordre est le meilleur ami de l'amour-propre et de la flatterie, et nul autre ne me rend un culte ni plus vrai ni plus constant. Les rhéteurs, malgré leurs infidélités et leurs intelligences avec les philosophes, n'en suivent pas moins mes drapeaux. Leurs traités en font foi ; parmi les vétilles qu'ils contiennent, la raillerie a son article, qui est fort long et fort méthodique. L'auteur de la Rhétorique à Hérennius, quel qu'il soit, met la folie dans la classe des moyens de plaisanter, et Quintilien, le prince des rhéteurs, a fait sur cette matière un chapitre aussi étendu que l'Iliade. Ils tirent si bon parti de la folie, que souvent ils éludent par un mot de sa façon la difficulté qui les embarrasse. Voulez-vous me contester l'art de faire rire à gorge déployée par des mots qui ne signifient rien?

On peut bien ranger dans la même classe ces malheureux auteurs qui courent après la renommée en donnant édition sur édition. Tous sont mes protégés, et particulièrement ceux qui n'écrivent que des sottises. Pour ces hommes qui ne travaillent que pour un petit nombre de savants, qui soumettent leurs écrits à l'œil perçant de la critique, hélas! ils sont plus à plaindre qu'à envier, tant ils se donnent de mal. Ils ajoutent, ils effacent, ils corrigent, ils refondent, ils consultent; ils ne sont jamais contents. Et tout cela pour de la fumée; pour être loués d'un petit nombre de connaisseurs. C'est ce rien qu'ils achètent si cher, par tant de veilles, au prix du sommeil, qui est le baume de la vie, par tant de sueurs et de tourments. Ajoutez encore le délabrement de la santé, les flétrissures du visage, l'affaiblissement ou la perte de la vue, la pauvreté, des jaloux, les privations, la vieillesse qui hâte le pas, la mort qui suit de près, et mille autres choses encore. Ils croient que ce n'est pas trop payer les suffrages de deux ou trois hommes portant lunettes.

Mon petit *écrivailleur* est bien plus heureux dans son délire. Il ne travaille pas; son esprit joue. Il couche par écrit tout ce qui vient au bout de sa plume; tout, jusqu'à son rêve de la nuit. Cela ne coûte qu'un peu de papier. Il est bien sûr que plus il battra la campagne plus il aura d'approbateurs, car il aura les ignorants et les fous. N'a-t-il pas raison de dédaigner trois ou quatre savants qui, peut-être, ne le liront pas? Qu'est-ce que

l'avis de quatre sages contre celui d'un million de fous?
Les plagiaires sont ceux qui font mieux. Il ne leur en
coûte qu'un mensonge pour s'approprier ce qui a coûté
un long et pénible travail à d'autres. Ils savent bien que
tôt ou tard on criera au voleur : n'importe, ils auront
joui d'autant. Il faut voir comme ils sont contents quand
on leur donne de l'encensoir, qu'on les montre au doigt
en disant *le voilà*, lorsque l'ouvrage est affiché, et que
sur les affiches on lit les noms baroques [1] qu'ils se sont
donnés. Grands dieux! que signifient ces noms? Combien peu d'hommes, dans ce vaste univers, sauront les
déchiffrer! Combien moins encore qui les approuveront!
Car les sots ont chacun leur sens, comme les autres. Ces
noms sont ou forgés ou empruntés des livres anciens.
Télémaque, Sténélus, Laërte, Polycrate, Trasimaque,
voilà ceux qu'on aime à prendre, et chacun fait son
choix. J'aimerais autant intituler mon livre le Caméléon,
la Citrouille, ou, comme font quelquefois les philosophes,
alpha ou bêta. Le plus joli, c'est de voir ces fous et ces
ignorants se donner tour à tour, dans leurs vers, leurs
épîtres, leurs panégyriques de l'encensoir au travers du
visage. « Vous êtes un Alcée; et vous un Callimaque;
Cicéron vous cède la palme; Platon n'en savait pas tant
que vous. » Voilà les compliments faits et rendus. Ils se
provoquent aussi quelquefois, afin de tirer du conflit
avantage pour leur renommée.

[1] Érasme fronde ici la manie des savants de son temps, qui tradui-
saient leurs noms en grec, en latin, et quelquefois en arabe.

Le public, en suspens, prend parti pour ou contre.
Enfin les deux champions, après s'en être tirés en braves,
vont se reposer sous leurs lauriers. Les sages ne voient
en tout cela que folie. Ils ont raison. Qui dit le contraire?
Mais, en attendant, mes fous sont heureux. Ils ne change-
raient pas leurs triomphes pour tous ceux des Scipion. Les
sages eux-mêmes, qui rient si bien du spectacle, qui jouissent
de la folie d'autrui, me doivent ce passe-temps, et ils ne peuvent le nier sans être les plus ingrats de tous les hommes.

LI. Les jurisconsultes, avec leur pierre de Sisyphe, je
veux dire leur fatras de lois, d'opinions et de glossaires
qu'ils roulent les uns sur les autres à tort et à travers,
et font ainsi de leur science un vrai chaos, sont pourtant
ceux qui s'arrogent le premier rang parmi les doctes et
qui s'en font le plus accroire. Plus ils embrouillent les
affaires, plus ils croient avoir fait merveilles. Mettons
dans la même catégorie les dialecticiens et les sophistes,
espèce plus bruyante que tous les bassins de la forêt de
Dodone, dont un seul pourrait tenir tête à vingt femmes
des plus fortes en gueule. Heureux encore si, contents
d'être bavards, ils n'étaient pas disputeurs, jusqu'à se
prendre aux cheveux pour un fétu, et à ne finir que
quand ils ne savent plus ce qu'ils disent. Cependant leur
amour-propre est bien satisfait. Armés de leurs redouta-
bles syllogismes, ils sont toujours prêts d'en découdre
avec qui voudra, et sur toute matière; leur opiniâtreté
les rend invincibles. Stentor ne les ferait pas reculer.

LII. Voici maintenant les philosophes : honneur à

leur barbe et à leur manteau ! Ce sont les seuls sages ; ils vous le disent, et les autres mortels ne sont que des ombres qui voltigent. Qu'ils se complaisent dans leur folie, lorsqu'ils bâtissent des mondes à l'infini, qu'ils mesurent, comme avec le pouce ou avec un fil, le soleil, la lune, les étoiles, les globes répandus dans la nature ; qu'ils expliquent des choses inexplicables, telles que sont les causes des tonnerres, des vents et des éclipses ; parlant toujours en hommes sûrs de leur fait, comme si la nature leur avait communiqué ses secrets, ou que les dieux les eussent appelés en leur conseil ! Mais la nature se moque bien de leurs conjectures. Pour des certitudes, ils n'en ont aucune, et leurs interminables disputes sur tous les points en sont la preuve démonstrative. Ils ne savent rien, et ils prétendent tout savoir. Ils s'ignorent eux-mêmes ; ils ne voient pas la fosse, la pierre qui est devant eux, ou parce que leurs yeux sont mauvais, ou parce qu'ils errent dans les espaces imaginaires. Mais les idées, les universaux, les formes séparées, les éléments, les quiddités, les eccéités, les formalités, êtres de raison imperceptibles à l'œil même de Lyncée, ils voient tout cela on ne peut pas mieux. Comme ils se bouffissent lorsqu'ils tracent des cercles, des triangles, et d'autres figures de géométrie, enchevêtrées les unes dans les autres en forme de labyrinthe, accompagnées d'un bataillon de lettres, auxquelles ils font faire comme des évolutions ! Avec cela ils jettent de la poudre aux yeux. Il en est qui lisent l'avenir dans les astres, qui vous font des prédictions plus merveilleuses que les mystères de la magie. Ils trouvent encore des sots qui les croient.

LIII. Il ne faut ni agiter l'eau du lac de Camarine [1], ni manier une plante fétide. Nous ferions peut-être bien aussi de ne pas nous jouer aux théologiens, espèce orgueilleuse et irascible, qui pourrait rassembler toutes ses forces contre nous, nous accabler de ses conclusions et nous forcer à chanter la palinodie sous peine d'être déclarés hérétiques. C'est leur arme foudroyante avec laquelle ils assomment ceux qu'ils n'aiment pas. Ce sont les plus ingrats de tous mes sujets; ils s'obstinent à nier mes bienfaits, quoiqu'ils me soient redevables à plusieurs titres. Ils me doivent cet amour-propre enchanteur qui les place dans l'Olympe pour leur faire voir de là le reste des mortels comme des êtres rampants dont l'existence leur fait pitié. Ils me doivent leurs définitions magistrales, leurs corollaires, leurs conclusions, leurs propositions explicites et implicites, dont ils sont armés jusqu'aux dents. Ils savent si bien se replier qu'ils se tireraient des filets mêmes de Vulcain. Leurs distinctions hérissées de mots techniques et de leur langage inintelligible sont la faux tranchante de toute difficulté.

Ce n'est pas tout : ils donnent aux mystères le sens qu'ils veulent. Autrefois ils vous expliquaient « comment le monde fut créé et disposé; par quels canaux la tache du péché s'est répandue dans toute la postérité d'Adam :

---

[1] Lac de Sicile qui était extrêmement puant.

de quelle manière, avec quelle progression, en combien
de temps le corps de Jésus-Christ se forma dans le sein
de sa mère. Comment les accidents subsistent après la
consécration, puisqu'ils n'ont plus de matière. » Aujour-
d'hui ces questions sont au rebut. Voici celles qui occu-
pent les grands maîtres, les illuminés, comme ils disent,
et qui réveillent leur attention.

« Y eut-il un instant dans la génération divine? Y a-t-il
plusieurs filiations dans le Christ? Cette proposition, *Dieu
le père hait son fils*, est-elle possible? Dieu ne pouvait-
il pas substituer au Sauveur une femme, un diable, un
âne, une citrouille, une pierre? Si c'eût été une citrouille,
comment aurait-elle pu prêcher, faire des miracles, être
crucifiée? Qu'aurait consacré Pierre, s'il eût célébré lorsque le corps de Jésus-Christ était en croix? Pouvait-on
dire que dans ce temps le Sauveur était homme? Après
la résurrection, boira-t-on et mangera-t-on? » Ce sont
des hommes de précaution, qui prévoient de loin la faim
et la soif.

Ce ne sont pas encore les plus indéchiffrables de leurs
rêveries. Ils vous en disent bien d'autres sur les notions,
les relations, les instants, les formalités, les quiddités,
les eccéités, et mille autres chimères, qui échapperaient
à l'œil même de Lyncée, à moins qu'il n'eût le don de
voir dans les ténèbres, ce qui n'existe nulle part. Ajoutez à tout cela leur morale de fer, auprès de laquelle les
maximes des stoïciens, qu'on appelle paradoxes, ne seraient que des lieux communs. Ils décident que c'est un

moindre péché d'égorger mille hommes que de donner,
le dimanche, un point au soulier d'un pauvre ; qu'il vau-
drait mieux laisser périr tout l'univers avec armes et bagage, comme on dit, que de faire le plus petit mensonge. Les routes par où ils vous font passer rendent
encore plus obscures ces inconcevables subtilités. Vous
vous démêleriez plus aisément des tortuosités du labyrinthe que de celles des réaux, des nominaux, des tho-
mistes, des albertistes, des ockanistes, des scotistes. Je
ne nomme que les principales sectes ; il y en a bien d'autres encore. Ils en savent tant, et leur science est si abs-
traite, que les apôtres auraient besoin d'une nouvelle
descente du Saint-Esprit s'il leur fallait entrer en lice avec
ces nouveaux théologiens. Saint Paul eut la foi, mais il
n'en a pas donné une définition doctorale lorsqu'il a dit
qu'elle est « la substance de ce que nous devons espérer,
et la preuve de ce que nous devons croire. » Il était em-
brasé du feu de la charité, mais il ne l'a ni divisée ni
définie en dialecticien dans le treizième chapitre de sa
première aux Corinthiens. Les apôtres célébraient sainte-
ment les mystères, mais ils n'auraient pas expliqué,
comme les scotistes, le terme *a quo* et le terme *ad quem* ;
comment le même corps est, dans le même temps, en
divers lieux ; les différentes formes de ce corps dans le
ciel, sur la croix et dans l'eucharistie ; quel est l'instant
de la transsubstantiation, puisque les paroles qui l'opèrent
sont une quantité discrète et successive. Ils connaissaient
la mère du Sauveur ; mais ont-ils démontré, comme nos

théologiens, de quelle manière elle fut préservée du péché originel? Pierre a reçu les clefs de celui qui sait bien choisir. Mais a-t-il compris le mystère de ce don; et comment celui qui n'a pas la science peut en avoir la clef? Non, c'était au-dessus de son génie.

Les apôtres baptisaient sans avoir jamais enseigné ce que c'est que la cause formelle, la cause matérielle, la cause efficiente, la cause finale du baptême. Ils ne parlent ni du caractère délébile ni du caractère indélébile. Ils adoraient Dieu dans le sens de l'Évangile, qui dit : « Dieu est esprit, et il faut l'adorer en esprit et en vérité. » Il ne leur avait pas été révélé qu'une image de Jésus, charbonnée sur le mur, devait être adorée comme Jésus même, pourvu qu'elle le représentât ayant deux doigts étendus, la tête ornée d'une longue chevelure et couronnée d'une auréole. Peut-on en savoir tant si on n'a veilli dans l'école des abstractions? Les apôtres parlent quelquefois de la grâce, mais ils ne savent pas distinguer la grâce gratuite de la grâce gratifiante. Ils exhortent aux bonnes œuvres, sans les diviser en œuvres opérantes et en œuvres opérées. Ils prêchent la charité sans nous parler de l'infuse et de l'acquise, sans nous dire si elle est accident ou substance, chose créée ou incréée. Ils abhorrent le péché; mais que je meure si jamais ils en ont donné une définition scientifique. Ils n'avaient pas fait leur cours d'études à l'école de Scot. Assurément, si saint Paul eût été aussi profond, il n'aurait pas tant condamné ce qu'il appelle lui-même disputes de mots. Les questions qu'on agitait de son temps n'étaient que de la drogue en comparaison des subtilités de nos docteurs. Chrysippe lui-même n'y comprendrait rien.

Ils ont pourtant la modestie de ne pas rejeter ce que les apôtres nous ont transmis avec leur simplicité ordinaire. Ils se contentent de l'interpréter à leur manière. Ils ont encore ce respect pour la vénérable antiquité et pour le caractère apostolique. Il ne serait pas juste en effet d'exiger que les disciples sussent ce que leur maître ne leur a jamais appris. Mais ils ne font pas la même grâce aux Chrysostôme, aux Basile, aux Jérôme. Ils prononcent leur sentence en ces mots : « Cela n'est pas reçu. » Cependant ces pères de l'Église ont confondu, non avec des syllogismes, mais par des vertus et des miracles, les docteurs du paganisme et du judaïsme, gens fort opiniâtres par caractère, mais aussi trop bornés pour entendre Scot. Aujourd'hui quel idolâtre, quel hérétique pourrait tenir contre ce déluge de subtilités scolastiques? Il faudrait qu'il se rendît ou qu'il fût assez bouché pour n'y rien comprendre, ou assez téméraire pour s'en moquer, ou muni des mêmes armes pour disputer la victoire. Alors ce serait géant contre géant, enchanteur contre enchanteur. Ce serait l'ouvrage de Pénélope, toujours à recommencer.

Si les chrétiens m'en croyaient, au lieu de ces épais bataillons qui font la guerre tant bien que mal, ils enverraient contre les Turcs et les Sarrasins les bruyants scotistes, les opiniâtres ockanistes, les intarissables albertistes, avec toute l'engeance des sophistes. Quels combats !

quelle victoire ! Jamais on n'aurait rien vu de pareil. Quel soldat, fût-il de glace, qui ne s'échaufferait pas au feu de ces disputes ? Quels puissants coups d'aiguillon contre l'engourdissement ! Qui verrait le péril au milieu de ces épaisses ténèbres ? Vous croyez que je me moque ; je le vois bien, et je n'en suis pas surprise. Car il y a aussi parmi les théologiens de vrais savants à qui ces froides subtilités font pitié. Il en est même qui crient au sacrilége et à l'impiété contre ceux dont la bouche impure et téméraire enveloppe nos mystères, aussi impénétrables que sacrés, dans les formules sophistiques du paganisme ; qui osent les approfondir, et profanent la sainteté de la théologie par des expressions ignobles et des idées triviales. Mais les autres s'y complaisent et en tirent vanité. Occupés jour et nuit de ces vaines discussions, ils n'ont pas un instant à donner à la lecture de l'Évangile ou des Épîtres de saint Paul. Avec ces enfantillages scolastiques, ils se croient les colonnes de l'Église. Elle croulerait si elle n'était appuyée sur l'échafaudage de leurs syllogismes, comme le ciel est appuyé sur les épaules d'Atlas.

Quel plaisir pour eux de tourner et contourner à leur gré, comme cire molle, les divines Écritures ; d'ériger en dogmes plus respectables que les lois de Solon, plus sacrés que les décrets des papes, leurs décisions souscrites par quelques-uns de leurs confrères ; d'exercer une censure universelle, qui vous force à rétracter tout ce qui n'est pas littéralement conforme à leurs conclusions explicites et implicites, et de prononcer avec le ton de l'infaillibilité :

« Cette proposition est scandaleuse ; cette autre est téméraire ; la troisième sent l'hérésie ; la dernière est mal sonnante ! » A voir comme ils sont tranchants dans leurs décisions, on dirait que, malgré le baptême, l'Évangile, les apôtres, les pères de l'Église et même saint Thomas, tout péripatéticien renforcé qu'il est, on ne peut être vrai croyant sans l'attache des bacheliers. Qui jamais se serait douté, si ces grands hommes ne nous l'eussent appris, que c'est hérésie de dire que *bonnet blanc et blanc bonnet* sont deux manières de s'exprimer qui signifient la même chose ? Sans eux, qui aurait purgé l'Église de tant d'erreurs qui seraient restées dans l'oubli, si leurs bruyantes censures ne les en avaient tirées ? Tout cela fait leur félicité.

Ils connaissent tous les coins et recoins de l'enfer, et ils vous en font une description topographique comme s'ils venaient d'en sortir. Ils créent de nouveaux mondes à leur gré. L'empyrée est leur ouvrage. C'est le plus vaste de tous. Aussi fallait-il que les âmes bienheureuses pussent se promener à leur aise, faire banquet et jouer à la paume. Leurs cerveaux sont si farcis de ces puériles idées, qu'à mon avis celui de Jupiter était moins gros de sa Pallas, lorsqu'il invoqua la hache de Vulcain pour être délivré de ce poids. Ne soyez donc pas étonnés si, dans leurs disputes publiques, vous voyez toutes ces têtes bandées de tant de chiffons. Sans cela elles crèveraient, ces pauvres têtes. Quelquefois je ne puis m'empêcher de rire moi-même en les voyant se croire vraiment théologiens, lorsqu'ils parlent un jargon barbare, qu'ils articulent les mots pour n'être entendus que de ceux qui sont du métier, et qu'ils prennent pour profondeur ce qui n'est qu'obscurité. Soumettre la science de Dieu aux lois de la grammaire, ce serait, disent-ils, la profaner. Ils s'arrogent comme une belle prérogative le privilége exclusif de corrompre le langage. Il n'est pourtant pas exclusif, car les savetiers le partagent avec eux. Ils ne voient que les dieux au-dessus de leur grandeur quand on les appelle respectueusement nos maîtres. Ces mots sont pour eux le *Jéhovah* des Hébreux. Prenez garde d'en déranger l'ordre ; ce serait un crime de lèse-majesté doctorale.

LIV. Après les théologiens viennent ceux qu'on appelle religieux ou moines, c'est-à-dire reclus ; deux expressions fort impropres, car la plupart n'ont pas de religion, et on les trouve partout. Ce seraient les plus misérables des mortels si je n'avais pitié d'eux. Car ils sont tellement en horreur, qu'on regarde comme un présage sinistre de les rencontrer sur son chemin. Cependant ils s'estiment beaucoup eux-mêmes. Leur haute piété consiste à ne savoir rien, pas même lire [1]. Lorsqu'ils braient dans leurs églises des psaumes qu'ils ont bien comptés et jamais entendus, ils croient que c'est une musique qui charme la Divinité. Il en est qui s'enorgueillissent de leur crasse et de leur mendicité, qui vont de porte en porte, dans les auberges, sur les grands chemins, sur les rivières, demander effrontément l'aumône, au grand préjudice des vrais pauvres.

---

[1] C'était l'opinion de certains moines du temps d'Érasme.

C'est ainsi que ces prédestinés croient qu'avec leur saleté, leur ignorance, leur grossièreté, leur impudence, ils sont les images des apôtres.

J'admire surtout leur minutieuse régularité. Ils croiraient être damnés s'ils ne soumettaient tout à la règle et au compas. Il faut tant de nœuds au soulier ; telle couleur, telle étoffe, telle largeur pour la ceinture ; la robe bigarrée de tant de pièces ; telle forme et telle capacité pour le coqueluchon ; tant de doigts pour la tonsure ; tant d'heures pour le sommeil. Dieu sait comme cette uniformité s'accorde avec la diversité des tempéraments et des esprits ! Tout fiers de ces niaiseries, non-seulement ils méprisent les gens du monde, mais encore un ordre méprise tous les autres. Ces hommes, qui affichent la charité apostolique, font un bruit enragé pour une différence d'habit et de couleur. Pieusement fidèles à leurs statuts, les uns ont un froc de grosse laine et une chemise de toile fine ; les autres portent la toile par-dessus et la laine par-dessous. Il en est qui aimeraient mieux manier une vipère que de toucher de l'argent. Mais ils ne craignent pas tant le vin et les femmes. L'ambition de tous est d'avoir leurs signes distinctifs. Il songent plus à se différencier qu'à ressembler à Jésus-Christ. Leurs dénominations caractéristiques ne font pas la moindre partie de leur bonheur. Ils aiment à s'appeler ou cordeliers, ou récollets, ou mineurs, ou minimes. Ces noms sont plus beaux que celui de chrétien. Ils ont tant de foi en leurs cérémonies, en leurs petites traditions, qu'ils croient que tout cela n'est pas assez

payé du paradis; sans songer que Jésus-Christ ne leur en
tiendra pas compte, et ne les jugera que d'après son précepte formel, qui est la charité.

Ils étaleront leurs bedaines, gouffres où se sont englou-
tis tant de poissons; leurs psaumes qu'ils ont récités par
milliers, leurs jeûnes infinis, où ils n'ont fait qu'un repas
qui était bon pour les faire crever; un tas de cérémonies,
qui ferait couler sept vaisseaux à fond. L'un dira que pendant cinquante ans il n'a touché de l'argent qu'avec des
gants. L'autre alléguera son sale capuchon, qu'un mousse
aurait jeté à la mer. Un troisième dira que pendant un
demi-siècle il a été comme l'éponge indivisible de son
cloître [1]. Celui-ci exposera qu'il s'est égosillé à force de
chanter; celui-là, qu'il s'est abruti dans la solitude, ou
qu'un long silence lui a fait perdre l'usage de la langue.

Mais Jésus-Christ, interrompant cette kyrielle qui ne
finirait pas, « Quels sont, dira-t-il, ces nouveaux pharisiens? Je ne connais que ma loi, et aucun ne m'en parle.
J'ai promis, en termes formels et sans parabole, l'héritage
de mon père, aux œuvres de foi et de charité, et non à
des capuchons, à de petites oraisons, à des abstinences. Je
méconnais ceux qui connaissent si bien leurs mérites. Que
ces hommes, qui prétendent être plus saints que moi,
aillent dans le paradis de Mahomet, ou qu'ils s'en fassent
bâtir un autre, puisqu'ils ont préféré leurs institutions à
mes préceptes. » A ces mots, et lorsqu'ils verront couron-

---

[1] Érasme fait allusion aux moines, qui ne changent jamais de maison, et qui tiennent à leur cloître comme l'éponge à son rocher.

ner des matelots et des cochers, quelle sera leur conster-
nation? En attendant, je les fais jouir du bonheur de
l'espérance.

Tout reclus qu'ils sont, il faut encore les ménager, surtout les mendiants. La confession leur en apprend long.
A la vérité, ils se font une loi du secret. Mais ils y donnent quelque entorse lorsque, le verre à la main, ils sont
en train de se faire rire. Sans nommer les masques, ils indiquent le fait. Malheur à celui qui ose irriter ces guêpes !
Leurs sermons seront leurs armes vengeresses. Ils désho-
noreront leurs ennemis par des apostrophes indirectes,
mais si claires, qu'il faudrait être stupide pour s'y mé-
prendre; et ces cerbères ne cesseront d'aboyer que lorsque vous leur aurez jeté à la gueule le gâteau de la Sibylle [1].

Il faut les voir en chaire. Quel spectacle ! jamais farceur
en donna-t-il de plus divertissant? Ils bavardent à tort et
à travers, et pratiquent en vrais singes les préceptes de
l'art. Grands dieux ! quels gestes ! quelles inflexions de
voix ! Comme ils se pavanent ! Quel jeu du visage ! Quels
effroyables cris ! Leur manière de prêcher est un mystère
de l'ordre, qui se conserve par tradition. Quoique je n'y
sois pas initiée, je dirai ce que j'en sais par conjecture.

Ils commencent par une invocation. Ils ont emprunté
cela des poëtes. Ensuite, pour parler de la charité, ils vont
pêcher leur exorde dans le Nil. S'agit-il du mystère de la

[1] Allusion au gâteau que la sibylle, qui accompagnait Énée dans sa
descente aux enfers, jeta à Cerbère pour le faire cesser d'aboyer.

croix, ils font l'histoire du dragon de Babylone. Ils débutent par les douze signes du zodiaque, pour en venir à la loi du jeûne. La quadrature du cercle sert d'introduction à la matière de la foi. J'ai entendu, moi qui vous parle, un de ces vrais fous ; pardon, je voulais dire de ces vrais savants, qui, prêchant le mystère de la Trinité devant un nombreux auditoire, vint à son sujet par une route vraiment nouvelle. Pour faire preuve d'une érudition non commune, et pour charmer les oreilles théologiques, il débuta par les lettres, les syllabes et les mots. De là il passa à la concordance de l'adjectif et du substantif, du nominatif et du verbe. On n'y comprenait rien, et plusieurs disaient à voix basse :

Où va-t-il nous mener avec ces rapsodies ?

Voici où il les mena. Il leur fit voir la sainte Trinité sensiblement figurée dans les éléments de la grammaire. Jamais figure de géométrie ne fut mieux tracée. Ce chef-d'œuvre avait coûté huit mois de travail à ce sublime théologien. Le pauvre homme en devint aveugle. Il est taupe pour avoir été aigle. Mais il ne s'en repent pas : il ne croit pas avoir acheté trop cher tant de gloire.

J'en ai entendu un autre qui valait bien celui-là. C'était un homme de quatre-vingts ans, si profond théologien, que Scot semblait revivre en lui. Prêchant sur le nom de Jésus, il démontra, avec une admirable sagacité, que tout ce qu'on pouvait en dire était renfermé dans les lettres du mot. Ce mot n'a que trois terminaisons ; il est donc le symbole de la Trinité. C'est une chose évidente. La première terminaison est en *S*, la seconde en *M*, la troisième en *U*. C'est ici le grand mystère. Ces trois lettres vous indiquent que Jésus est le principe, le moyen et la fin. Voici du plus merveilleux encore. Les mathématiques n'ont rien de si profond. Ce nom, composé de cinq lettres, se divise en deux parties, en retranchant la lettre du milieu, *S*. Les Hébreux appellent cette lettre *syn*. Or *syn*, en langue écossaise, signifie péché. D'où il s'ensuit très-clairement que Jésus est celui qui ôte les péchés du monde. Les auditeurs furent ébahis de ce bel exorde ; mais surtout les théologiens. Peu s'en fallut qu'ils ne fussent pétrifiés, comme la pauvre Niobé. Pour moi, je fus prête à faire ce que fit Priape, lorsqu'il fut malheureusement le témoin des opérations magiques de Canidie et de Sagane. En vérité, tout cela le méritait bien.

Jamais Démosthènes et Cicéron allèrent-ils chercher leur commencement si loin ? Ils condamnaient tout exorde qui était étranger au sujet. Il faut que le début annonce la suite. Instruits par la nature, les pâtres savent cela. Nos doctes moines, au contraire, croient faire merveilles quand ce qu'ils appellent leurs préambules n'a aucun rapport avec le fond de leur discours, et que l'auditoire étonné dit tout bas, *où va-t-il s'enfourner ?*

En troisième lieu, ils vous défilent à la hâte, et par forme de narration, quelques mots de l'Evangile, qu'ils auraient mieux fait d'approfondir. C'était l'essentiel. Bientôt ils jouent un nouveau rôle. Ils agitent une question théologique qu'ils font venir de je ne sais où. C'est encore une règle du métier. C'est ici qu'ils lèvent la crête, et qu'ils font retentir le temple des épithètes empoulées de docteurs solennels, subtils, *subtilissimus*, séraphiques, chérubiques, saints, irréfragables, qu'ils donnent à leurs confrères. A cette tirade, succèdent les syllogismes, les majeures, les mineures, les conclusions, les corollaires, les suppositions, et mille autres bêtises scolastiques qu'ils jettent à la tête d'un peuple qui n'y entend rien.

Arrive le cinquième acte de la pièce, où il faut que l'orateur se surpasse lui-même. Ils y cousent quelque conte insipide et trivial, tiré du miroir historial, ou des faits et gestes des Romains, dont ils vous donnent une interprétation allégorique, figurative et mystique. C'est la queue du monstre d'Horace. Ils ont appris de je ne sais qui, que le début doit être simple et calme. Que font-ils? Ils parlent si bas, qu'ils ne s'entendent pas eux-mêmes. La belle chose de parler pour n'être pas entendu! On leur a dit, aussi, que pour remuer les cœurs il fallait quelquefois tonner en chaire. Et ils passent subitement, sans rime ni raison, du ton naturel à des cris de possédé. Vous seriez tentés de leur administrer une dose d'ellébore. Car il est fou de crier pour crier. Parce qu'ils ont appris que l'orateur devait s'échauffer par degrés, à chaque point de leur discours, après les premières périodes débitées tellement quellement, ils prennent brusquement une voix de tonnerre, et ne cessent de hurler que quand ils n'en peuvent plus. Enfin, parce que la rhétorique traite de l'art d'égayer l'auditeur, ils sèment aussi quelques petites plaisanteries dans leurs sermons. Oh! bonne Vénus! quelles plaisanteries, et comme elles viennent à propos! Figurez-vous la musique des rossignols d'Arcadie.

Quelquefois ils censurent, mais avec ménagement; ils chatouillent plus qu'ils ne blessent, et jamais ils ne flattent mieux que quand ils affectent le langage de la liberté. Leur déclamation, depuis le commencement jusqu'à la fin, ferait jurer qu'ils ont eu pour maîtres les bateleurs, qui en effet s'y entendent un peu mieux. Mais, tout bien examiné, ces deux espèces se ressemblent si fort, qu'il faut nécessairement, ou que nos moines aient appris la rhétorique chez les charlatans, ou les charlatans chez les moines. Cependant, grâce à moi, ils trouvent des admirateurs qui en font des Démosthènes et des Cicérons. De ce nombre sont particulièrement les marchands et les femmes. Aussi ont-ils soin de les cultiver, et pour raison. En qualité de casuistes commodes, ils retirent une petite rétribution du commerce frauduleux que font les uns, et les autres les amusent, en leur disant à l'oreille les torts de leurs maris, et puis encore autre chose. Vous comprenez sans doute maintenant tout ce que me doit cette espèce d'hommes qui se croient des Paul et des Antoine, parce qu'avec leurs pratiques, leurs momeries et leurs cris, ils exercent une sorte de despotisme dans le monde.

LV. Mais je m'ennuie de parler de ces comédiens, dissimulateurs de mes bienfaits et simulacres de piété. Je vais passer aux rois et aux courtisans, qui me rendent un culte ingénu , comme il convient à des âmes ingénues. S'ils avaient un grain de bon sens, quelle triste vie que la leur ! Un prince ne croirait pas qu'un trône mérite d'être acheté par un crime, s'il réfléchissait sur le poids redoutable que s'impose celui qui veut véritablement régner. S'il songeait qu'en prenant les rênes du gouvernement il renonce à lui-même pour être tout entier à la chose publique ; que, législateur et manutenteur des lois, il doit les observer lui-même à la lettre ; qu'il est responsable de ses ministres et de ses magistrats ; qu'il fixe tous les regards, comme celui qui doit être, par ses mœurs, ou un astre salutaire, ou une constellation pestilentielle ; que les vices du peuple sont moins contagieux et moins funestes que ceux du monarque ; qu'au rang où il est, ses moindres écarts deviennent des calamités publiques ; que sa fortune est accompagnée de tout ce qui fait oublier la vertu, comme sont les voluptés, le droit de tout faire, l'adulation et le luxe ; qu'il doit se raidir et être toujours en garde pour ne pas s'endormir à la voix de ces sirènes enchanteresses ; et enfin, qu'indépendamment des piéges semés sous ses pas, des ennemis, des périls et des alarmes qui environnent le trône, il a au-dessus de sa tête le Juge des rois, qui lui demandera un compte d'autant plus rigoureux de son administration, qu'il lui aura donné un plus bel empire.

Si un roi, dis-je, faisait ces réflexions et tant d'autres encore, il ne vivrait pas. Mais je délivre ces beaux messieurs de tant de soins. Ils s'en déchargent sur la Providence, et ne songent qu'à leurs plaisirs. Pour éviter toute inquiétude, ils n'écoutent que leurs flatteurs. Ils croient que pour être véritablement roi, il ne faut que chasser, avoir de beaux chevaux, faire argent des magistratures et des gouvernements, inventer de nouveaux moyens de pomper la substance du peuple, en alléguant des raisons spécieuses, pour donner couleur de justice à la vexation, et en faisant, dans le préambule, quelque compliment au peuple pour l'amadouer.

Figurez-vous maintenant un homme, comme sont à peu près tous les rois, qui ignore les lois, qui soit ennemi du bien public, vrai égoïste, esclave des voluptés, ennemi du savoir, de la liberté et de la vérité, sans souci pour le salut de l'État, et qui n'ait pour règle que ses fantaisies et son intérêt. Tel qu'il est, donnez-lui le collier de la Toison-d'Or, qui est l'emblème de la réunion des vertus. Placez sur sa tête une couronne enrichie de pierreries, destinée à lui apprendre qu'il doit avoir une âme souverainement héroïque. Mettez-lui en main le sceptre, symbole de justice et d'incorruptibilité. Ajoutez la pourpre, indice de l'amour pour la patrie. S'il vient à comparer tous ces dehors avec lui-même, je crois qu'il aura honte de sa magnificence, et qu'il craindra que quelque malin ne s'en amuse comme d'un jeu théâtral.

LVI. Et les courtisans, qu'en dirons-nous? Que ce sont en général les hommes les plus rampants, les plus vils, les plus bêtes, et en même temps les plus superbes. Ils ont pourtant une certaine modestie qu'ils poussent fort loin. Contents d'étaler sur leurs riches habits les symboles de la sagesse et de la vertu, ils en abandonnent la réalité au premier occupant. Ils sont charmés d'eux-mêmes, pourvu qu'ils puissent dire, *le roi notre maître*, lui faire un compliment court et bien tourné, lui prodiguer des titres de majesté, d'altesse royale, d'altesse sérénissime ; être bien parfumés et adroits flatteurs, voilà les talents qui distinguent la noblesse de cour. Mais suivez leur conduite, vous ne verrez en eux que la stupidité du Phéacien, la crapule des amants de Pénélope. Vous savez ce que valaient ces deux espèces. L'écho est bon pour vous l'apprendre mieux que moi.

Nos braves gens de cour dorment jusqu'à midi. Alors un aumônier, qui est à leur chevet, sans leur donner le temps de se lever, leur expédie lestement une messe. Ils déjeunent. Le dîner suit de près. Au dîner succède le jeu, les charlatans, les bouffons, les filles de joie, les fades quolibets. Il est juste de goûter au moins une fois. Le souper vient, et on passe la nuit à boire. C'est ainsi qu'ils chassent les ennuis de la vie et que s'écoulent les heures, les jours, les mois, les années, les siècles. Pour moi, leur faste me fait quelquefois soulever le cœur. J'éprouve cet effet lorsque je vois une de leurs nymphes se croire une divinité parce qu'elle laisse traîner une longue queue; un courtisan fendre la foule pour être plus près de Jupiter ; tous s'enorgueillir à proportion du poids de la chaîne qu'ils portent autour du cou [1], comme s'ils vou-

---

[1] Il s'agit du collier de l'ordre. Plus il était riche, plus il pesait, et plus ceux qui le portaient étaient fiers.

laient faire montre de leurs forces autant que de leur opulence.

LVII. Les papes, les cardinaux et les évêques sont les dignes émules des rois, s'ils ne les effacent. Si pourtant ils réfléchissaient sur ce rochet dont la blancheur désigne l'innocence; sur cette mitre dont les deux pointes sont contenues par un nœud commun, pour leur apprendre qu'ils doivent réunir la science des deux testaments ; sur ces gants qu'ils ont aux mains, pour être le signe de la pureté et du désintéressement qu'exige l'administration des choses saintes; sur cette crosse, symbole de la vigilance pastorale ; sur cette croix, signe du crucifiement des passions; s'ils faisaient, dis-je, ces méditations et tant d'autres que j'omets, leur vie ne serait-elle pas un tissu d'épines et de ronces? Ils font mieux, ils paissent, et laissent le soin du troupeau à Jésus-Christ et à leurs substituts, qu'ils appellent leurs frères. Ils ne songent pas que le nom d'évêque signifie travail, vigilance, sollicitude. Ils n'en connaissent que les droits pécuniaires, mais ils les connaissent bien.

LVIII. Si les cardinaux, à leur tour, songeaient qu'étant successeurs des apôtres, ils doivent les prendre pour modèles; qu'ils sont, non les arbitres, mais les administrateurs des choses saintes, dont ils auront bientôt à rendre compte; si, réfléchissant sur leur costume, ils se disaient à eux-mêmes : Que signifie ce rochet blanc, sinon la parfaite innocence des mœurs? Qu'annonce cette soutane de pourpre, si ce n'est un ardent amour de Dieu? Qu'in-

dique cet ample manteau, qui pourrait couvrir un cha-
meau avec la mule de son éminence? N'est-ce pas une
charité sans bornes, qui embrasse tous les hommes, qui
suffit à tout ; pour instruire, pour exhorter, consoler, corriger, avertir, terminer les guerres, résister aux mauvais
pontifes, et sacrifier, pour le troupeau du Sauveur, sa
vie avec ses richesses? Des richesses! en faut-il aux successeurs des pauvres apôtres? S'ils méditaient, dis-je,
sur tout cela, loin d'ambitionner cette dignité, ils s'en
dépouilleraient, ou, du moins, fidèles imitateurs de ceux
qu'ils représentent, ils mèneraient une vie recueillie et
laborieuse.

LIX. Enfin, si les papes s'avisaient de se conformer
à Jésus-Christ, en qualité de ses vicaires, de prendre pour
règles sa pauvreté, ses travaux, sa doctrine, sa croix, son
détachement du monde ; s'ils observaient que les titres
qu'on leur donne sont ceux de la paternité et de la sainteté, ne seraient-ils pas les plus malheureux des hommes?
Qui voudrait payer cette dignité au poids de l'or? qui
voudrait la conserver par le fer et le poison? Si la sagesse..... que dis-je! si un grain de ce sel dont parle le
Sauveur les réveillait, à quel dépouillement ils seraient
réduits! Tant de richesses, d'honneurs, de triomphes, de
bénéfices, de places, dont on dispose ; tant de revenus,
d'indulgences, de chevaux, de mulets, de gardes, de délices.....; en voilà-t-il assez? Eh bien! il faudrait renoncer à tout cela, pour se dévouer aux veilles, aux jeûnes,
aux larmes, à la prière, à la prédication, à l'étude, à la

pénitence, et à mille exercices pénibles. Et puis, que deviendraient tant d'écrivains, de copistes, de notaires, d'avocats, de promoteurs, de secrétaires, d'écuyers, de banquiers, d'amis Bonneaux? J'ai failli dire un mot plus gaillard; mais j'ai craint de blesser les oreilles chastes. Toute cette multitude qui est à la charge de la cour de Rome, je me trompe, j'ai voulu dire qui a des charges en cour de Rome, serait condamnée à mourir de faim.

Il y aurait de l'inhumanité, ce serait une horreur, un sacrilége de ramener au bâton et à la besace les souverains sacrificateurs, ces vraies lumières du monde. Pour le travail du ministère, ils s'en déchargent sur saint Pierre et sur saint Paul, qui ont du temps de reste, et ils ne s'en réservent que l'éclat et les plaisirs. C'est ainsi que, grâce à moi, il n'y a pas d'hommes sur la terre qui mènent une vie plus délicieuse, plus exempte de souci. Ils croient faire assez pour Jésus-Christ lorsque leur sainteté, leur béatitude étale l'appareil pontifical, et presque théâtral, pour faire quelques cérémonies, pour donner des bénédictions ou lancer des anathèmes. Faire des miracles : le temps en est passé! Instruire le peuple : cela donne de la peine. Expliquer l'Écriture sainte : c'est l'affaire de l'école. Prier : c'est perte de temps. Verser des larmes : cela ne convient qu'aux femmes. Vivre dans la pauvreté : on la méprise. Céder, c'est lâcheté; c'est indigne de celui qui n'admet que par grâce les plus grands rois à l'honneur de baiser ses bienheureux pieds. Mourir : la mort est si triste! La croix, c'est la potence.

Il ne reste donc aux très-saints Pères, pour toutes ar
mes, que ces douces bénédictions dont parle saint Paul, et
qu'ils distribuent volontiers, parce qu'elles ne coûtent
rien; que leurs interdictions, suspensions, anathèmes « ag-
gravations, réaggravations », peintures vengeresses [1], et
cette foudre redoutable qui, en partant, précipite les
âmes au-dessous même du Tartare. Les très-saints Pères
en Jésus-Christ, les vicaires de Jésus-Christ ne déploient
jamais si bien la force de leurs bras que quand il s'agit de
la lancer sur les impies qui entreprennent d'écorner et de
rogner le patrimoine de saint Pierre. Cet apôtre qui a dit
à son maître : « Nous avons tout quitté pour vous suivre »,
a aujourd'hui de vastes domaines, des villes, des tributs,
des douanes, un empire. Lorsque ses successeurs, dévorés
du zèle de la maison de Dieu, s'arment du fer et du feu
pour conserver tout cela, ils croient défendre en apôtres
l'épouse de Jésus-Christ, et la venger de ses ennemis.
Comme si elle en avait de plus pernicieux que d'impies
pontifes dont le silence laisse oublier le Sauveur, dont
les lois intéressées l'enchaînent, qui corrompent sa doctrine par des interprétations forcées, qui le crucifient une
seconde fois par leur vie scandaleuse.

L'Église fut fondée sur le sang, elle a été cimentée par
le sang, elle s'est accrue par le sang. Ils en répandent
aussi pour sa cause, mais autrement que Jésus-Christ ne
l'a voulu; comme s'il n'existait plus pour protéger ses

---

[1] On exposait autrefois à Rome les portraits de ceux qui avaient
été solennellement excommuniés.

ouailles, selon ses principes. Quoique la guerre ne soit que férocité plus digne des bêtes que de l'homme, que fureur inspirée par l'enfer, comme disent les poëtes, que peste des mœurs, que métier de brigands, qu'impiété qui répugne à Jésus-Christ, elle est pourtant la passion dominante de nos papes. Vous en verrez qui, prêts à descendre au tombeau, rappellent l'activité de leur jeunesse, ne se laissent ni rebuter par les dépenses, ni lasser par les fatigues, ni effrayer par les périls, pour bouleverser le profane et le sacré, et mettre la confusion et le désordre dans le monde. Ils trouvent encore d'habiles flatteurs qui décorent cette inexcusable frénésie des noms de piété, de zèle, de courage, et ont des tournures pour concilier la charité chrétienne avec le meurtre et le carnage.

LX. Je ne saurais trop vous dire si certains évêques d'Allemagne les ont pris pour modèles, ou leur ont servi de modèle. Quoi qu'il en soit, ils y vont plus sans façon. Ils ne se mêlent ni de culte, ni de bénédictions, ni de cérémonies. Ce sont de vrais satrapes, qui croiraient déshonorer l'épiscopat s'ils rendaient à Dieu leurs âmes guerrières ailleurs que sur un champ de bataille. Leurs prêtres, remplis du même esprit de sainteté, s'escriment bravement de l'épée et du javelot pour la défense de leurs dîmes. Ils n'y épargnent aucun acte de vigueur. Ils savent bien lire dans les vieux parchemins, et en extraire des titres pour en imposer aux bonnes gens, et leur faire accroire qu'ils leur doivent plus que la dîme. Quant à leurs devoirs envers le peuple, qui sont écrits partout, ils se piquent de n'en rien savoir. Leur tonsure devrait leur apprendre qu'un prêtre a fait divorce avec le monde pour être un homme tout en Dieu. Ces bienheureux n'y songent pas. Ils croient que tout est fait quand ils ont marmotté tellement quellement certains orémus que Dieu seul peut entendre. Car, pour eux, ils ne les entendent ni ne les comprennent, lors même qu'ils les beuglent dans les églises.

Au reste, il en est des prêtres comme des laïques. Tous veillent à leurs intérêts et entendent bien leurs droits. Quant aux charges, ils les rejettent prudemment sur les épaules d'autrui, et se renvoient la balle les uns aux autres. Les rois abandonnent à leurs ministres les peines du gouvernement, les ministres à leurs commis, et tous, par esprit de modestie, laissent au peuple le soin de servir Dieu. Le peuple en fait l'affaire de ceux qu'ils appellent ecclésiastiques, comme s'il était étranger à l'Église, comme si les vœux du baptême n'étaient rien pour lui. A leur tour, les prêtres qui s'intitulent séculiers, comme étant dévoués au monde et non à Jésus-Christ, rejettent ce fardeau sur les réguliers; ceux-ci sur les moines; les moines mitigés sur les réformés; tous sur les mendiants, et les mendiants sur les chartreux, chez qui la piété est allée s'ensevelir pour y être invisible au monde. Les papes, fort soigneux de recueillir les fruits, renvoient les travaux de la culture aux évêques; les évêques aux curés; les curés à leurs vicaires; les vicaires aux mendiants, et les mendiants à ceux qui tondent les brebis pour avoir la laine.

Mais laissons là les prélats et les prêtres. Je ne veux pas scruter leur vie. C'est mon éloge, et non une satire que je fais. N'imaginez pas que les éloges que j'ai donnés aux mauvais princes soient une censure déguisée des bons. Le peu que j'en ai dit n'a pour objet que de faire toucher à l'œil et au doigt que nul homme ne peut jouir du bonheur s'il n'est initié à mes mystères et honoré de mes faveurs.

LXI. Cela pourrait-il être autrement, puisque la fortune, arbitre du sort des mortels, toujours d'accord avec moi, est l'ennemie irréconciliable des sages et la protectrice constante des fous, jusqu'à venir les caresser dans leur lit? Vous savez le surnom de Timothée, et le proverbe qui dit de lui « il prend les villes en dormant. » Vous connaissez encore cet autre proverbe, « le hibou vole pendant la nuit. » Au contraire, c'est des sages qu'on dit : « il est né le quatrième jour de la lune ; il monte le cheval Séjan ; son or est de Toulouse. »

Mais c'est assez de proverbes. On m'accuserait peut-être d'avoir pillé mon fidèle Érasme. Je reprends ma thèse. La fortune aime les étourdis, les téméraires, ceux qui disent, comme César, le dé en est jeté. La sagesse rend les hommes timides. Aussi voyons-nous les sages croupir dans la misère, dans l'oubli, dans le mépris et l'obscurité, et les fous jouir de l'opulence, du pouvoir et de l'éclat. Si vous faites consister le bonheur à plaire aux grands, à vivre avec ces divinités chamarrées d'or et chargées de pierreries, quoi de plus inutile que la sagesse? Ils la détestent. S'agit-il de faire fortune? Comment le marchand s'en tirera-t-il, si, docile à la sagesse, il redoute le parjure, si un mensonge le fait rougir, s'il écoute les scrupuleuses décisions des sages sur l'usure et la mauvaise foi? Aspirez-vous aux dignités et aux bénéfices de l'Église? Un âne, un bœuf y parviendra plutôt qu'un sage. Aimez-vous les plaisirs? Les femmes, qui en sont l'âme, ne veulent avec elles que des fous. Un sage est pour elles une bête venimeuse qui leur fait peur. Enfin, tous ceux qui veulent mener une vie joyeuse bannissent les sages de leur société. Ils y admettraient plutôt tout autre animal. En un mot, tournez et retournez tant qu'il vous plaira, adressez-vous aux papes, aux princes, aux magistrats, à des amis, à des ennemis, aux grands et aux petits; partout, pour réussir, il faut de l'argent; et comme c'est un métal que le sage méprise, toutes les portes lui sont fermées. Mais je m'oublie, et mon éloge n'a ni terme ni mesure. Je vais finir, après avoir cité succinctement quelques auteurs célèbres qui m'ont honorée de leurs éloges et justifiée par des exemples. Je ne veux pas qu'on puisse dire que je suis seule de mon parti, ni que les légistes aient à me reprocher que je n'allègue aucune autorité. Je vais donc faire comme eux, et citer, comme ils citent, à tort et à travers.

LXII. Tout le monde sait et approuve cette maxime qui est dans toutes les bouches, « ce que vous n'avez pas, faites croire que vous l'avez. » En conséquence, on dit aux enfants que c'est une grande sagesse de savoir faire le fou à propos. Si l'ombre et l'image de la folie a mérité les éloges des savants, jugez de ce que vaut la personne. Horace, ce vrai petit cochon d'Épicure, comme il dit lui-même, s'explique encore plus naturellement. Il conseille d'associer la folie avec la prudence. Il est vrai qu'il ajoute ces mots, « en passant. » Mais ce n'est pas ce qu'il a dit de mieux. « Il est doux d'extravaguer à propos », dit-il encore ailleurs. Dans un autre endroit, il aime mieux passer pour un fou qui n'est bon à rien, que pour un sage renfrogné. Parmi les éloges qu'Homère prodigue à Télémaque, on trouve par-ci par-là l'épithète de jeune fou, et les poëtes tragiques la donnent volontiers à la jeunesse, comme étant de bon augure. Les folies et les passions des peuples et des rois ne sont-elles pas l'unique matière de la divine Iliade? « La terre est pleine de fous » : ce mot de Cicéron complète mon éloge ; car qui ne sait que le plus grand bien est celui qui se répand davantage?

LXIII. Peut-être ces autorités n'ont pas de poids chez les chrétiens. Cherchons donc dans l'Écriture sainte des témoignages qui soient nos étais, ou nos fondements, pour parler comme les docteurs. Commençons par nous incliner devant les théologiens, pour en obtenir la permission. Ensuite, comme l'entreprise est difficile, et qu'il y aurait de l'indiscrétion à faire descendre une seconde fois les Muses du haut de l'Hélicon, et de les fatiguer par ce long voyage pour affaire qui n'est pas de leur ressort, je devrais peut-être, puisque je dois parler théologie, invoquer l'âme de Scot, plus épineuse que toutes les épines dans lesquelles je vais m'enfoncer, et la conjurer de passer de sa Sorbonne dans mon sein ; à condition qu'elle en sortira bien vite, pour retourner où elle voudra, fût-ce à tous les diables. Que ne puis-je composer mon visage et m'affubler de la robe doctorale ! Il me reste une inquiétude. Je crains que ma profonde théologie ne me fasse accuser de plagiat, et d'avoir furtivement feuilleté les manuscrits des maîtres. On ne doit pourtant pas s'étonner si, depuis si longtemps que je suis inséparable des théologiens, j'ai appris quelque chose avec eux. Ce Priape, qui au fond n'était que du bois, retint bien quelques mots grecs, parce que son maître lisait tous les jours du grec ; et le coq de Lucien, en vivant longtemps avec les hommes, apprit à parler comme eux. Commençons donc sous d'heureux auspices.

« Le nombre des fous est infini », dit l'*Ecclésiaste,* chapitre Ier. Ce mot « infini », n'embrasse-t-il pas tous les hommes, excepté un petit nombre qui sont perdus dans la foule ? Jérémie s'exprime encore plus clairement, dans son dixième chapitre : « Tout homme est devenu fou par sa propre sagesse. » Il ne voit de sagesse qu'en Dieu, et que folie parmi les hommes. Il dit plus haut : « Que l'homme ne se glorifie pas de sa sagesse. » Saint prophète, pourquoi défendez-vous à l'homme de se glorifier de sa sagesse ? C'est qu'il n'en a pas, voilà sa réponse. Je reviens à l'*Ecclésiaste ;* lorsqu'il s'écrie : « Vanité des vanités, tout est vanité dans ce monde », que veut-il dire, sinon ce que nous avons dit, que la vie humaine n'est qu'un jeu de la folie? C'est la sanction donnée à ce mot si justement vanté de Cicéron, « la terre est pleine de fous. » Que signifie encore ce que dit le sage Ecclésiastique : « L'insensé est variable comme la lune , le sage est toujours le même comme le soleil »? Cela veut dire que tous les hommes sont fous, et que le nom de sage ne convient qu'à Dieu. La lune est la figure de la nature humaine, et le soleil, source de toute lumière, est celle de Dieu. A l'appui vient ce mot de Jésus-Christ : « Dieu seul doit être appelé bon. » S'il est vrai ce que disent les stoïciens, que sagesse et bonté sont deux qualités indivisibles, il s'ensuit nécessairement que tous les hommes sont fous, puisqu'il n'y en a pas un qui soit bon.

En disant, chapitre xv, que la « folie fait la joie du fou», Salomon atteste formellement que sans elle la vie humaine n'est que tristesse. Ceci renferme encore le même sens : « Accumuler la science, c'est accumuler les soucis ; et beaucoup penser, donne beaucoup d'humeur. » Notre habile apologiste ne dit-il pas la même chose, en ces mots, chapitre vii : «La tristesse réside dans l'âme des sages, et la joie dans celle des fous. » C'est pour cela qu'il ne s'est pas contenté de connaître la sagesse ; il a voulu me connaître aussi. Si vous ne m'en croyez pas, croyez-en ce qu'il dit lui-même, chapitre i : « J'ai voulu connaître la sagesse et la doctrine, les erreurs et la folie. » Observez ici qu'en nommant la folie la dernière, il lui donne la place d'honneur. Voilà ce que l'*Ecclésiaste* a dit ; et vous savez que, dans les cérémonies de l'Église, le premier en dignité marche après tous les autres, conformément au précepte évangélique.

Mais que la folie vaille mieux que la sagesse, c'est ce qui est positivement attesté par l'auteur de l'*Ecclésiaste,* quel qu'il soit, chapitre LIV. Je ne citerai le passage qu'après, qu'à l'exemple des interlocuteurs que Platon fait raisonner avec Socrate ; vous aurez, par des réponses satisfaisantes, aplani les voies aux inductions que je veux tirer. Que faut-il renfermer? Les choses rares et précieuses, ou les choses communes et viles? Vous êtes muets? Vous aurez beau vous taire. « La cruche à la porte » : ce proverbe grec répond pour vous. Aristote le cite : sous peine d'impiété, on doit croire ce qu'a dit l'oracle de l'école. Y a-t-il parmi vous quelqu'un d'assez imbécile pour abandonner son or et ses bijoux dans la rue? Non, assurément. Vous les déposez dans l'endroit le plus sûr de votre maison, et dans les angles les plus enfoncés d'un bon coffre-fort. Vous ne mettez dehors que ce qui est fait pour être jeté. Or, si on ne renferme que ce qu'on a de précieux, si on ne laisse à découvert que ce qu'on a de vil, n'est-il pas évident que la sagesse, qu'on nous ordonne d'exposer au grand jour, vaut moins que la folie, qu'il nous est enjoint de cacher? Voici maintenant les mots de l'auteur : « Celui qui cache sa folie fait mieux que celui qui cache sa sagesse. »

N'est-il pas vrai que les divines Écritures accordent au fou une simplicité d'âme que n'a pas le sage, qui se croit un homme sans pareil? Je tire cette induction de ces paroles de l'*Ecclésiaste*, chapitre dixième : « Le fou pense que tous ceux qu'il rencontre sont fous comme lui. » Quelle ingénuité de mesurer les autres à sa mesure, et de reconnaître, à travers la haute opinion que chacun a de soi-même, son propre mérite dans ses semblables ! Salomon n'a pas rougi de ce titre : il a dit, chapitre xxx : « Je suis le plus insensé des hommes. » L'apôtre des Gentils se le donne lui-même dans une de ses épîtres aux Corinthiens : « Je le dis comme fou, et je le suis plus qu'un autre ; » comme s'il se faisait un point d'honneur de n'avoir pas de supérieur en folie.

Je crois entendre ici les criailleries de certains petits savants, dont Érasme, mon ami, que je nomme souvent parce que je l'estime beaucoup, est au moins le chef en second, s'il n'est le premier, qui voudraient crever les yeux de nos théologiens d'aujourd'hui, et nous aveugler nous-mêmes par leurs sophismes. Quelle extravagante citation ! disent-ils ; qu'elle est bien digne de la Folie ! Le sens de l'apôtre ne ressemble nullement à ce radotage. Il ne veut point dire qu'il est plus fou que les autres ; mais après avoir dit, « ils sont ministres de Jésus-Christ, et je le suis aussi », non content de s'être égalé aux autres, et sentant sa supériorité, il ajoute, pour corriger l'insuffisance de l'expression ; « je le suis plus qu'eux. » Et pour que cette hardiesse n'offensât personne, sachant que les fous ont le droit de tout dire impunément, il se couvre de la folie, en disant, « il n'est pas sage de le dire. » Au reste, qu'ils interprètent ce passage comme ils voudront ;

pour moi, je m'en tiens à nos gros et gras théologiens, qui ont la confiance, à la suite desquels on aime mieux s'égarer, que de suivre le droit chemin avec ceux qui savent tant de langues. Une pie en pourrait savoir autant.

Un de nos célèbres, que je ne veux pas nommer, pour raison, de peur que nos pies ne lui appliquent le proverbe, « l'âne qui fait de la musique », a donné un docte commentaire sur ce passage, « je le dis, quoiqu'il ne soit pas bien sage de le dire. » C'est un chapitre en deux sections, ce qui suppose une profonde dialectique ; et voici le sens qu'il donne au texte. Je vais vous citer mon auteur, mot à mot, et vous exposer son raisonnement, en forme et en substance, comme on dit. « Je le dis, quoiqu'il ne soit pas sage de le dire. » Cela signifie : si vous trouvez qu'il n'est pas sage à moi de m'égaler aux faux apôtres, vous trouverez qu'il l'est beaucoup moins de me mettre au-dessus d'eux. Cela dit, notre docteur oublie le reste, et se jette d'un autre côté.

LXIV. Mais pourquoi m'en tenir scrupuleusement à l'autorité d'un seul ? Le droit commun des théologiens embrasse celui d'étendre à leur gré les divines Écritures. C'est une peau dont ils font ce qu'ils veulent. Si on en croit le docte saint Jérôme, saint Paul met quelquefois le texte sacré en contradiction avec lui-même, quoique tout s'y accorde fort bien. Lorsque, pour avoir matière à prêcher la foi aux Athéniens, il donne la torture à une inscription qu'il a vue sur un de leurs autels, il a soin d'élaguer tout ce qui ne lui convient pas, et il ne prend que les deux

derniers mots, encore un peu altérés, au « dieu inconnu. »
Car cette inscription portait « aux dieux de l'Asie, de
l'Europe et de l'Afrique, aux dieux inconnus et étrangers. »
Je crois qu'à son exemple les théologiens détachent d'un
passage ou d'un autre quelques mots, qu'ils altèrent même
si besoin y est, pour les ajuster à leur sens, quoique le
texte entier n'y ait aucun rapport, et même le contrarie.
Cette licence leur réussit tellement bien, que les jurisconsultes en sont jaloux.

Que ne peuvent-ils pas oser, puisque le grand…, son
nom a failli m'échapper ; mais je me souviens du proverbe. Quel qu'il soit, il tire d'un passage de saint Luc
une conclusion qui s'accorde avec le sens du Sauveur,
comme l'eau avec le feu. Dans un de ces temps orageux
où les fidèles clients redoublent de zèle et accourent auprès
de leur patron pour le défendre à forces communes,
Jésus-Christ, qui voulait détacher ses disciples de toute
confiance en des bras de chair, leur demanda si quelque
chose leur avait manqué lorsqu'il les avait envoyés en
mission sans viatique, sans souliers, au milieu des épines
et des cailloux, sans argent pour vivre. Ses disciples ayant
répondu que partout ils avaient eu le nécessaire, il leur
dit : « Eh bien ! maintenant laissez là votre sac et votre
bourse, et si vous n'avez pas d'épée, vendez votre chemise pour en acheter une. » Quoi ! la doctrine de Jésus-
Christ ne prêchant que douceur, patience, mépris de la
vie, on ne voit pas ce que cela veut dire. Par ces mots,
Jésus prescrit à ses députés de se dépouiller de tout souci

humain, de n'avoir ni souliers, ni bourse, ni vêtements, et d'entrer dans la carrière apostolique nus, dégagés de tout, et n'ayant d'autre arme que le glaive ; non celui des brigands et des parricides, mais le glaive spirituel, qui pénètre jusque dans les derniers replis de la conscience, qui coupe la racine des passions, pour ne laisser dans l'âme que les semences de la piété.

Voyez, je vous prie, comme ce célèbre théologien force le sens de ce passage. Par l'épée, il entend le droit de se défendre contre la persécution ; et par le sac, de bonnes précautions contre le besoin. Comme si Jésus-Christ, se repentant de n'avoir pas fait partir ses missionnaires en équipage d'ambassadeurs, s'était ravisé et avait changé de système. Comme si oubliant qu'il leur avait dit, en leur défendant de résister aux persécuteurs, que la béatitude serait le prix des affronts, des outrages, des supplices qu'ils endureraient ; qu'elle était destinée à ceux qui souffraient, et non à ceux qui se vengeaient ; que l'exemple des oiseaux et des lis devait leur apprendre à compter sur la Providence ; il leur avait donné des ordres contraires, en leur recommandant de s'armer pour le départ, et d'aller nus plutôt que sans épée. Sous le nom de glaive, il entend de bonnes armes défensives ; et sous celui de bourse, tout ce qui est nécessaire pour les besoins de la vie. Ainsi ce digne interprète des oracles du Sauveur donne un arsenal aux apôtres pour aller prêcher un Dieu crucifié. Il les charge d'un lourd bagage, afin qu'ils ne puissent plus sortir de l'hôtellerie sans avoir pris des forces. Le bon homme ne songe pas que Jésus-Christ, qui a, dit-il, tant recommandé à ses apôtres d'acheter cette épée, leur ordonne ailleurs de la remettre dans le fourreau, en les blâmant de l'avoir tirée ; et qu'il est sans exemple qu'ils s'en soient jamais servis contre la cruauté des païens ; ce qu'ils auraient pourtant dû faire, si ce que dit l'interprète avait été le sens de leur maître.

Un autre docteur, qui n'est pas un petit personnage, et dont je tais le nom par ménagement, s'est avisé d'amalgamer la peau du pauvre saint Barthélemi, qui fut écorché vif, avec les peaux de la terre de Madian, dont parle Habacuc : « Les peaux [1] de la terre de Madian seront en confusion. » J'assistai dernièrement à une thèse de théologie : je n'y manque guère. Quelqu'un ayant demandé quel était le texte de l'Écriture qui ordonnait d'exterminer les hérétiques par le feu, au lieu de les convaincre par la persuasion, un vieillard rébarbatif, dont la mine renfrognée annonçait un vrai théologien, répondit avec véhémence que saint Paul en avait fait un précepte, en disant : *Hæreticum hominem post unam et alteram correptionem devita*. Après avoir répété plusieurs fois la même chose, avec des cris qui firent croire qu'il était devenu fou, il donna son explication. Il décomposa le mot *devita*, et en fit deux, *de vitâ*, et moyennant cet arrangement, ce passage, au lieu de signifier qu'après un ou deux avertis-

---

[1] Le prophète parle des tentes des Madianites, qui étaient de peau, et le docteur dont il est question en faisait une application allégorique à la peau de saint Barthélemi.

sements il faut fuir l'hérétique, disait, selon le docteur, qu'il faut le retrancher de la vie. Il y en eut qui rirent ; il y en eut aussi qui trouvèrent que c'était vraiment de la théologie. Comme tous n'en convenaient pas : Écoutez, dit le cathédran, docteur irréfragable, qui, d'un mot, tranche toute difficulté ; il est écrit : Ne laissez pas vivre le *malfaisant* ; or, tout hérétique est malfaisant ; *ergo*, etc. Toute l'assemblée fut frappée d'admiration, et ce beau raisonnement entraîna tous les suffrages. Il ne vint dans l'esprit à aucun de ces messieurs que cette loi ne regardait que les sorciers, les enchanteurs, les magiciens, que les Hébreux désignent par un mot qui signifie *malfaisant*. Si elle comprenait tous ceux qui font mal, la fornication et l'ivresse seraient des crimes capitaux.

LXV. Mais c'est par trop fou de m'enfoncer dans ce chaos d'absurdités, dont on pourrait composer des volumes plus gros que ceux de Chrysippe et de Didyme. Je voulais seulement vous dire que ces divins maîtres s'étant permis ces libertés, vous ne devez pas me chicaner si mes citations ne sont pas tout à fait exactes. Je ne suis qu'une théologienne faite à la serpe. Je reviens à saint Paul. «Vous supportez volontiers les fous », dit-il ; et ailleurs : « Recevez-moi comme fou ; je ne parle pas selon Dieu, mais comme dans un accès de folie. » Il dit encore : « Nous sommes fous pour Jésus-Christ. » Que d'éloges de la folie, et par quel homme ! Il en fait même un devoir et un grand bien. « Que celui qui paraît sage parmi vous devienne fou, pour avoir la vraie sagesse. » Voilà ce qu'il dit. Et dans saint Luc , Jésus-Christ donne le nom de fous aux deux disciples auxquels il s'était joint sur le chemin d'Emmaüs. Oserais-je dire que saint Paul donne à Dieu même un vernis de folie. « Ce qui est folie en Dieu, dit-il, est plus sage que la sagesse des hommes. » Origène, qui a commenté saint Paul, dit que cette folie est un mystère que l'homme ne peut comprendre, non plus que ces mots : « Le sacrifice de la croix est folie aux yeux de ceux qui périssent. »

Mais pourquoi me fatiguer à courir après des autorités, tandis que j'ai celle du fils de Dieu, qui dit à son père dans les psaumes : « Vous connaissez ma folie? » Dieu a ses raisons pour préférer les fous. Les rois se méfient des hommes réfléchis; ils en ont peur. Ils n'aiment que ces bons automates qui vont comme on les mène. Antoine était un ivrogne; César ne le craignait pas. Mais il redoutait Brutus et Cassius. Sénèque devint suspect à Néron, et Platon à Denis de Syracuse. De même Jésus-Christ réprouve ces sages qui se confient en leur sagesse. C'est ce que saint Paul atteste en termes formels dans ces deux passages: « Dieu a choisi par préférence ce qui est folie dans le monde.... Il a plu à Dieu de sauver le monde par la folie, parce qu'il ne pouvait être régénéré par la sagesse. » Dieu lui-même s'exprime clairement par la bouche d'un prophète : « Je perdrai la sagesse des sages, et je réprouverai la prudence des prudents. » Jésus-Christ ne se félicite-t-il pas d'avoir célé le mystère du salut aux sages, et de ne l'avoir révélé qu'aux simples, c'est-à-dire aux fous? C'est le mot qui est dans le texte grec.

Ajoutez encore que le Sauveur, dans son Évangile, ne cesse d'apostropher les pharisiens, les scribes, les docteurs de la loi, et qu'il se déclare partout pour le peuple ignorant. Car que signifient ces mots : « Malheur à vous, scribes et pharisiens ! malheur à vous, sages du monde ! » Des enfants, des femmes, des pêcheurs, voilà ceux qu'il aime. Entre les bêtes, il préfère celles qui approchent le moins de la finesse du renard. Il pouvait, s'il l'avait voulu, réduire un lion à lui servir de monture. Mais non, il choisit un âne. Le Saint-Esprit ne descend pas sous la forme d'un aigle ou d'un milan, mais sous celle d'une colombe. L'Écriture fait souvent mention de cerfs, de mulets et d'agneaux. Jésus-Christ désigne ses élus sous le nom de ses brebis. C'est pourtant l'espèce la plus stupide de toutes. *La brebis du bon Dieu,* c'est ce qu'on dit pour désigner un imbécile. Jésus-Christ se déclare pourtant le pasteur de ce troupeau. Il aime le nom d'agneau, et saint Jean le lui donne : « Voici l'Agneau de Dieu. » Ce nom est souvent répété dans l'Apocalypse. Qu'est-ce que tout cela nous annonce ? Que tous les hommes sont fous, sans en excepter les vrais chrétiens ; et que même le Christ, qui était la sagesse de son père, en se faisant homme s'est en quelque sorte revêtu de notre folie pour la guérir, comme il s'est chargé du péché pour y apporter remède. Il n'a voulu y remédier que par la folie de la croix ; que par le ministère des hommes les plus simples et les plus bornés, auxquels il a recommandé la folie et interdit la sagesse, en leur proposant pour exemple les enfants, les lis , le sénevé, les moineaux, espèces d'êtres qui végètent au gré de la nature, sans prévoyance et sans souci. Il leur défend de songer à ce qu'ils répondront lorsqu'on les traduira devant les tribunaux, de réfléchir sur les temps et les circonstances, de se confier en leur prudence. Il veut qu'ils attendent tout de lui. Le Créateur eut les mêmes vues lorsqu'il défendit à nos premiers parents, sous peine de mort, de goûter du fruit de l'arbre de la science, comme si elle était le poison du bonheur. Saint Paul la réprouve comme une source d'orgueil et de misère. Saint Bernard pensait vraisemblablement de même , lorsqu'il appela le mont où Lucifer avait établi son siége, *le mont de la science.*

N'oublions pas une dernière preuve , c'est que la folie trouve grâce devant Dieu ; qu'elle seule obtient la rémission des fautes, et que la sagesse n'est pas une excuse. C'est pour cela que le pécheur qui demande miséricorde allègue sa folie pour raison, quoiqu'il ait failli avec connaissance. Si j'ai bonne mémoire, voici comme Aaron demande grâce pour sa sœur : « Mon Dieu, ne nous imputez pas ce péché que nous avons commis par étourderie. » Saül s'excuse de même à David : « Je vois bien, dit-il, que j'ai agi comme un fou. » David lui-même cherche à fléchir Dieu par ces mots : « Je vous en conjure, mon Dieu, n'imputez l'iniquité de votre serviteur qu'à la folie dont elle est l'œuvre. » Il la croyait impardonnable, si elle n'était excusée par l'ignorance et l'égarement de l'esprit. Ce qu'il y a de plus fort encore, c'est que Jésus-Christ, priant sur la croix pour ses ennemis, dit la même chose à leur décharge : « Pardonnez-leur, mon père, car ils ne savent ce qu'ils font. » C'est dans le même sens que saint Paul, écrivant à Timothée, dit : « Dieu m'a pardonné, parce que j'ai péché par ignorance, dans le temps de mon incrédulité. » Que signifient ces mots *par ignorance?* Qu'il a péché par folie et non par malice. Pourquoi dit-il Dieu *m'a pardonné?* C'est qu'il n'aurait pas obtenu le pardon si la folie ne l'eût réclamé. Nous avons encore pour nous le Psalmiste, qui dit, dans un passage que j'ai oublié de rapporter en son lieu : « Ne vous souvenez pas des fautes de ma jeunesse, oubliez mes erreurs. » Vous voyez sur quoi il fonde son excuse, sur un âge dont je suis la compagne fidèle, et sur des erreurs dont le nombre infini prouve à quel point la folie le dominait.

LXVI. Pour ne pas me perdre dans l'infini et dire tout en un mot, la religion chrétienne elle-même paraît avoir de l'affinité avec la folie et être en contradiction avec la sagesse. En voulez-vous des preuves? observez d'abord que les femmes, les vieillards, les enfants, les idiots, sont ceux qui naturellement prennent le plus de plaisir aux cérémonies religieuses. Ils ne se croient jamais assez près de l'autel. Vous savez que les premiers prédicateurs de la foi, entièrement dévoués à l'ignorance, furent d'opiniâtres ennemis des lettres. Enfin, il n'y a point de fou qui paraisse l'être davantage que ceux qui sont dévorés du zèle de la piété chrétienne. Ils jettent l'argent; ils oublient les injures; se laissent tromper; aiment autant

leurs ennemis que leurs amis; abhorrent la volupté; ne se
nourrissent que d'abstinences, de larmes, de pénitences,
et semblent dépouillés de tout sentiment humain, comme
si leur âme était ailleurs que dans leur corps. N'est-ce pas
de la vraie folie? Il ne faut donc pas s'étonner si les apôtres furent accusés d'avoir trop bu, et si Festus prit saint
Paul pour un homme qui battait la campagne. Puisque
j'ai revêtu la peau du lion, je poursuivrai, et je vais prouver que la félicité à laquelle les chrétiens tendent par tant
de sacrifices, n'est qu'un genre de folie. Grâce pour les
mots; attention aux choses.

Premièrement, les chrétiens et les platoniciens ont à
peu près le même système. Ils disent que l'âme enfoncée
dans le corps, garrottée des liens de la matière, ne peut,
dans cette obscure prison, ni voir la vérité ni en jouir.
Platon définit la philosophie sous les noms de méditation
de la mort, parce qu'elle fait en partie ce que fait la mort.
Elle détache l'âme des objets sensibles et matériels. Lorsque l'âme fait un usage régulier des organes du corps, on
dit qu'elle est en bon état. Si, ennuyée de ses fers, elle
veut les briser et se mettre en liberté, ces efforts sont ré-
putés folie. Elle passe pour avérée quand, en même temps,
il y a maladie et dérangement des organes. Cependant
nous voyons ces fous parler des langues qu'ils n'ont jamais
apprises, annoncer l'avenir, et donner des signes d'hommes inspirés. Cela vient indubitablement de ce que leurs
âmes, moins dépendantes du corps, commencent à jouir
de leur force naturelle. La même cause produit des effets

semblables dans les mourants : ils parlent comme des
hommes éclairés par le ciel. Si c'est zèle pieux qui exalte
ainsi les âmes, ce n'est pas la même folie ; mais c'est quelque chose de si approchant, qu'en général tout le monde
s'y trompe. Pauvres hommes ! Il y en a bien peu qui
aient constamment d'autres yeux que la foule des mortels.
Ils sont dans le cas de ceux que Platon suppose dans sa
caverne allégorique. Retenus là, ils voient des fantômes
qu'ils admirent. Un d'eux, qui a trouvé moyen d'échapper, revient les joindre, et leur dit, qu'ils ne voient que
des ombres vaines, et qu'il a vu des choses réelles. Il a
pitié d'eux ; il déplore l'illusion dont ils sont dupes. Qu'y
gagne-t-il ? On se moque de lui ; on le traite de fou ; on ne
l'écoute pas. Le commun des hommes n'a des yeux que
pour la matière, et ne voit que cela de réel.

Les mystiques, au contraire, toujours détachés de tout
ce qui tient à la terre, ne savent que s'élancer vers le ciel.
Les mondains songent d'abord aux richesses, ensuite aux
délices ; leurs derniers soins sont pour l'âme, à laquelle la
plupart même ne croient pas, parce qu'elle n'est pas visible. Les autres sont concentrés en Dieu, qui est le plus
simple de tous les êtres, et après Dieu et pour Dieu, dans
leurs âmes qui en sont les images. Ils oublient le corps, et
regardent les richesses comme des balayures. S'ils sont
forcés de les manier, ils le font avec répugnance. Ils les
ont comme ne les ayant pas, et les possèdent sans les posséder. Il y a, dans les mêmes choses, des degrés et des
caractères qui les diversifient. Quoique tous nos sens tien-

nent au corps, il y en a de plus matériels les uns que les autres. La vue, l'ouïe, le tact, l'odorat et le goût sont purement physiques. La mémoire, l'entendement, la volonté sont mixtes. Or, où l'âme s'exerce, là est son fort. Les dévots n'exerçant leurs facultés intellectuelles que sur des objets immatériels, ils deviennent étrangers à tout le reste. Le monde, au contraire, ignore les jouissances spirituelles, et ne connaît que celles des sens grossiers. De cette différence vient sans doute ce qu'on lit dans certaine légende, que quelques saints ont bu de l'huile croyant boire du vin.

Parmi les passions, il y en a qui sont plus intimes avec le corps, comme l'appétit charnel, la faim, la soif, la colère, l'orgueil, l'envie. Ce sont celles que les saints combattent sans relâche ; et les mondains croient qu'on ne peut vivre sans elles. Il y a des passions mitoyennes qui sont aussi dans la nature. Tels sont l'amour de la patrie, la tendresse paternelle, la piété filiale, le sentiment de l'amitié. Tout cela agit plus ou moins sur le peuple. Mais les hommes de Dieu travaillent, sinon à les déraciner de leur cœur, au moins à les spiritualiser ; en aimant par exemple un père, non comme père, car à ce titre que lui doivent-ils ? un corps qu'ils doivent encore plus à Dieu, père de tous les hommes ; mais en l'aimant comme un homme de bien, image de la Divinité, qui est le bien suprême, hors duquel il ne faut rien aimer ni rien désirer. Cette règle est pour eux celle de tous les devoirs. Si tout ce qui est visible n'est pas à leurs yeux du néant, ils 'e mettent au moins fort au-dessous des objets de contemplation.

Dans le culte et les sacrements, ils distinguent le corps et l'esprit. Dans le jeûne, ils comptent pour peu de chose ce que le peuple compte pour tout, l'abstinence de la viande et le retranchement d'un repas. Il faut encore mortifier ses passions, réprimer davantage la colère et l'orgueil, afin que l'esprit, moins chargé de masse, puisse mieux goûter les choses célestes. Dans le sacrifice de l'autel, sans en condamner les cérémonies, ils disent que c'est peu de chose, et même que c'est un mal, si on n'en pénètre l'esprit, si on ne considère le sens dans les figures. C'est la représentation de la mort du Sauveur : il faut la représenter en mourant aux affections charnelles, en les étouffant, en les ensevelissant dans le tombeau de Jésus-Christ, afin de renaître pour une nouvelle vie, et de ne faire tous ensemble qu'un même corps avec lui. Telle est la vie ; telles sont les méditations des saints.

Le peuple, au contraire, croit qu'il suffit d'assister à l'église, d'être bien près de l'autel, d'entendre le chant du chœur, et d'être spectateur des cérémonies, qui ne sont que des écorces. En un mot, c'est en tout, c'est partout, que les zélés s'élèvent au-dessus des sens et des apparences, et que leurs âmes sont emportées vers les vérités éternelles, vers les objets invisibles et spirituels. Cette contradiction d'idées, qui se trouve entre les dévots et les mondains, fait qu'ils s'accusent réciproquement de folie. Pour moi, je l'avoue, je crois que ce sont les mondains qui ont raison.

LXVII. Vous en conviendrez quand je vous aurai démontré, comme je l'ai promis, que ce bien suprême, auquel les âmes dévotes aspirent, est vraiment un état de folie. Ce que dit Platon, que la fureur des amants est la plus douce de toutes, revient à ce que je vais dire. En effet, un homme qui aime avec transport ne vit plus en lui ; il existe tout entier dans l'objet aimé. Plus il sort de lui-même pour s'identifier avec la personne qu'il aime, plus il est heureux. Lorsque l'esprit va comme voyager loin de son corps, et cesse d'en diriger les organes, on appelle cela folie. Autrement, que signifieraient ces expressions vulgaires, « il est hors de lui-même ; revenez à vous ; il est rendu à lui-même ? »

Le degré de la folie, et du bonheur qui en est l'effet, dépend de celui de l'amour. Cela posé, voyons quelle sera la vie des âmes bienheureuses, à laquelle les vrais dévots aspirent si ardemment. L'esprit, plus fort et victorieux, absorbera le corps qui, ayant été épuré et préparé, dans sa vie mortelle, à subir ce changement d'état, ne résistera pas à un vainqueur qui est comme dans son empire. L'esprit lui-même sera absorbé en Dieu, dont la force est infiniment supérieure. Ainsi, tout l'homme sera hors de lui-même, et ne sera heureux qu'autant que confondu avec le bien suprême qui attire tout à lui ; il en recevra d'ineffables écoulements.

Quoique cette félicité ne doive avoir son complément qu'après que l'âme et le corps réunis jouiront en commun de l'immortalité bienheureuse, cependant, comme les saints en font l'objet de leurs méditations, et que leur vie en est une image, ils en ont sur la terre une jouissance anticipée. Ce n'est qu'une goutte, en comparaison de l'océan de bonheur qui est au terme. Mais cette goutte est infiniment plus délicieuse que toutes les voluptés sensuelles réunies dans une seule jouissance, tant les choses spirituelles et invisibles sont au-dessus de ce qui est matériel et insensible ! C'est ce que nous annonce le prophète, lorsqu'il dit : « L'œil n'a jamais vu, l'oreille n'a jamais ouï, le cœur n'a jamais senti ce que le Seigneur destine à ceux qui l'aiment. » La vie des saints est donc une espèce de folie que la mort ne termine pas, mais qu'elle consomme. Ceux dont elle est ici-bas l'heureux et rare partage tombent dans des extases qui ressemblent à la démence. Ils tiennent des discours qui n'ont pas de suite, qui n'ont rien de naturel ; ils articulent des mots vides de sens. Leur visage se démonte, et prend successivement diverses formes. Passant alternativement de la joie à la tristesse et de la tristesse à la joie, ils pleurent, ils rient, ils soupirent. Ils ne se possèdent pas. Revenus à eux, ils disent qu'ils ne savent d'où ils sortent, s'ils étaient dans leur corps ou sans leur corps. Ce qu'ils ont entendu, ce qu'ils ont dit, ce qu'ils ont fait, n'est plus pour eux qu'un songe dont il ne leur reste qu'un souvenir confus. Ils savent seulement qu'ils ont été heureux dans leur délire, et ils voudraient qu'il durât toujours. C'est un avant-goût des joies du ciel.

LXVIII. Mais je m'oublie, et ne finis pas. Si vous

trouvez que j'ai déraisonné ou péroré trop longuement, songez, s'il vous plaît, que je suis la Folie, et femme, qui pis est. Cependant, souvent un fou parle raison. C'est un proverbe des Grecs. Mais peut-être ne croirez-vous pas qu'il soit applicable à mon sexe. Je vois que vous vous attendez à un résumé. Vous êtes plus fous que moi, si vous croyez que je me souviens d'un mot de ce pot-pourri de harangue que je viens de vous bavarder. Il y a deux proverbes : le plus ancien dit, « je hais un convive qui a bonne mémoire », et l'autre, « je n'aime pas un auditeur qui se souvient de tout. » Adieu donc, illustres chevaliers de la calotte ; portez-vous bien, applaudissez, et allez boire.

FIN.